Das Geheimnis karmischer Beziehungen

7 Schritte zur Klärung Ihrer Beziehungen

Bernd Casel

Lebenshilfe mit Tiefgang –
Endlich wissen, was los ist!

http://www.0711-31577708.de
http://www.karmischebeziehung.de

4. Auflage 02/2015

Titelbild: © FreshPaint, Oleksii Glushenkov
Covergestaltung: Gabor Gerecs
Bildnachweis: © Fotolia Bildagentur, BeSuCa

Wer Beziehungen verstehen und verändern möchte, kommt nicht umhin, auch dem Unglück darin ins Auge zu sehen.
Schwierigkeiten in Beziehungen werden häufig als persönliche Niederlage erlebt, für die man sich selbst, anderen oder dem Schicksal die Schuld gibt. Vielleicht kennen Sie das Gefühl, schon wieder eine „Niete" gezogen zu haben oder völlig überraschend wieder alleine da zu stehen. Welche Dynamik wirkt aber in Beziehungen, wenn selbst glückliche Begegnungen plötzlich enden? Wie können wir mit den vielen Fragen zum Thema Beziehungen umgehen und gute Lösungen finden? Auf diese und viele andere Fragen gibt der Ratgeber „Das Geheimnis karmischer Beziehungen" Antworten die jeder versteht.

So umfassend, klar verständlich und konzentriert wurden die komplexen Zusammenhänge von partnerschaftlichen und anderen Beziehungen vielleicht noch nie dargestellt. Hier werden viele Rätsel gelöst, die manchem schon ein oder mehrere Leben lang schlaflose Nächte bereitet haben.

Als Autor dieses Buches möchte ich kurz die Gelegenheit nutzen, mich vorzustellen. So können Sie leichter verstehen, warum ich mich befähigt fühle, Ihnen diesen Ratgeber an die Hand zu geben.

Seit meiner frühen Jugend haben mich Beziehungen fasziniert und so folgte ich trotz technischer Berufsausbildung und eigener Firma in diesem Bereich, meinem Wunsch, mich in dem großen Bereich Lebensberatung weiter zu bilden. Dies führte nach einigen Jahren zu einer eigenen Beratungspraxis und mittlerweile über 20 Jahren Erfahrung. Anmerkungen zu Aus- und Weiterbildungen in diesem Bereich sind nur zu Ihrer Orientierung gedacht. Für mich war es offensichtlich notwendig all diese Wege zu gehen auf denen wir uns vielleicht sogar schon einmal begegnet sind. Ihnen mag es vor allem als Indiz dafür dienen, dass dieser Ratgeber auf gelebten, persönlichen Erfahrungen beruht und über viele Jahre entstanden ist.
Ich entdeckte und dokumentierte in dieser Zeit bestimmte Muster in Beziehungen und erforschte die Hintergründe von Schwierigkeiten und „Unglück“ darin bis zum Ursprung. Mein eigenes Leben brachte außerdem viele therapieresistente Rätsel mit sich, die ebenfalls gelöst sein wollten. Aus all dem ist ein Praxis-Ratgeber entstanden, der viele Checklisten, eine Schritt für Schritt Anleitung und bewährte Orientierungshilfen enthält. Mit einigen Übungen im praktischen Teil erhalten Sie ein universelles Handbuch, mit dem Sie all das, was als Schwere, Belastung oder Unglück in Beziehungen wirkt, erkennen, verstehen und verändern können.

Nicht nur für alle, die schon immer wissen wollten, was eine karmische Beziehung ist, werden hier Geheimnisse gelüftet, die selbst erfahrenen Beratern, Therapeuten und Medien völlig unbekannt sind!
Hier werden mehr Fragen zu Liebe, unglücklichen Beziehungen, Partnerschaft und Sexualität beantwortet, als Sie sich je gestellt haben. Unter anderem werden die Geheimnisse um verbotene Liebe, karmische Liebe, karmische Verstrickungen und Dualseelen gelüftet. Ob Phänomene in Beziehungen, Körpersymptomatiken oder hartnäckige Erfolgsblockaden, hier erscheint vieles in vollkommen neuem und klarem Licht.

Mit diesem Wissen sparen Sie ab sofort ein Vermögen für Kurse, Berater, Seminare und Therapien, die Ihnen nicht helfen können, weil die Anbieter keine Erfahrung mit den komplexen Zusammenhängen von Ursachen und Wirkungen in Beziehungen haben.
Mit diesem Praxisratgeber erhalten Sie für Ihre Fragen und Probleme alle Antworten, die Sie brauchen, um auch in Krisensituationen wieder festen Boden unter den Füßen zu gewinnen. Vielleicht möchten Sie erfahren, was erste Leser der PDF-Ausgabe davon halten.

Erste Lesermeinungen zu dem Beziehungsratgeber für karmische und andere Beziehungen.

Ich war schon sehr beeindruckt *von dieser äußerst umfangreichen Lektüre! Ihre Empfehlung, die einzelnen Kapitel in einem gewissen Zeitabstand zu*

lesen, um das erworbene Wissen besser auf die eigene Situation umlegen zu können, ist mehr als sinnvoll. Aus einigen Teilbereichen konnte ich jedoch nichts für mich ableiten. Trotzdem empfehle ich die Dokumentation gerne weiter, ich hatte genug dieser absolut interessanten Aha-Momente. Vielen Dank!
Roßtal, 13.02.2013, Betti Drechsler

Ich fand Ihr Buch unglaublich *umfangreich, gründlich und kompetent.*
Ich hatte in der ersten Hälfte Probleme, mich zurechtzufinden. Ich las zwar weiter, aber es war für mich alles irgendwie abstrakt.
Ich verstehe diesen Teil im Nachhinein als die Einführung. In der zweiten Hälfte, ab dem Thema „Trauma“, wurde für mich das Buch konkret. Auf mich und mein Leben übertragbar und damit richtig spannend.
Ich fand viele Antworten auf Fragen, die ich mir nicht je bewusst gestellt habe, die aber von großer Bedeutung für meine spirituelle Entwicklung sind.
Besonders toll und unglaublich nützlich finde ich den praktischen Teil!
Somit sehe ich Ihr Buch als ein Riesengeschenk an!
Es hat mich dazu gebracht, mich zu fragen, ob es mir wirklich bewusst ist, auf welcher Seite ich stehe.
Ich bekam konkretes Werkzeug in die Hand gelegt und ich fühle mich zutiefst berührt und inspiriert, damit zu arbeiten. In tiefer Ehrfurcht vor Ihrem Wissen und Großzügigkeit!
In Dankbarkeit,
Berlin, den 8. Oktober 2012, Agnieszka Malkinska

***Das Handbuch** „Das Geheimnis karmischer Beziehungen" lässt sich leicht und verständlich lesen. Dieser Leitfaden ist nicht einseitig, sondern berücksichtigt alle Aspekte im Ganzen, insbesondere wenn man sich auch vorher schon mit den Lektüren von Brian L. Weiss und Trutz Hardo befasst hat, ist „Das Geheimnis karmischer Beziehungen" hierzu eine perfekte Ergänzung.*

Ich für meinen Teil kann mich in o. g. Lektüre in einigen Themen sehr gut wiederfinden und dementsprechend auch viele Ansätze bestätigen. Sehr schön empfand ich die „Übungen zur Klärung Ihrer Beziehungen" mit den Themenschwerpunkten „Widerruf aller Bindungen an den Tod, das Sterben und die dunklen Seiten des Lebens", den „Widerruf zur schwarzen Magie" sowie die „Auflösung von ewigen Bindungen zwischen Personen" als auch und vor allem das „Ritual der Vergebung zur Klärung der Vergangenheit und Zukunft". Das Handbuch ist sehr umfassend, klar verständlich und einfach anzuwenden, da hier die komplexen Zusammenhänge von partnerschaftlichen und anderen Beziehungen sehr genau erklärt werden. Es „hilft auf angenehme Weise, den eigenen Boden unter den Füßen wiederzufinden".

Meiner Meinung nach wirklich sehr, sehr empfehlenswert!!!

25.10.2012, Daniela Ehing

Lieber Bernd,
gestern habe ich am frühen Abend begonnen, Dein Buch zu lesen, und war um 23:15 Uhr auf der letzten Seite angelangt. Du siehst, ich konnte gar nicht mehr aufhören zu lesen. Auch heute Morgen stand ich noch immer unter dem Eindruck des Gelesenen, weil es so voller Wahrhaftigkeit ist. Dein Buch hat mich wirklich sehr ergriffen. Dir ist tatsächlich ein Buch gelungen, das es so noch nie gegeben hat und das gewiss vielen Menschen eine Hilfe sein wird. Meine Hochachtung!!!
Ich bin voll der Wertschätzung. Sehr tief berührt hat mich, was Du über die Vergebung schreibst – die Begegnung Täter–Opfer.
Ein wichtiger Part Deines Buches auch: die Sexualität. Ich habe viel gelernt daraus! Es ist Dir auch hier super gelungen, deren „dunkle Seiten" in einen klaren Zusammenhang zum Trauma zu stellen. Das wird den Betroffenen zu wahren AHA-Erlebnissen verhelfen können (wenn sie sich denn öffnen können für die Wahrheit). Auf jeden Fall diesbezüglich auch für (Sexual-)Therapeuten ganz wichtige Informationen!
Ich habe in so vielen Passagen Deines Buches eigene Betroffenheiten gelesen, dass ich nur staunen kann, wie es Dir gelungen ist, traumatische Erfahrungen und ihre Folgen so präzise darzustellen und dabei gleichzeitig Mut und Hoffnung zu machen. Und immer wieder auch eine Prise Humor, das tut einfach gut. Ich hoffe, dass ich mit meiner Lesermeinung zum Erfolg Deines Buches werde beitragen können.
Denn diesen Erfolg wünsche ich Dir von ganzem Herzen – Dein Werk verdient ihn unbedingt.
Ganz liebe Grüße
Hannover, den 04.11.2012, Ingeborg Christiansen

Seit dem ich Ihr Buch gelesen habe, *machen die Zusammenhänge meines Lebens einen Sinn. Seit mehreren Jahren befinde ich mich bereits im Heilungsprozess und muss feststellen, dass ich mich geraume Zeit im Kreis gedreht habe. Der Grund ist, dass ich erst durch Ihr Buch die wirklichen Ursachen erkennen konnte, z. B., warum und wie sich die Vergangenheit in der Gegenwart manifestiert, warum mein Leben so (und nicht anders) verlaufen ist (bis jetzt!) und dass ich erst mein Leben leben kann, wenn ich die Ursachen der Vergangenheit restlos erkannt und aufgelöst habe - mich selbst gefunden habe.*
Ihr Buch wird mir noch einige Zeit ein wertvoller Begleiter sein, denn Sie haben recht, wenn Sie sagen, es muss mehrfach gelesen werden, um sich immer wieder die Geschehnisse in der Gegenwart zu erklären und zu reflektieren. Ich danke Ihnen für dieses wertvolle Buch und werde es weiter empfehlen!
Berlin, 30.03.2013
Herzlichst A. Ckus

Diesen Ratgeber widme ich der Fähigkeit in uns Menschen, für die Liebe, wenn nötig, „Berge zu versetzen“ und selbst die schwierigsten Geheimnisse zu offenbaren.

Ich danke allen Menschen, die selbst in der größten Krise ihres Lebens den Glauben an die Liebe und an sich selbst nie aufgegeben haben. Dadurch habe ich immer gespürt – ich bin damit nicht allein.
Der schönen Eingeweihten, die mich in besonderer Weise inspiriert und herausgefordert hat, danke ich von ganzem Herzen für die außergewöhnliche Zeit mit ihr. Ohne sie wäre dieser Ratgeber vielleicht nie entstanden.

Dieses Handbuch ist auch Ausdruck meiner gelebten Verantwortung. Es ist entstanden auf der Suche nach Antworten für unfassbare Ereignisse und karmische Beziehungen in meinem Leben.

Mit diesem Buch möchte ich Ihnen einen Beziehungsratgeber an die Hand geben, der Sie Ihr weiteres Leben begleiten kann. Vielleicht gelingt es mir auf den folgenden Seiten, etwas in Ihnen zu berühren, das nach einer Freiheit ruft, die Sie vielleicht schon aufgegeben haben.

Glaubst Du wirklich?

Glaubst Du wirklich,
ich wüsste nicht,
wie das ist,
plötzlich
wieder allein zu sein
mit dem Unbegreiflichen –
jenseits
von allen
guten Gefühlen?

Mitten im Herz
erstarrt.
Im Nirgendwo
nach Antworten suchend
und nur die eine Frage wissend –
warum?

Glaubst Du wirklich,
ich wüsste nicht,
wie tief verletzt
und wund
sich all das anfühlt?

Weißt Du,
wie das ist,
mehr zu wissen,
aber nicht genug?

Weißt Du,
wie das Leben ist
ohne Dich

für mich?

Glaube mir,
bei aller Schwere,
die Du trägst,
es ist „nur“
ein Teil
von dem.
Glaube mir,
ein Mensch allein
kann niemals
schuldig sein.

Weißt Du,
wie das ist,
Opfer und Täter zu sein
und keinen Ausweg zu haben,
nicht mal Wut;
die ganze Verantwortung
zu tragen
und selber
Sehnsucht zu spüren
wie ein Wolf?

Und niemand da
zum Reden
so wie Du,
die es verstehen könnte.

09.10.2007

Vorwort

Viele Jahre hat das Leben für mich mehr Fragen bereitgehalten als Antworten.
Was Sie im Folgenden zu lesen bekommen, ist entstanden, weil Menschen wie Sie und ich und all die, die wir lieben oder gerne geliebt hätten, eine Antwort verdient haben.

Vor allem bei Liebeskummer stehen die Gefühle erst mal Kopf, die Seele ist verwirrt und der Mensch oft zutiefst verzweifelt. In Beziehungsfragen sind viele Menschen hilflos und ratlos. Bei „karmischen" Beziehungen scheint das Leben unhaltbar aus den Fugen zu geraten. In diesem Ratgeber erfahren Sie, warum Ihnen auch viele Berater, Seminare und Therapeuten nicht helfen können. Vor allem bekommen Sie endlich einen klaren Blick für grundlegende Zusammenhänge, die vorher so noch nie veröffentlicht wurden. Gangbare Wege zur Veränderung, Herzensliebe und viele Aha-Momente gibt es hier inklusive.

Das Leben birgt auch für mich noch viele Geheimnisse. All das, was ich bis heute herausgefunden habe, möchte ich jedoch hier an dieser Stelle mit Ihnen teilen. Bevor wir uns auf den Weg machen, die Geheimnisse zu entschlüsseln, möchte Ich Ihnen schon jetzt versichern: Jenseits vom Leiden ist noch Licht.

Jeder, der diesem Wege folgt, beschleunigt den Heilungsprozess für uns alle. Das Thema Beziehung lässt sich grundsätzlich erst verstehen, wenn wir bereit sind, die komplexen Strukturen, die hier hineinspielen, genauer zu betrachten. Ich möchte Ihnen hier Gelegenheit geben, ein paar der wesentlichen Bereiche näher zu studieren, und hoffe, diese Grundlagen können Ihnen helfen, gezielter neue Wege in Ihre persönliche Freiheit zu gehen. Sie werden mehr und mehr erkennen, verstehen und verändern können, was bisher vielleicht noch den geheimnisvollen Rahmen Ihrer schlaflosen Nächte bildet.

Mit diesem Handbuch werden Sie in der Lage sein, familiäre, private und berufliche Beziehungen und deren karmische Aspekte in neuer Klarheit zu betrachten.

Ziel dieses Buches ist es, Ihnen tiefe Einblicke in Verstrickungen zu geben, die zu unglücklichen Beziehungen führen. Hier erfahren Sie, wie Un-Glück von Un-Vorstellbarem geprägt wird. Sie erhalten einen Überblick über mögliche Strukturen Ihrer persönlichen Lebensgeschichte und bekommen dadurch Zugang zu einer neuen Handlungsfähigkeit, die persönliche Freiheit und eine neue Glücksfähigkeit auch in Liebesbeziehungen ermöglicht.

Dieser Ratgeber widmet sich ernsthaft den wahren Wurzeln tiefer Verzweiflung der in der Liebe verletzten Menschen. Dies geht nicht, ohne den Boden der Realität und Eigenverantwortung zu betreten. Als Lohn für Ihren Mut führe ich Sie aus den Untiefen innerer Zerrissenheit, Verwirrung und seelischer Verletzungen auf einen sicheren Pfad zum Wandel Ihrer persönlichen Geschichte in eine neue Lebensqualität. Diese kann einen neuen Raum zu einer erfüllten, freudvollen Liebesbeziehung öffnen, der auch einen würdigen Platz für Zärtlichkeit und achtsame, sinnlich-erotische Begegnung in der Sexualität bereithält.

Ob Sie bereit sind, die dafür notwendigen Schritte zu gehen, können nur Sie selbst entscheiden!

Inhaltsverzeichnis

Ich kenne Ihre persönlichen Lebensumstände nicht und weiß deshalb auch nicht, welche Erfahrungen Ihr Leben geprägt haben. Auf den folgenden Seiten möchte ich prinzipielle Einflüsse zu möglichen Erfahrungen mit dem Thema Beziehungen und im Besonderen „karmische Beziehungen“ betrachten.

Gedanken und Erkenntnisse sind meistens sehr flüchtig. Nehmen Sie sich am besten Stift und Papier, um sich Ihre Aha-Momente aufzuschreiben.

Der Ratgeber hält viele Früchte für Sie bereit. Ich möchte Ihnen ans Herz legen sie nicht alle auf einmal zu "genießen". Lassen Sie sich bitte etwas Zeit, die Informationen in Ruhe aufzunehmen und zu verarbeiten. Es besteht sonst die Gefahr, dass Sie sich selbst unbemerkt überfordern.

Tipp:
Notieren Sie sich alle Handlungsimpulse, die Sie beim lesen spontan erreichen. So entsteht ohne Aufwand Ihre ganz persönliche Check-Liste die Sie dann nur noch Stück für Stück erledigen können.

Warum „karmische“ Beziehungen?

Beziehungen werden alle im Wesentlichen von 2 Dynamiken bestimmt. Ursache und Wirkung. Die zeitlose Sicht dieser Dinge wird seit Jahrtausenden am treffendsten von der buddhistischen Lehre durch den Kreislauf und das Gesetz des KARMA beschrieben. Da mir kein wissenschaftliches Modell bekannt ist, das die zeitlos wirkende Verantwortung für persönliches Denken und Handeln in so deutlicher Form beinhaltet, habe ich mich ganz bewusst für die begriffliche Anlehnung an das Prinzip von KARMA entschieden.

Es gibt aber noch einen weiteren Grund, warum ich von „karmischen“ Beziehungen spreche. In seiner ursprünglichen Form führt das spirituelle Konzept von KARMA das menschliche Sein ganz klar auf die Gültigkeit und Gesetzmäßigkeit des Prinzips von Ursache + Wirkung zurück. KARMA entsteht demnach durch eine Gesetzmäßigkeit und nicht durch zufälliges, unkalkulierbares Schicksal oder die Laune eines strafenden „Gottes“.

Im Kern dieses „spirituellen“ Konzeptes geht es um den Bezug zu den eher wissenschaftlichen Fakten und der Betrachtung von Ursache und Wirkung. Da viele, auch „spirituelle“ Menschen in Wirkungen leben, ohne den Bezug zu den wahren Ursachen herstellen zu können, schlägt das „spirituelle“ Modell des KARMA für mich eine hilfreiche Brücke zu wissenschaftlichen und modernen therapeutischen Verfahren.

Nicht zuletzt lässt das „karmische“ im Titel dieses Handbuches in einzigartiger Weise Raum für eines der bekanntesten und gleichwohl geheimnisvollsten Phänomene seit Anbeginn der Menschheit. Sie ahnen es vielleicht schon. Es geht um die Liebe.

Das „karmische“ ist im Sinne dieses Ratgebers, ein Kreislauf von Ursache und Wirkung, der immer wieder in scheinbar unlösbare Konflikte auf der Ebene von Beziehungen führt.

Viele Menschen verstehen ihr Schicksal nicht. Sie gelten oft als austherapiert oder werden als Spinner abgestempelt, wenn sie ihre Geschichte jemand anderem erzählen. Von der klassischen Medizin, wissenschaftlichen Methoden oder psychologischen Beratern bekommen viele Personen keine wirkliche Hilfe. Da liegt es für Betroffene nahe, auch mit „spirituellen“ und „esoterischen“ Methoden nach Antworten zu suchen. Mir ist es ähnlich ergangen und auf diesen Wegen können wir lernen. Was mich von anderen vielleicht unterscheidet, ist die Tatsache, dass ich viele Methoden wertfrei studiert, angewendet und sehr kritisch auf den Prüfstand gestellt habe.

Ich weiß, wovon Klienten reden, wenn sie über Informationen sprechen, die sie durch ein Channeling, Holotropes Atmen, Fogo Sagrado, Matrix-Arbeit, Aura-Chirurgie, mediale oder schamanische Sitzungen aller Art, astrologische oder nummerologische Analysen, Satsang, Psycho-Kinesiologie oder Rückführungen erhalten haben. Ich kenne die Grenzen und Möglichkeiten vieler Methoden. Unter anderem bin ich als Channel-Medium und Reiki-Meister ausgebildet und habe viele Jahre praktische Erfahrungen als esoterischer Lebensberater und Reinkarnationstherapeut gesammelt. Ich habe als Avatar-Trainer gearbeitet und bin in NLP ausgebildet. Machen Sie sich bitte keine Gedanken wenn Sie von all dem noch nie etwas gehört haben. Mir hat es nicht geholfen, die wesentlichen Fragen meines eigenen Lebens ausreichend zu beantworten. Bevor Sie beginnen Zeit und Geld in diesen Ratgeber zu investieren, möchte ich Ihnen damit lediglich die Gewissheit geben, das der Inhalt diese Buches die Essenz vieler Wege und meiner ganz persönlichen Erfahrungen wieder spiegelt.

Ich bin dem Gefühl zu offenen Lebensfragen immer auf den Grund gefolgt. Meine ganzen Ausbildungen habe ich als Ausgangspunkt und Vor-Bildung betrachtet, nie als der Weisheit letzter Schluss.
Ich möchte Sie bitten, es mit den Informationen dieses Ratgebers ähnlich zu halten. Warum ist das an dieser Stelle für Sie wichtig? Für mich war es immer hilfreich, den geistigen Rahmen größer zu fassen, wenn die Antworten zu bestimmten Lebensfragen nicht im Blickfeld lagen. Auch die Quantenphysik beginnt, Einflussketten zu entdecken, die anderen

Wissenschaftsbereichen noch völlig fremd sind. Wichtig ist, dass wir den Bezug zum heutigen Leben nicht verlieren und ihn auch im therapeutischen Zusammenhang immer wieder herstellen. Die Frage ist immer, in welcher Verantwortung und mit welcher Zielsetzung ich eine bestimmte Methode anwende oder erforsche. Wichtig ist auch die Ernsthaftigkeit und Tiefe, mit der ich mich einem bestimmten Thema widme. Für meinen Ansatz in der Beratung habe ich deshalb den Begriff „Lebenshilfe mit Tiefgang" geprägt.

Rückführungen werden von vielen Anwendern zum Beispiel für Fluchtprojektionen und zum Vergangenheitstourismus (O-Ton meines Ausbilders) missbraucht. Der therapeutisch notwendige Bezug zur Gegenwart und zum jetzigen Leben wird häufig nicht hergestellt. Das „Schlimme" kann so in einem früheren Leben bleiben und lässt die Heile-Welt-Illusion in diesem Leben unangetastet. Oft ist es auch schwierig, einen Bezug herzustellen. Mir ist dies auch zu eigenen Themen nicht immer vollständig gelungen. Die offenen Fragen waren für mich Antrieb, weiter zu forschen, auch um meine therapeutischen Fähigkeiten und Möglichkeiten zu entwickeln.

Wenn ich mich in diesem Ratgeber auf Informationen aus Rückführungen beziehe, bitte ich Sie deshalb, dies als Auszug einer therapeutischen Arbeit zu verstehen, die weder abgeschlossen ist noch ein vollständiges Bild liefert. Ich möchte Ihnen damit einen kleinen Einblick in diese Methodik und in meine therapeutischen Wurzeln geben. So bekommen Sie vielleicht auch eine Idee davon, wie sich dieses Buch entwickelt hat und warum ich heute als Traumatherapeut arbeite.

Als Mensch und Therapeut habe ich keine Angst, wenn Sie zu mir kommen und darüber sprechen, dass Sie die Seelen von Verstorbenen sehen. Ich weiß, wovon Sie reden, und nehme Sie ernst. Als Kind hat mir dies große Angst gemacht, weil mich „Seelen“ bedrängt haben, die bei mir Hilfe suchten. Damals wusste ich nicht, was zu tun war. Ich war in Beziehung mit „etwas“, das ich nicht verstand, und Hilfe in solchen Dingen war in meiner Kindheit unerreichbar. Aus dieser eigenen Hilflosigkeit und Wahrnehmung sichtbarer und unsichtbarer Beziehungen zu Menschenseelen hat sich meine bis heute anhaltende Neugier entwickelt, Beziehungen, in denen wir leben, zu erkennen, zu verstehen und zum Besseren zu verändern.

Es gab eine Zeit, da hatte kein Arzt oder Wissenschaftler eine Ahnung von Viren, geschweige denn, dass jemand sie sichtbar machen konnte. Es gab eine Zeit, da wurden Menschen dafür verbrannt, dass sie helfen konnten, wo Ärzte mit ihrem Latein am Ende waren. Vielleicht entwickelt sich die Kirlianfotografie oder ein anderes Verfahren eines Tages so weit, dass die „Seelen“ von Verstorbenen beziehungsweise deren Energiekörper zuverlässig sichtbar gemacht werden können. Vielleicht gibt es eines Tages Technologien und wissenschaftliche Erklärungen, die praktisch anwendbare Hilfe für all das leisten, was „Lichtarbeiter“ schon seit Jahrzehnten tun.

Mir persönlich sind Sicht- und Handlungsweisen, die sich auf dieses eine Leben beschränken, zu kurz gefasst. Ein „spirituelles“ Konzept, das mich geistig darin unterstützt, mich von der weitverbreiteten „Nach mir die Sintflut“-Mentalität zu lösen, erscheint mir wesentlich hilfreicher. Beachten Sie aber bitte, dass es sich hierbei nur um ein Konzept handelt. Auch die in diesem Buch verwendeten Begriffe wie Karma, Psyche, Seele, Geist, frühere Leben, psychische Spaltung und andere sind lediglich als Modelle zu verstehen. Ich habe die im Volksmund, in der Gesellschaft üblichen und die mir im wissenschaftlich-therapeutischen Kontext bekannten Begriffe/Modelle/Konzepte auf den folgenden Seiten verwendet, auch wenn ich persönlich mit manchen der Begrifflichkeiten meine Schwierigkeiten habe. In diesem Sinne möchte ich als Autor einige Begriffe verwenden, von denen Sie wahrscheinlich schon gehört oder gelesen haben. Ich persönlich hänge an keinem dieser Begriffe oder möchte sie zur Religion erhoben wissen. Für eine von mir angedeuteten „Richtung“, „Qualität“ oder „Schwingung“ können Sie deshalb gerne eine Ihrer eigenen Definitionen verwenden.

Liebt die Seele, der Geist, die Psyche oder nur das physische Herz? Solche Diskussionen können an anderer Stelle geführt werden.

Ob mit oder ohne Liebe. Nach den Prinzipien von Ursache und Wirkung setzt jeder Mensch durch sein Handeln oder Nicht-Handeln zeitlose Ereignisketten in Gang. Im Laufe seiner Geschichte verliert der Mensch jedoch häufig den Überblick für die komplexen Zusammenhänge und Auswirkungen seines Tuns. Vor allem verliert er den Zugang zu richtigem Handeln, um im „Hier und Jetzt“ aus unerwünschten Ereignisketten herauszutreten.

Wenn Sie sich selbst im Spiegel Ihrer Beziehungen und Ereignisketten verstehen möchten, ist es deshalb sinnvoll, an die zeitlose Sicht der Dinge anzuknüpfen. Sie müssen dafür aber weder an frühere noch zukünftige Leben glauben. Manchen therapeutischen Kollegen mag der spirituelle Bezug meiner Ausführungen ein Dorn im Auge sein. Aber ganz ehrlich, für die habe ich diesen Ratgeber nicht geschrieben, auch wenn ich mich über wohlwollendes Interesse aus diesen Kreisen sicher freue.

Ich hole Menschen gerne da ab, wo sie gerade sind, und ähnliche Erfahrungen im sogenannten „spirituellen“ Bereich sind da eine hilfreiche Brücke zu ehrlicher Begegnung. Die Klarheit, die ich über viele solcher Erfahrungen gewonnen habe, unterstreicht die Glaubwürdigkeit meiner therapeutischen Einladung, „spirituelle“ oder andere Fluchtpunkte Schritt für Schritt zu verlassen.

Das Geheimnis karmischer Beziehungen ist auch aus meiner persönlichen Geschichte entstanden, und so sei mir als Autor erlaubt, meine Wurzeln, Erfahrungen und Bezüge mit in dieses Werk und den Titel hineinzunehmen.

Von dem, was ich heute weiß, bin ich bereits mit „Burn-out" auf die Welt gekommen. Danach wurde es erst richtig schwierig. Wie ich diese Zeit überleben konnte, ist mir auch heute, da ich diese Zeilen schreibe, mit wissenschaftlichen Maßstäben allein nur sehr lückenhaft erklärbar. Bei allem Respekt für die Wissenschaft und seriöse therapeutische Analyse – sie stand mir in der schwierigsten Zeit meines Lebens nicht zur Verfügung. Ich bezweifle auch, dass sie mir damals hätte helfen können.

Das Sein jenseits von Konzepten führt uns zu dem, was uns als Mensch im Innersten bewegt. Dort entdecken wir oft widersprüchliche, verletzte und erstarrte Gefühle, die Teil einer Unfreiheit sind, die wir auch auf Beziehungsebene erleben.

Das Geheimnis karmischer Beziehungen ist eine Dokumentation über menschliche Verstrickungen und deren Ursachen. Durch die Einbeziehung zeitloser, karmischer Prinzipien wird der Blick auf Lösungen frei, die jenseits üblicher Sichtweisen nicht nur Liebesbeziehungen in eine neue Freiheit und Klarheit führen können.

Aus meiner eigenen Lebensgeschichte und praktischen Arbeit als Lebensberater und Traumatherapeut hat sich eine besondere Weise entwickelt, tiefere Zusammenhänge zu erforschen. Es hat sich dabei deutlich gezeigt, dass wir Einflüsse und Lebenssituationen leichter verändern können, wenn wir größere Zusammenhänge erkennen, verstehen und in ihrer ganzen Dimension begreifen. Vielleicht helfen auch Ihnen die Informationen und Alltagsbeispiele auf den folgenden Seiten, ein vollständigeres Bild zu Ihrer Lebensgeschichte zu bekommen.

Dieser Ratgeber stellt keinen Ersatz für psychiatrische oder medizinische Behandlung dar. Die Nutzung, Umsetzung und Anwendung aller darin vermittelten Informationen und Übungen liegt allein in Ihrer persönlichen Verantwortung. In diesem Werk verwendete Begrifflichkeiten dienen lediglich als gesellschaftlich bekannte Orientierungspunkte für bestimmte Qualitäten von Erfahrungen.

Ich freue mich, wenn Ihnen manches davon dient, eine schönere Version Ihres Lebens zu gestalten.

Merke:
„Karmischen" Beziehungen liegt ein noch ungeklärtes Muster von Ursache und Wirkung zugrunde. Dieses Muster wirkt zeitlos und wird auf der Ebene von Beziehungen als „Unglück" oder „Unvollkommenheit" erlebt.

Für Sie zum fachlichen Hintergrund

Kurzinformation zum Thema Rückführung

Jeder Mensch hat gemäß seiner Altersstufe Probleme, die als sehr schwierig oder unlösbar erscheinen. In der nächsten Altersstufe erkennen wir meistens die Herausforderungen der vergangenen Jahre und sehen oft viele Lösungen.

Ungelöste Konflikte und schmerzliche Erfahrungen werden häufig in der Phase des Erlebens verdrängt. Sie können später, bewusst, nicht als Ursache von Störungen erinnert werden, die uns noch belasten.
Die Reinkarnationstherapie nutzt das Wissen, dass wir später immer klüger sind als früher, um ganz gezielt verdrängte Konflikte aus vergangenen Zeiten – den

früheren Altersstufen und „früheren Leben" – mit Rückführungen zu klären und aufzulösen.

Der Begriff „frühere Leben" dient dabei vor allem als Modell, um ein unbeschwertes Eintauchen in Vergangenheitsstrukturen zu ermöglichen. Ein wichtiger Teil seriöser Reinkarnationstherapie, wie ich sie zumindest gelernt habe, ist die Interpretation erhaltener Informationen. Die gezielte Unterstützung des Klienten, zu Kerninformationen die parallele Erfahrung in diesem Leben zu erkennen und aufzuarbeiten, ist die eigentliche Arbeit dieser Methode.

Die Reinkarnationstherapie setzt nicht den Glauben an eine Wiedergeburt (Re-Inkarnation) voraus, auch wenn sie dieses Modell beinhaltet. Die Offenheit dafür ermöglicht einen spielerischen Zugang zu wichtigen Informationen, die uns normalerweise verschlossen bleiben.

Ich nutze mittlerweile eine noch effektivere Methode als die Reinkarnationstherapie. Auch dazu erfahren Sie mehr in diesem Ratgeber.

Die Erkenntnisse und Informationen, die ich Ihnen mit diesem Ratgeber vermitteln möchte, bestehen im Wesentlichen aus 3 Teilen. Jeder Teil ist dabei eine wichtige Phase zur Einleitung und Begleitung eines Veränderungsprozesses, der erst durch tieferes Verständnis und zeitlose Sicht von Ereignisketten möglich wird.

Um dauerhaft Beziehungssituationen verändern zu können, ist es hilfreich, sich dieser Phasen bewusst zu sein. Der Schlüssel zur Veränderung liegt in Ihrer Bereitschaft, diese Phasen bewusst zu durchlaufen.

Teil I
– Erkennen Sie das Muster

Teil II
– Verstehen Sie die Zusammenhänge

Teil III
– Erlösen Sie sich aus belastenden Verstrickungen

Jedes Kapitel ist wie ein Schritt auf eine neue Ebene von Bewusstsein.

Dieses Handbuch öffnet Ihnen auf jeder Ebene die Gelegenheit, Ihre Sichtweisen und Erfahrungen zu einem bestimmten Thema zu erweitern.

Allein das Lesen setzt bereits bestimmte Impulse, die Sie vielleicht erst im nächsten oder übernächsten Kapitel als Erkenntnis ins Bewusstsein überführen.

Mit jeder Veränderung Ihrer Wahrnehmung gewinnen Sie ein tieferes Verständnis für sich selbst und andere. Ihr Bild wird umfassender und klarer. Mit jeder Öffnung, neue Ebenen in Ihrem Bewusstsein zu betreten, kommen Sie der Klärung Ihrer Beziehungen näher. In diesem Sinne möchte ich Sie einladen und bitten, dem Aufbau der Kapitel wertfrei zu folgen.

Wenn Sie mir vertrauensvoll folgen, wird Ihnen ab einer bestimmten Stelle im Buch plötzlich alles logisch erscheinen. In diesem Moment großer Sinnhaftigkeit und Klarheit haben Sie den Schlüssel zu Ihrer persönlichen Freiheit angenommen. Wenn Sie ihn spüren, hat dieses Werk seinen Sinn erfüllt.

Dieses Handbuch ist so konzipiert, dass Sie es in Abständen immer wieder lesen können. Sie werden bei jedem „Durchlauf" neue Dinge entdecken und weitere Zusammenhänge erkennen. An der einen oder anderen Stelle werden Sie sich vielleicht sogar fragen, ob das vorher auch schon da gestanden hat.

„Das Geheimnis karmischer Beziehungen" ist eine Reise durch menschliche und seelische Verstrickungen zu neuen Sichtweisen und Möglichkeiten, Tore zur Freiheit zu durchschreiten. Ich wünsche Ihnen viel Freude dabei, Ihr/e Leben im Spiegel dieser Erkenntnisse neu zu entdecken.

Wichtiger Hinweis zur Nutzung der 7 Schritte:

Da ich Ihre Lebenssituation, Ihre Probleme und Fragen nicht kenne, ist dieser Ratgeber wie eine Art Checkliste aufgebaut. Jeder Teil enthält einen möglichen Schritt zur Lösung Ihres persönlichen Lebensthemas.

Nicht jeder Punkt auf der Checkliste muss etwas mit Ihnen zu tun haben.

Wenn Sie das Gefühl haben, nicht zu wissen, wovon in einem Kapitel oder Abschnitt die Rede ist, lesen Sie einfach weiter. Halten Sie sich nicht mit Erklärungen auf, die Ihnen im Moment vielleicht zäh, langweilig oder zu „esoterisch“ erscheinen. Sie können sicher sein, dass für andere Leser(innen) genau diese Thematik hochinteressant ist.

Die Checkliste eines Technikers, der die Inspektion eines Autos durchführt, ist dort, wo er nichts feststellt, auch „uninteressant“. Ohne Checkliste würde er jedoch regelmäßig wesentliche Punkte mit Problemen (Bremsbeläge, Hydrauliköl …) übersehen.

Lesen Sie deshalb gegebenenfalls entspannt weiter und gehen Sie zum nächsten Schritt.

Ziel ist ja, gemeinsam herauszufinden, an welcher Stelle in Ihrem Leben es vielleicht „hakt“. Da lohnt es sich schon, ein bisschen Geduld und Zeit zu investieren. Vor allem ist es hilfreich, eine aus der Praxis entstandene und in der Beratungspraxis bewährte systematische Vorgehensweise zu nutzen.

Sie können diesen Ratgeber auch als Nachschlagewerk verwenden und erst mal die Abschnitte lesen, die Ihnen in der Kapitelübersicht besonders ins Auge fallen.

Wenn Sie alle 7 Schritte gegangen sind und an keinem Punkt einer Checkliste zu Ihren Lebensumständen einen Bezug herstellen konnten, gratuliere ich Ihnen zu Ihrem glücklichen Leben.

Falls Sie sich jedoch nicht rundherum glücklich fühlen und das ganze Buch Ihnen zäh und langweilig erscheint, sind Sie ziemlich sicher in die „Ist doch alles nicht so schlimm“ Falle getappt. Sie kennen das vielleicht besser aus dem Alltag oder der Beobachtung bei Freunden. Beinahe täglich nerven schon die kaputten Fliesen im Bad, die vergilbten Tapeten oder der verlebte Teppichboden. Mann oder Frau könnte ja, aber eigentlich „ist doch alles nicht so schlimm“. Dazu müssen Sie vielleicht wissen, dass es Anteile in jedem Menschen gibt, die nicht an der Wahrheit und den wirklichen Antworten interessiert sind. Im Teil 5 erfahren Sie mehr darüber. Diese Anteile sind sehr kreativ in Ausflüchten, Ablenkungs- und Täuschungsmanövern. Was Sie nicht hören, sehen, lesen oder fühlen wollen, wird trickreich zensiert. So wird ganz schnell ein Film, ein Buch, ein Mensch „blöd“ und wir müssen uns nicht näher mit dem beschäftigen, was wir gehört, gesehen, gelesen oder gefühlt haben. Hinter diesen Schutzmechanismen stehen meistens Ängste. Auch vor der Arbeit, die zu tun ist, um etwas zu verändern.

Vertrauen Sie deshalb den Anteilen, die Sie zu diesem Werk geführt haben. Diese „gesunden“ Anteile in Ihnen möchten Sie mit bestimmten Informationen in Kontakt bringen. Sonst würden Sie diese Zeilen jetzt nicht lesen. Seien Sie deshalb wachsam und achten Sie auf die Fallen der „Gegenpartei“! Ich weiß, dass dieser Ratgeber nicht vollkommen ist. So wird er vielleicht am ehesten unserem Leben gerecht. Lassen Sie sich auch nicht von dem Stil oder der Sprache dieses Buches aufhalten oder irritieren. Natürlich interessiert Sie persönlich nur der Weg aus der „Sackgasse“, in der Sie sich momentan eventuell befinden. Da dieses Buch für viele Menschen geschrieben ist, kann es durchaus sein, dass Ihnen zu Ihrem Typ „Sackgasse“ erst in Teil 5 die „Lichter“ aufgehen.

Der Schlüssel zu Ihrem Geheimnis liegt bereit. Den Weg dorthin habe ich in der mir möglichen Form beschrieben. Alles Weitere liegt jetzt bei Ihnen. Viel Erfolg.

PS: Bevor Sie eine längere Reise antreten, sollten Sie immer sorgfältig Ihr Gepäck prüfen. Ich weiß, das ist lästig und weniger prickelnd als der Blick aus dem Flieger auf den Atlantik. Aus Erfahrung weiß ich, dass bestimmte Dinge nicht in Ihr Gepäck gehören, wenn Sie glückliche Beziehungen führen möchten. Mit bestimmten Dingen in Ihrem „Gepäck" würden Sie Ihren Traumpartner/Ihre Traumpartnerin nicht mal erkennen, selbst wenn die Person bereits an Ihrer Seite ist. In diesem Sinne bitte ich Sie, die ersten Kapitel als Schritte durch den Check-in zu betrachten.

Es mag sein, dass Ihnen auch eine bildliche Vorstellung hilft, den einzelnen Schritten leichter zu folgen. Nehmen wir einmal an, Sie haben in Ihrem Handgepäck 10 Spinnen, 1 Ratte und 1 Stinktier. Können Sie sich vorstellen, dass es den Personenkreis massiv einschränkt, der gerne freiwillig mit Ihnen die Kabine teilt und sich gerne freiwillig neben Sie setzt?

Als Ihr Beziehungscoach lege ich deshalb großen Wert auf systematische „Gepäckkontrolle". Vielleicht werden Sie zwischendurch auch komisch schauen, wenn ich Ihnen verschiedene Fragen stelle wie: Haben Sie vielleicht eine „Ratte" im „Gepäck"? Gehört die Ihnen? Möchten Sie die wirklich behalten? Mir geht es auch nicht darum, Ihnen Ihre geliebten Tierchen wegzunehmen. Sie allein entscheiden, was Sie alles im „Gepäck“ behalten möchten. Wenn am Ende 10 Spinnen, 1 Ratte und 1 Stinktier übrig bleiben, steht in jedem Fall fest, dass Sie besondere Tiere lieben und Ihr/e Idealpartner/in diese Vorliebe teilen sollte. Es wäre unter Umständen auch hilfreich, einen Beruf zu wählen, der es Ihnen ermöglicht, viele solcher glücklichen Beziehungen mit besonderen Tieren zu genießen.

Kostbarer Diamant

Als ich den Tränen folgte,
fand ich den Fluss,
und da ich alles verloren
und aufgegeben hatte,
was bisher wichtig war,
ließ ich mich mitreißen,
trotz der Gefahr
zu ertrinken.

Als ich dem Fluss folgte,
zwischen Leben und Sterben,
fand ich ein Meer von Tränen
und in der Tiefe
dunkle Geheimnisse
aus alten und neuen Zeiten.

So entdeckte ich
unfassbare Antworten,
die ich viel früher
gebraucht hätte,
aber nur später,
auf verlorenem Posten,
finden konnte,
in größter Bereitschaft und Demut,
alles zu tun,
um das Verlorene
in Liebe zu ehren.

Für die unsterbliche Seele
ist jede Träne
ein kostbarer Diamant;
für uns Menschen
wird schweres Schicksal
erst wertvoll,
wenn wir es vollständig annehmen
und lernen,
mit dem Herzen
zu verstehen.

Schau tiefer!

Teil 1 Geheimer Sprengstoff jeder Beziehung

Jede Beziehung ist eine gemischte Partie mit speziellen Dynamiken, manchmal auch mit jeder Menge Dynamit.

In karmischen Beziehungen fühlt man sich häufig machtlos und ausgeliefert, oft als Opfer der Umstände. Wer tiefer schaut, erkennt manchmal auch das Opfer der anderen Seite. Welcher Form auch immer Sie in diesem Leben begegnen, Sie sollten die wichtigsten Grundformen und Motivationen kennen und zuordnen können, um den Teil Ihrer eigenen Opferrolle besser zu verstehen. Warum das wichtig ist? Ungeklärte Opfer-Täter-Strukturen aus Ihrer Vergangenheit wirken wie Sprengstoff in jeder neuen Beziehung.

Vielleicht stehen Sie ja schon auf der „Sonnenseite" des Lebens. Dann können Sie in diesem ersten Teil sicher trotzdem noch vieles über andere Menschen und deren tiefer liegende Beziehungsprobleme lernen. Lassen Sie mich mit 3 Leitsätzen beginnen:

Leitsatz I
Opfer stehen dem OP-Tisch oft näher als der Erkenntnis.

Leitsatz II
Solange wir nicht erkennen und wahrhaben
wollen, dass und wo wir ganz real Opfer waren oder sind, bleiben wir mit dem Täter verstrickt und leben in

Opfer-Täter-Strukturen, die unser Lebensglück sabotieren und immer wieder zerstören.

Leitsatz III
Solange wir nicht erkennen und wahrhaben wollen, dass und wo wir ganz real Täter waren oder sind, bleiben wir mit den Opfern und dem, was uns zum Täter gemacht hat, verstrickt und leben in Opfer-Täter-/Täter-Opfer-Strukturen, die unser Lebensglück sabotieren und immer wieder zerstören.

Menschen, die beginnen, diese Strukturen zu verstehen, beginnen auch, Beziehungsdynamiken und deren Ursprünge zu begreifen.

„Freiwillige" Opfer

Es gibt einen Typ von Opfer, der nicht immer unbedingt etwas mit Schuld oder Schuldgefühlen zu tun hat, auch wenn dadurch manchmal eine andere Form von Schuld abgetragen wird.

Uns begegnen „freiwillige" Opfer immer in Situationen und Zusammenhängen, die uns selbst herausfordern und bestehende Lebensauffassungen infrage stellen. Sie dienen uns und anderen dadurch, dass wir über ihr Opfer nachdenken, um den oft scheinbar fehlenden Sinn zu ergründen. So helfen früh sterbende Kinder zum Beispiel ihren Eltern, nachzudenken über den Tod, den Sinn des Lebens, Geburt, ein mögliches Leben nach dem Tod, Wiedergeburt und alles, was mit dem Sein des Menschen zu tun hat. Die Seele des

Kindes gibt so den Eltern die Chance, ein bewussteres Leben zu führen.

Orientierungspunkt:
Dinge, die uns sinnlos erscheinen, sind Dinge, deren Sinn wir noch nicht erkannt haben.

Unter den ,,freiwilligen" Opfern gibt es Seelen, die damit eine alte Schuld abtragen, und solche, die sich aus reinem Mitgefühl in diese Rolle begeben.

Ohne die Annahme vom „Leben nach dem Tod" und von der Wiedergeburt sind ,,freiwillige" Opfer selten zu verstehen. Sollten Sie persönlich nicht an diese Dinge glauben und trotzdem damit konfrontiert werden, betrachten Sie es als ein Geschenk, das mit einer Herausforderung verbunden ist, die Sie nicht annehmen müssen. Werden Sie jedoch immer wieder mit diesem Themenkreis konfrontiert, kann ich Ihnen nur empfehlen, sich mit all Ihren Vorbehalten einer Auseinandersetzung damit zu öffnen. Erlauben Sie sich dabei vor allem auch, Ihre bisherigen Erfahrungen und Ihr Verständnis von verschiedenen Dingen mit neuen Eindrücken und anderem Wissen zu erweitern, zu wandeln, zu transformieren.

„Freiwillige“ Opfer begeben sich bewusst in eine Situation, um anderen zu dienen. Sie sind jedoch dabei o h n e Erwartung.

Wenn sich unser Herz in Liebe öffnet und wir das Gefühl haben, durch das Opfer eines anderen etwas zu lernen, dann haben wir ziemlich sicher das Geschenk eines „freiwilligen“ Opfers erkannt. Wir spüren Dankbarkeit, Liebe, Mitgefühl und innere Stärkung. Das „Opfer“ folgt seiner Bestimmung und wir der unseren.

„Unfreiwillige“ Opfer

Es gibt einen Typ Opfer, den wir vor allem an den „unfreiwilligen“ Opfern erkennen, die Menschen in seinem Umfeld für ihn erbringen. Den zweiten Opfer-Typ habe ich deshalb nach diesem Merkmal benannt.

„Unfreiwillige“ Opfer und „Märtyrer“ erzeugen in der Regel unbewusst Situationen, um sich selbst zu dienen. Sie erwarten von anderen dabei Anerkennung, Unterstützung und Hilfe.

Ihr „Opfer“ dient einem persönlichen Zweck und ist oft ein reiner, unbewusster Selbstbestrafungsmechanismus. Hier hat vor allen Dingen das ,,Opfer" selbst zu lernen.

Werden wir durch ein Opfer zu Handlungen geführt, die vor allem aus Schuldgefühl, Pflichtgefühl, Pflichterfüllung und Mitleid erfolgen, ist dies häufig ein Zeichen dafür, dass wir **dem Opfer „unfreiwillig" dienen**. Hier bleibt meistens das Gefühl von Liebe sehr bald auf der Strecke, die Situation schwächt uns, wir warten innerlich darauf, dass ,,es" endlich vorbei, vergessen, abgeschlossen ist.

Aus Unwissenheit übernehmen wir die Herausforderung, der sich das vermeintliche Opfer selbst nicht stellen will. Wir bringen so einen anderen Menschen häufig um die Lernerfahrungen, die er sich mit seinem Schicksal selbst gegeben hat.

Wenn Sie sich zum Beispiel von einem kranken oder behinderten Menschen beherrschen lassen, so verweigern Sie der Person die Möglichkeit, erwachsen zu werden, und nehmen ihr die Verantwortung für ihr Schicksal ab. Ihr Glaube, etwas Gutes zu tun, dient Ihnen unbewusst wahrscheinlich gleichzeitig als Entschuldigung dafür, dass Sie sich Ihrer eigenen Lernaufgabe in diesem Zusammenhang nicht stellen. ,,Das kann ich doch nicht machen" und ähnliche Gedanken spiegeln Ihnen ein Handlungsbedürfnis wider, dem zu folgen Sie sich aus Unkenntnis der größeren Sinn-Zusammenhänge bezüglich Schicksal noch nicht trauen. Opfer, denen wir ,,unfreiwillig" dienen, weigern sich, ihr Schicksal kreativ „in die eigenen Hände" zu nehmen und der Herausforderung des Lebens eigenverantwortlich und selbstständig zu folgen. Die Opfer klagen und fordern die Hilfe von anderen ein. Wer ihnen mehr als Hilfe zur Selbsthilfe gibt, trägt Verantwortung dafür, dass er die Entwicklung eines anderen Menschen behindert! Nehmen Sie auch Ihrem Partner **nicht immer** mehr ab, als Ihnen Freude bereitet.

Orientierungspunkt:
Nicht an der äußeren Form, sondern vor allem an dem Umgang des „Opfers“ mit seinem Schicksal erkennen Sie den „Opfer-Typ“.
Wer sich als Opfer fühlt, hat oft die eigene Täterstruktur noch nicht erkannt.

Auch wenn jemand ursächlich eine Verantwortung bezüglich des „Opfers“ trägt – eine tablettensüchtige Frau bekommt vielleicht ein behindertes Kind oder Ähnliches –, steht es diesem Menschen nicht zu, die Entwicklung des „Opfers“ zu behindern. Jeder Mensch hat das Recht und die Pflicht, selbstständig kreative Wege zu entwickeln, die zu größtmöglicher Unabhängigkeit und eigenverantwortlichem Leben führen. Gerade dies ist ja die zentrale Herausforderung und Lernaufgabe jedes individuellen Lebens.

Manche Menschen haben sich bewusst für größere Aufgaben entschieden. Seien Sie deshalb sehr bewusst im Umgang mit ,,Opfern". Ein Maß – für Ihre eventuelle Begleitung und Unterstützung von ,,Opfern" – sollte immer die Hilfe zur Selbsthilfe sein.

Der Verantwortung für persönliche ,,Schuld" – bezüglich eines Opfers – werden Sie in dem Maße gerecht, in dem Sie mit Würde Ihre ,,Schuld" tragen und auf falsche Wiedergutmachungsversuche verzichten.

Gemischte Partie

In Beziehungen begegnen wir anderen Menschen in verschiedensten Opfer-Täter- und Täter-Opfer-Dynamiken. Wenn es uns in stillen Momenten möglich ist, uns selbst zu beobachten und ganz ehrlich zu hinterfragen, fallen uns vielleicht Situationen auf, in denen wir das Gefühl hatten, nicht wir selbst zu sein. Wir wurden mit Worten oder Handlungen zum „Täter" und wussten nachher nicht mehr, wie es dazu kommen konnte. Vielleicht haben Sie auch schon mal einen konkreten Impuls zum Ausdruck „verletzender Worte" in sich bemerkt, dem Sie zwar nicht gefolgt sind, der Sie aber stark irritiert hat. Oder Sie haben in sich im Extremfall sogar einen Impuls bemerkt, „zum Messer zu greifen und zuzustechen", und fragen sich noch heute, woher das kam. Solche Dinge bleiben oft unser Geheimnis und unsere innerste Not, weil wir nicht wissen, mit wem wir offen darüber reden können.

Orientierungspunkt:
Bei Impulsen, die versuchen, uns in Opfer- oder Tätersituationen zu drängen, die aber unserer eigenen Wesensart nicht entsprechen, werden oft aus dem Familiensystem übernommene Strukturen sichtbar, mit denen wir noch heute verstrickt sind.

Solche ungeklärten symbiotischen Verstrickungen führen nicht selten in scheinbar unlösbare Konflikte und Ereignisse, in denen wir uns gleichzeitig als Opfer und Täter wiederfinden. In unseren Beziehungen und Partnerschaften stiften solche Einflüsse regelmäßig Verwirrung, Chaos und seelischen Kummer. Falls Sie Ähnliches kennen, werden Sie vor allem im Teil 5 mehr über solche Dynamiken und die Hintergründe seelischer Verstrickungen erfahren, die über mehrere Generationen wirken können. Zum Glück liegt die Verantwortung für den Umgang mit solchen Herausforderungen allein in Ihren Händen und gibt Ihnen die Möglichkeit, etwas zu verändern. Ich begleite Sie gerne dabei, sich aus solchen Dynamiken und Verstrickungen zu lösen.

Hinweis:

Da die meisten Prägungen unserer Persönlichkeit in einer Lebensphase entstehen, in der wir noch kein eigenes Bewusstsein entwickelt haben, ist es fast unmöglich, allein herauszufinden, welche „schädlichen" fremden Strukturen wir unbewusst übernommen haben.

Merke:
Solange wir unsere eigenen Opfer-Täter-Strukturen und diesbezüglichen Verstrickungen nicht kennen und klären, werden diese in unseren Lebens- und Liebesbeziehungen immer wieder als störender, oft trennender Faktor sichtbar.

Opfer als Hauptrolle

Es gibt Menschen, die sind sehr erfolgreich darin, anderen zu beweisen, dass ihnen nicht zu helfen ist. Frei nach dem Motto: „Ich bin und bleibe Opfer, komme, was da wolle. Mich auszuhalten und zu lieben schafft keiner."

Hinter diesen oft unbewussten Denkstrukturen und Überzeugungen verbergen sich mehrere Dinge. Zum einen ist da natürlich der Wunsch, dass es trotzdem möglichst viele Menschen probieren. Denn: „Wenn es ja doch jemand schaffen sollte (was so gut wie ausgeschlossen ist), weiß ich wenigstens endlich, dass es jemand mit mir ernst meint." Zum anderen offenbart sich hier natürlich eine verletzte Person, die aus den bisherigen Erfahrungen in ihrem Leben ihren eigenen Lebensplan noch nicht entschlüsseln konnte. Die großen Herausforderungen dieser interessanten Kreation bergen einige Elemente in sich, die es zu beachten und zu verstehen gilt.

Die 6 „Gefahren" dabei sind:

1. Dass der Mensch sich selber in seiner Rolle irgendwann so gut gefällt, dass er nicht mehr von ihr lassen kann, selbst wenn der „Prinz" oder die „Prinzessin" schon lange die „Festung" gestürmt hat.

2. Dass der Mensch in eine sehr tiefe Lebenskrise kommt, wenn er immer wieder einsam und allein seinen Erfolg (bewiesen zu haben, dass es niemand mit ihm aushält, u. Ä.) genießen muss. Er

erfährt seinen Erfolg als Misserfolg, weil er sein Grundkonzept, seine ursprüngliche Idee vergessen hat.

3. Nachdem der Mensch der ganzen Welt bewiesen hat, dass es niemand mit ihm aushält, ist niemand mehr da, der noch das Gegenteil beweisen könnte.

4. Dass alle Menschen erkennen, dass da jemand als Schauspieler in der „Opferrolle“ gewürdigt werden will – sie verweigern den Beifall oder können einfach nicht mehr, weil die Hände schon wund sind vom Klatschen.

5. Dass der Schauspieler in seiner „Opferrolle“ vergisst, dass es noch viele andere interessante Rollen im Leben gibt, für die er sich als Hauptdarsteller bewerben könnte. Er trainiert quasi so lange weiter, bis er der absolut perfekte Opferrollenspieler auf der ganzen Welt ist.

6. Dass der Mensch diese Teilaufgabe und als Vorbereitung gedachte Rolle bereits für seinen Lebensplan hält. Er realisiert nicht, dass weitere Aspekte – wie Leichtigkeit und Lebensfreude – ebenso auf ihre Erforschung warten wie die Rolle des „Täters“ im positiven Sinne.

Jeder Lebensplan verläuft anders. Wer aber die Opferrolle nicht als eine von vielen möglichen Startpunkten erkennt und begreift, wird sich eventuell sein Leben lang nur mit dieser einen Erfahrung beschäftigen. Ich hoffe, Sie haben bereits genug Neugierde oder Langeweile entwickelt, um die anderen Aspekte dieser „Rolle“ zu erforschen.

Das Thema ist bei genauerer Betrachtung viel komplexer, als es auf den ersten Blick vielleicht aussieht. Es enthält auf seine Weise alles, was das Leben zu bieten hat – zum Beispiel:

- Handeln und behandelt werden, Hintergründe zu Opfer-Tätern-Strukturen
- Leben und leben lassen
- Trauer, Verletzung und Heilung der Gefühle
- Verwirrung, Verzweiflung und Urvertrauen
- Die Sehnsucht, geliebt zu werden, und bedingungslose Liebe
- Absoluter Mangel und grenzenlose Fülle
- Einsamkeit und mit sich allein glücklich zu sein
- Schuld und Vergebung, Erlösung

Wegen dieser enormen Vielseitigkeit wundert es deshalb nicht, dass dieser Themenkomplex so beliebt ist. Viele Millionen „Studenten“ haben sich schon für diesen Studiengang entschieden. Doch da das Studium zeitlich unbefristet ist, halten sie sich häufig viel zu lange mit den einfachen Opferaspekten auf. Die eigentliche Herausforderung liegt jedoch darin, die höher schwingenden Gegenpole zu erkennen, zu verstehen und alle Aspekte dieser Polaritäten zu integrieren.

Unwissende Opfer

Es gibt auch Opfer, die nicht wissen oder noch immer verdrängen, dass sie Opfer gewesen sind. Dafür gibt es natürlich gute Gründe. All das, was wir nicht wissen oder nicht wahrhaben wollen, verstellt uns jedoch den Blick auf die Ursachen und Zusammenhänge von Erlebnissen, die sich noch heute als „Unglück" in unserem Leben widerspiegeln. Der Wunsch, den Schleier Ihres Unglücks zu heben, hat Sie vielleicht zu diesem Buch geführt. Ich verspreche Ihnen, auf den folgenden Seiten diesen Schleier so achtsam und vollständig wie möglich zu heben.

Opfer leben in der Warteschleife – nicht immer in der eigenen!

Wenn wir – bewusst oder unbewusst – in Opfer-strukturen leben, bleibt das Leben uns immer etwas schuldig.

Wenn „Genugtuung" und „Ausgleich" für das Opfer ausbleiben, wird es meistens eng im Leben. Es sei denn, wir haben eine Idee. Dieser Einfall könnte zu der Einsicht und Erkenntnis führen, dass:

- die Gefühle, Opfer zu sein, gar nicht „alle" zu einem selber gehören

- andere Sichtweisen möglich sind

- viele Ereignisse auch positive Lernerfahrungen bieten können

- es vielleicht nicht um das aktuelle Ereignis geht, dessentwegen wir uns als Opfer fühlen, sondern um die Hintergründe, Lebensstrukturen und Prägungen, die zu der Erfahrung des aktuellen Ereignisses geführt haben

Opfer beenden die „schlimme“ Erfahrung nicht, solange sie in der „Opferhaltung“ und Vorwurfshaltung verweilen. Warum ist das so? Solange wir – bewusst oder unbewusst – auf einen Ausgleich und eine Anerkennung unseres „Schicksals“ von anderen warten, liegt unser Leben quasi in der Warteschleife. Diese Warteschleife ist von der Reaktion anderer auf uns abhängig. Je länger wir in so einer Warteschleife leben, desto größer wird oft unsere Wut auf andere. Diese geballte Wut trifft oft zu Unrecht den Partner/die Partnerin, der/die für unsere noch ungeklärte belastende frühere Erfahrung in der Regel nichts kann.

Orientierungspunkt:
Wirklich glückliche Menschen warten nicht auf das Leben, höchstens auf die S-Bahn.
Unglückliche Beziehungen sind häufig ein Hinweis auf ungeklärte „Opferstrukturen“.

Wahre Autonomie ist die Freiheit, unser eigenes Leben gestalten zu können, auch und gerade wenn Reaktionen anderer ausbleiben!

Auch in Beziehungen geraten wir immer wieder in solche „Warteschleifen“, weil der/die andere ... Hier helfen klare Absprachen, klare Ansagen und alternatives unabhängiges Handeln ohne Vorwürfe oder Schuldzuweisungen, wenn Absprachen und Termine nicht eingehalten wurden! Lassen Sie sich nicht auf die Wartebank setzen. Handeln Sie.

Wenn Sie das Gefühl haben, immer wieder in einer Handlungsunfähigkeit festzusitzen, kann ein erster Schritt sein, dies als „Handlungsmuster“ zu benennen, das Sie verändern möchten. Sparen Sie aber Ihre Energie für die Klärung der wahren Ursachen und versuchen Sie nicht, die Handlungsmuster Ihres Partners/Gegenübers zu ändern! Seien Sie dankbar für die

„Symptome“, verwechseln Sie diese aber bitte nicht mit den Ursachen.

Ich möchte Sie an dieser Stelle deshalb einladen, Ihren „Opferstatus“ und Ihre „Opferbereitschaft“ innerhalb Ihrer Alltagsbeziehungen einmal genauer zu betrachten.

Merke:
Wenn wir in dem Gefühl leben, dass das Leben uns noch etwas schuldig geblieben ist, leben wir bewusst oder unbewusst in noch nicht geklärten Opferstrukturen.

Zu jedem „Opfer“ gibt es eine „Opfererfahrung“, die in der Regel von Aspekten wie Auswegslosigkeit, Hoffnungslosigkeit, Unterwerfung und Ohnmacht geprägt ist.

Eine nicht ausreichend verarbeitete Opfererfahrung führt oft unbewusst zu einer Art innerer Opferhaltung. Diese ist nicht selten mit Ängsten und einer Unglückserwartung verbunden – „Wann passiert das Nächste?“. Bis zur Klärung und Auflösung der Opferhaltung wirkt eine Opfererfahrung häufig wie eine Art Dauermagnet für ähnliche Erfahrungen.

Mehr dazu lesen Sie im Teil 5.

Orientierungspunkt:

Solange Sie in einer vielleicht noch unbewussten Opferhaltung oder unverarbeiteten Opfererfahrung leben, werden Sie in Ihrem Leben immer wieder mit Täterstrukturen konfrontiert. Wenn Ihnen Menschen öfter mit verletzenden Worten begegnen, wissen Sie, was ich meine. Sind Ihnen bedrohliche oder schlagende Partner/innen nicht unbekannt, sollten Sie dieses Thema ernst nehmen.

Was könnten Sie für Ihre Beziehungen aus diesem Teil lernen?

Aus diesem ersten Teil wünsche ich mir, dass Sie eines mitnehmen:

Wenn die Fragen
des Lebens
sich wiederholen,
können Ihre Antworten
sich verändern.

Checkliste zu Teil 1 – Was können Sie jetzt konkret tun?

Schritt 1
Klärung der eigenen Opfer-Täter-Struktur

Die bevorzugte Haltung in partnerschaftlichen Beziehungen sollte die eines liebenden Menschen sein. Je weniger wir uns in entspannter Gewissheit als Teil einer liebevollen Beziehung (mit uns selbst und anderen) erfahren, desto stärker wirken noch ungeklärte Opfer-Täter-Strukturen in unserem Leben. Die folgenden Fragen können hilfreich sein, um sich diese Themen bewusst zu machen.

Fragen zur Klärung Ihrer persönlichen Opfer-Täter-Struktur:

- Gibt es Situationen oder Ereignisse in Ihren Beziehungen, die Sie sprachlos und hilflos machen?

- Gibt es Situationen oder Ereignisse in Ihrem Beruf, die Sie sprachlos und hilflos machen?

- In welchem Zusammenhang haben Sie das Gefühl, völlig machtlos zu sein?

- Gibt es etwas im Verhalten Ihres Partners/Ihrer Partnerin, das Sie „ausrasten" lässt?

- Gibt es ein Verhalten an Ihrem Chef/Ihrer Chefin, das Sie „ausrasten" lässt?

- Welchen Personen oder Ereignissen fühlen Sie sich immer irgendwie ausgeliefert?

- Gibt es etwas im Verhalten Ihres Nachbarn/Ihrer Nachbarin, das Sie „ausrasten" lässt?

- In welchen Situationen oder bei welchen Ereignissen haben Sie das Gefühl, dass Sie sich immer viel mehr aufregen, als objektiv notwendig und angemessen wäre?

- Welche Personen spielen dabei eine Rolle? An welche Personen werden Sie dabei erinnert?

- Wenn Sie sich selbst in so einer Situation in einem Film beobachten würden, an welche Person würde Sie Ihr eigenes Verhalten dann am ehesten erinnern?
- Wo fühlen Sie sich schuldig?
- Wo leben Sie nicht in der Wahrheit?
- Wo decken, dulden oder unterwerfen Sie sich Tätern?
- Wo opfern Sie sich auf?

Opfer und Täter

Das Unglück,
Opfer
und Täter zu sein,
fällt manchmal
so tief
in unsere Seele,
dass nur
die göttliche Gnade vermag,
uns daraus
weise
zu erlösen.

Viel Zeit wird auch verschwendet bei dem Versuch, die Erfüllung eigener Wünsche voranzutreiben oder die anderer zu sabotieren; oft, ohne spirituelle und karmische Aspekte in geeigneter Weise einzubeziehen. Dadurch entstehen immer wieder Missverständnisse, Verwirrung, Verzweiflung und geistige Sackgassen.

Solange Sie sich auf Beziehungsebene noch als Opfer fühlen, haben Sie die heilenden Aspekte dieser Lernaufgaben noch nicht vollständig integriert. Vielleicht helfen Ihnen die weiteren Informationen, einen neuen Zugang zu finden, denn Opfer haben immer unerfüllte Wünsche, und manche unserer Wünsche haben ihren Ursprung in einer Verwünschung oder einem magischen Liebeszauber.

**Warum 10 Jahre warten?
Lach doch gleich
darüber!**

Teil 2 Geheimes Wissen Vom Wünschen und Verwünschen und vom größten Irrtum in der Geschichte

Der Ausgangspunkt der Seele (ihre Herkunft) ist entscheidend bei dem, was sie zur Erreichung Ihrer Ziele tun kann oder tun sollte!
Das Maß karmischer Freiheit oder bindender Verantwortung (Schuld) ist der Schlüssel zum Verständnis Ihrer persönlichen Erfahrung mit Wünschen, Verwünschungen und Fürbitten.

Jede Beziehung ist einzigartig in ihrer Geschichte, doch alle karmischen Beziehungen haben nach meiner Erfahrung eines gemeinsam: Es gibt noch ewig bindende Energiestrukturen, die ihren Ursprung in machtvollen Wünschen, Verwünschungen oder anderen, teilweise magischen Praktiken haben. Betroffene sind oft in verwirrende Gefühle verstrickt, die sie allein nicht zu entschlüsseln vermögen. Ein konkretes Beispiel aus meiner Praxis:

Für eine Frau war die Beziehung zu einem verheirateten Mann von vornherein zum Scheitern verurteilt. Nach der Trennung litt sie viele Jahre und verschwieg ein gemeinsames Kind. Die Aufarbeitung der karmischen Verstrickung zeigte, dass dieser Mann in einem früheren Leben die Beziehung der Frau mit einem anderen Mann in tiefer Herzensliebe durch einen Liebeszauber zerstört hatte, um die Frau für sich selbst zu gewinnen. Es folgten viele Leben mit unglücklichen Partnerschaften und verwirrenden Gefühlen, bis die Frau sich in diesem Leben aufmachte, den Ursprung der karmischen Beziehungsmuster mit Rückführungen zu entschlüsseln. So konnte sie endlich die unglückliche karmische Fixierung auf einen Mann, in den sie nie wirklich verliebt war, verstehen und lösen! Sie entdeckte dabei ihre wahre, verlorene Herzensliebe wieder.

Um so ein Beziehungsmuster vollständig zu klären und zu verstehen, braucht es aber weitere Schritte. Das innere, psychische Bild der Klientin spiegelt vielleicht auch eine symbiotische Verstrickung mit den Erfahrungen, Gefühlen und dem Beziehungsmuster der Mutter oder Großmutter wider.

Wünschen, Verwünschen und Fürbitten

Die meisten Wünsche, Verwünschungen und Fürbitten beziehen sich auf Gesundheit, materielle Güter oder einen Idealpartner. Trotz ausreichender Literatur und Seminaren vor allem zum Thema Fülle, Reichtumsbewusstsein und Wunschmanifestationen scheint das Prinzip in erster Linie für die Autoren und Seminarleiter selbst zu funktionieren.
Bei mir war dies lange Zeit umgekehrt, aber das ist eine andere Geschichte.

Warum funktioniert die Wunschmanifestation bei Ihnen nicht, obwohl Sie alles „richtig“ gemacht haben?

Wenn Ihre Wünsche nicht „funktionieren“, stehen dem häufig „Verwünschungen“, magische Bindungen, alte Verträge, eigene Seelenaufträge oder karmische Muster entgegen, die genau dies verhindern und bis in Ewigkeit oder zu einem bestimmten Zeitpunkt ausschließen sollen. Ist Ihre Fähigkeit zur Manifestation von Wünschen und Zielen aller Art „gestört“, ist dies unter Umständen auch ein deutlicher Hinweis auf eine traumatische Kindheit, die Ihnen nicht mehr bewusst ist. Auf das Thema TRAUMA gehe ich später näher ein.

Ein Wunsch ist in der Regel die Bitte um ein Geschenk, das wir haben wollen.

Eine Verwünschung ist die bewusste oder unbewusste Praktik, jemand anderem zu wünschen, dass ihm bestimmte Dinge vorenthalten werden oder zustoßen. Es wirkt wie geistiges Gift auf allen Ebenen der betroffenen Person. Die Auswirkung einer Verwünschung (Verfluchung – Schadenszauber aller Art) ist abhängig von der geistigen Kraft des Verwünschenden und seiner karmischen Prägung. Sie kann in extremen Fällen den Tod zur Folge haben.

Jetzt sagen Sie vielleicht: „Das würde ich ja niemals machen“ und „Bei mir würde so etwas ja sowieso nicht funktionieren“ – habe ich recht? Worauf ich hinaus will?

Auf den größten Irrtum in der Geschichte aller, nicht nur der spirituell denkenden Personen zu diesem Thema!

Nur weil das, was Menschen sich selbst wünschen, nicht funktioniert, gehen die meisten davon aus, dass ihre geistigen Flüche und Verwünschungen gegen andere Personen ja keinen Schaden anrichten werden. Viele lassen deshalb solchen Gedanken auch freien Lauf und denken über das, was sie anderen Menschen „Negatives" wünschen, nicht weiter nach. Die andere Person hat es ja sowieso nicht anders verdient, oder?

Orientierungspunkt:
„Negatives" Wünschen ist völlig anderen Gesetzmäßigkeiten unterworfen als „positives" Wünschen.

„Negatives" Wünschen braucht keine äußeren Rituale (Kerzen, Mond, Hilfe anderer Personen), um zu funktionieren. Äußere Rituale können jedoch zusätzliche Verstärker sein.

„Negative" Wünsche wirken auch, wenn sie von Personen ausgesprochen werden, die mit Wünschen für sich selbst scheinbar keinen Erfolg haben!

Dies liegt daran, dass die dunkle Seite der Macht – man könnte es auch dämonische Kräfte oder **negativ programmierende Energiestrukturen** nennen – quasi als Subunternehmer – Ihren Auftrag automatisch entgegennimmt und in Abhängigkeit von Ihrem „Vertragsstatus" bestmöglich ausführt. Als besonderer Service werden Mitgliedern dieses „Clubs" nicht nur die Wünsche von den Lippen, sondern auch aus den Gedanken abgelesen. Zahlungsziel und Art des Rechnungsausgleichs sind individuell verschieden und abhängig von Ihrer Art der „Geschäftsbeziehung".

Dieser „Geschäftsbeziehung“ bleibt, wie könnte es auch anders sein, allein die ewige Seele verpflichtet, unabhängig von der sich ändernden Erscheinungsform unterschiedlicher Inkarnationen. Auch wenn wir die Möglichkeit früherer Leben beiseite lassen. Sie sollten wissen, dass Ihr ganz persönlicher „Kredit“ bei der dunklen Seite der Macht mit jeder Ihrer „Verwünschungen“ in diesem Leben größer wird. Dieser ganz persönlichen Verantwortung bleiben Sie, auch unabhängig von anderen Personen oder Organisationen, zeitlos verpflichtet.

Die Lieferung bezahlt in solchen Fällen immer der Besteller! Für die Gegenleistungen bleiben Sie verpflichtet, dies können Sie nun glauben oder nicht. Ihre Bindung an die dunklen Kräfte wird mit jedem Auftrag stärker. Das Pfand ist immer die Freiheit Ihrer unsterblichen Seele.

Diese Freiheit wiederzuerlangen ist Ziel der Übungen im Teil 7 und bedingt eine neue Entscheidung, die Sie jederzeit treffen können.

Dem Göttlichen bleiben Sie stets nur mit der Wahrheit und bedingungsloser Liebe „verpflichtet".

Die Wahrheit, wie ich sie kennengelernt habe, ist, dass jeder negative Gedanke etwa ,,1000-mal" stärker wirkt als ein positiver Wunsch für sich selbst. Jeder Gedanke ist eine geistig wirkende Kraft, die immer ihr Ziel erreicht. Abhängig von Ihrer persönlichen karmischen Geschichte entwickeln Ihre Gedankenformen jedoch eine unterschiedliche Dynamik.

Vor allem bei spirituell orientierten Personen, die dabei sind, in diesem Leben ihre karmische Geschichte aufzuarbeiten, funktionieren die übliche Wunschpraxis und positives Denken entweder gar nicht oder nur sehr unbefriedigend. Die Ursachen dafür sind in der Regel alte Bindungen an die dunkle Seite der Macht aus diesem oder früheren Leben. Des Weiteren mangelt es voraussichtlich an karmischen Verdiensten, Demut, Dankbarkeit etc., die eine Erfüllung Ihrer Wünsche zum jetzigen Zeitpunkt bereits erlauben.

Sie haben als Seele in diesem Leben vielleicht entschieden, dem Göttlichen zu dienen, doch göttlicher Segen (Fülle auf allen Ebenen etc.) kann Ihnen in vollem Umfang erst wieder zuteil werden, wenn Sie sich ganz bewusst, klar und deutlich neu entscheiden, auf welcher Seite Sie wirklich stehen.

Solange noch „Verwünschungen“ in Ihnen aufsteigen, sind Teile Ihrer karmischen Geschichte noch nicht ausreichend verstanden. Ihr göttliches Wesen ist dann noch nicht wieder vollständig mit der bedingungslosen Liebe verbunden. Sie sitzen praktisch zwischen mehreren Stühlen und die Verführung der dunklen Seite lockt weiter mit vielen „Geschenken“, die sofort nach Bestellung geliefert werden.

Dies heißt jedoch nicht, dass Sie gesunde Impulse von Wut und Zorn unterdrücken müssen.

Geben Sie dem wenn nötig Raum, indem Sie mit allen legalen Mitteln für Wahrheit und Klarheit sorgen. Die Weisheit Ihres göttlichen Wesens hat mehr Möglichkeiten, als sich dunkler Mächte zu bedienen und sich auf die gleiche Stufe wie die anderen zu stellen.

Orientierungspunkt:
Ihre Verträge mit der „dunklen Seite der Macht“ können schon so alt sein wie das Universum. Solange sie noch bestehen, ist ein erfülltes Leben in neuer, göttlicher Freiheit nicht möglich. Hilfe dazu: siehe „Widerruf zur schwarzen Magie“ bei den Übungen

Warum funktioniert die „Wünscherei“ aber dann bei anderen?

Dafür kann es mehrere Gründe geben:

- Die Seele hat sich für dieses Leben die Erfahrung gewünscht, das sich „all ihre Wünsche“ erfüllen.
- Die Person hat viele karmische Verdienste angesammelt.
- Der Mensch stellt die Bindung an die „dunkle Seite der Macht“ nicht infrage.
- Die mit „Wünschen“ Erfolgreichen dienen nur dazu, die spirituell Suchenden zu verwirren.

- Die erfolgreich „Wünschenden“ benutzen bewusst oder unbewusst zusätzlich schwarzmagische Praktiken.

- Wünsche dienen höheren, ethischen Zwecken und dem Nutzen einer Gemeinschaft.

Das große Geheimnis wirklich erfolgreicher Menschen ist aber etwas ganz anderes.

Sie alle haben einen „Plan B“ zur Wunscherfüllung. Hier folgt die Kurzform davon.

- Wünsche werden als realistische Ziele formuliert und mit erreichbaren Teilzielen als Wegstrecke abgesteckt. Es wird schriftlich festgelegt, zu welchem Zeitpunkt (Datum), mit welchen ganz konkreten Maßnahmen, Handlungen und überprüfbaren Teilschritten die jeweilige Zwischenetappe erreicht werden kann. Ungeplante Hindernisse werden in ähnlicher Weise, mit Zwischenschritten, in weitere Teilerfolge umgewandelt.

Da es in Beziehungen immer wieder auch um gemeinsame Wünsche geht, die sich oft nicht erfüllen, veranschauliche ich die Thematik mit einem konkreten Beispiel:
Wie sind hier die Erfüllungschancen?

Ich sollte/möchte/könnte mal Urlaub machen! Wie oft haben Sie Ähnliches schon gedacht?

Mal ganz ehrlich? Die Erfahrung und Praxis zeigt: Dies ist kein Ziel, sondern ein in jeder Hinsicht und Dimension (zeitlich – Zeitpunkt und Dauer, geografisch – Ort, finanziell – Sparplan) unbestimmter Gedanke, dessen Erfüllungschancen gegen null gehen.

Wie schätzen Sie die Chancen des folgenden „Plan B“ zur Wunscherfüllung ein?

Vom 1. bis zum 7. Mai nächstes Jahr mache ich Urlaub in der Schweiz mit meinem Partner/meiner Partnerin.

Das Hotel in Bern buche ich noch diese Woche.

Per Dauerauftrag spare ich dafür ab sofort 150 €/Monat auf einem Tagesgeldkonto an, das ich dafür eingerichtet habe.

Mein Weihnachtsgeld werde ich dieses Jahr auch auf dieses Konto überweisen.

Den Urlaubsantrag dafür haben wir beide schon eingereicht und genehmigt bekommen.

Allein wenn ich mir das vorstelle, rieche ich schon die gute Luft.

Merke:
Wünsche erfüllen sich schneller, wenn wir eine realistische Reiseroute mit planbaren und datierten Zwischenzielen auf dem Weg zu unserem Hauptziel festlegen.
Wichtige Ziele in einer Partnerschaft sollten deshalb gemeinsam geplant werden!

Wenn die Wissenschaftler recht haben, wird die gefühlte Zeit für uns immer noch schneller vergehen. Dies liegt nicht am Alter,sondern an der immer wieder steigenden Geschwindigkeit, mit der sich unsere Erde dreht. Man spricht hier von beschleunigter Erdrotation.

Deshalb ein konkreter „Plan B“ zur Erreichung Ihrer Wünsche und Ziele:

1. Schreiben Sie sich 1 bis 3 für Sie wichtige, realistische Ziele für dieses Jahr auf.

2. Definieren Sie max. 10 machbare Zwischenschritte zu jedem Ziel und setzen Sie je einen konkreten Termin für die Erledigung dieser Teilaufgabe schriftlich fest. Ist das Ziel in 10 Schritten nicht erreichbar, haben Sie es zu weit gefasst.

Formulieren Sie es so um, dass ein neues Teilziel in 10 Schritten erreichbar wird.

3. Konzentrieren Sie sich jeweils auf den gerade zu bearbeitenden Schritt und haken Sie ihn nach Erledigung feierlich ab.

4. Belohnen Sie sich nach Erledigung jeder Teilaufgabe (Spazierengehen, Sauna, Kino, lesen, Essen gehen…)

5. Wenn Sie jeden Monat für jedes der 3 Ziele eine Teilaufgabe erledigen, haben Sie für jeden dieser Teilschritte im Schnitt 10 Tage Zeit.

6. Da bleiben noch 1 Monat für Urlaub (Belohnung/Halbzeit) und 1 Monat als Reserve-Pufferzone für unerwartete Hindernisse

7. Ob beruflich oder privat: Es bereitet große Freude, gemeinsam Ziele zu erreichen, wenn für deren Umsetzung jeder Partner in der Beziehung Verantwortung übernommen hat.

Vielleicht haben Sie ja Lust, es auszuprobieren. Werden Sie in jedem Fall konkret! Übernehmen Sie auch Verantwortung für Ihre ganz persönlichen unerfüllten Wünsche, bevor diese zum Sprengstoff in Ihrer Beziehung mutieren.

Ein weiterer Tipp, um sich Wünsche zu erfüllen, ist Weiterbildung:

Hörbuchtipp: T. Harv Eker, *So denken Millionäre*

Diese Investition könnte leicht die beste Ihres Lebens sein. Es wird unter anderem ein einfaches, funktionierendes Geld-Management-System erklärt. Hinweis zur Bezugsquelle am Buchende.

Fürbitten

Fürbitten sind, vereinfacht ausgedrückt, **positiv formulierte Wünsche für andere Personen** (Seelen, Wesen, Tiere...), die wir selbstlos, aus Mitgefühl, in tiefer, bedingungsloser Liebe an die göttliche Quelle richten.

Fürbitten haben traditionell einen „Gebetscharakter", wenn sie sich an eine für uns nicht sichtbare Kraft oder Ebene richten. Sie beinhalten aber auch ein „Vorsprechen", das Einlegen eines guten Wortes, bei dritten Personen. Oft geht es dabei um Heilung, Rettung aus Notsituationen, Abwendung oder Milderung eines Schicksals, Hilfe und Führung in aussichtslos erscheinenden Situationen.

Auch diese Form des Wünschens unterliegt eigenen Gesetzmäßigkeiten.

Fürbitten sind ein heiliger, machtvoller Schlüssel zur göttlichen Freiheit.

Hinweis:

Lassen Sie sich nicht dadurch irritieren, dass auf irdischer Ebene nicht immer sichtbare Ergebnisse erzielt werden! Göttliche Gnade wirkt jenseits unserer menschlichen Zeitvorstellung.

Die gereifte Seele entwickelt ein natürliches Bedürfnis, Fürbitten auszusprechen. Oft erbringt sie damit auf natürliche Weise einen Teil des karmischen Ausgleichs. Häufig erfüllen sich die Wünsche von Suchenden erst, wenn sie jenseits des eigenen Wünschens und Wollens getreten sind und auf gesunde Weise das große Ganze in einem neuen Blickfeld betrachten. Auf dieser Seinsebene erübrigen sich viele alte, unerfüllt gebliebene Wünsche für sich selbst.

Merke:
Fürbitten wirken auch, wenn sie von Personen ausgesprochen werden, die mit Wünschen für sich selbst scheinbar keinen Erfolg haben!
Eine Fürbitte wirkt immer als Segen in dem Leben eines anderen, auch wenn Sie keine sichtbaren Ergebnisse wahrnehmen.
Fürbitten wirken durch die Kraft der Selbstlosigkeit und die Macht der bedingungslosen Liebe.

Große Missverständnisse treten immer wieder auch in zwischenmenschlichen Beziehungen und Partnerschaften auf. Dem widmen wir uns in den folgenden Kapiteln intensiver.

Hinweise für Um-, Quer-, Mit- und Nachdenker

Die Qualität Ihrer Wünsche, Verwünschungen und Fürbitten können Sie als Ergebnis ganz einfach an der Qualität Ihrer partnerschaftlichen und anderen Beziehungen ablesen. Wenn Sie dieses Prinzip verstehen, fällt es Ihnen auch leichter, die wahren Absichten von Einzelpersonen, Politikern, Gruppen, Vereinen, Parteien, Regierungen und so weiter zu durchschauen. Betrachten Sie ganz einfach wertfrei die Ergebnisse, die Gegenwart, Richtung und aktuelle Situation. Werfen Sie dann einen Blick auf die Personen, die dafür die wesentliche Verantwortung tragen. Von welchen Wünschen könnten sie geleitet sein, wenn die Ergebnisse aus deren Sicht Sinn ergeben?

Wie fühlen Sie sich damit? In welche Richtung bewegen sich Ihr Leben und das Ihrer Familie?
Betrachten Sie das, was Sie selber tun und bei anderen wahrnehmen, als Pfeil, der in die Zukunft geschossen wird. Welcher Bahn folgt er? Von welchem Wunsch ist er geleitet? Welchem Ziel dient der Schütze/die Schützin? Möchten Sie vielleicht die Richtung ändern, wissen aber noch nicht, wie?

Dieses Handbuch erweitert in jedem Fall massiv Ihre Möglichkeiten.

Zur Klärung jeder Form von Beziehungen braucht es Mut, auch unbequeme Fragen zu stellen. Als sparsamer Steuerzahler habe ich zum Beispiel das Recht und die Pflicht, Fragen zur stetigen Staatsverschuldung zu stellen. Vielleicht haben Sie dies auch schon mal getan. Wenn wir uns trauen, unbequeme Fragen zu stellen, sollten wir aber nicht den Fehler machen, zum Beispiel die Politiker für dumm zu halten, weil wir deren offensichtlichen Plan gezielter Staatsverschuldung und Volksverarmung nicht sofort verstehen! Auch hier führen mutige Fragen schneller zum Ergebnis. Wer könnte Interesse daran haben? Was führt zu einem so großen Wunsch? Wie wäre es mit Hass? Wer könnte auf Deutschland so einen Hass haben? Warum dienen Politiker diesem Ziel? Keine Angst. Dieses Buch ist nicht politisch. Ich möchte Ihnen nur helfen, den Blick zu weiten und alternative Fragen für all Ihre Beziehungen zu entwickeln. Manche Menschen, Familien, Interessengruppen arbeiten viele Jahrzehnte und Generationen lang an der Verwirklichung bestimmter Wünsche.

Wie viel Ausdauer haben Sie? Was ist Ihr größter Wunsch?

Ich weiß, dass es diebische Freude bereiten kann, sich immer neue, kreative Verwünschungen für Menschen auszudenken, die dies offensichtlich verdient haben. Ich weiß aber auch, dass die Saat Ihrer Verwünschungen in Ihren eigenen Beziehungen und Ihrem weiteren Leben aufgeht. Es gibt auch Individuen, die es bewusst darauf anlegen, andere in immer neue, zerstörende Ereignisketten zu verstricken. Dies hat aus Sicht bestimmter Individuen den Vorteil, dass jeder, der solche „Einladungen" annimmt oder mit subtiler Gewalt in sie verstrickt wird, sich immer weiter von der Möglichkeit persönlicher Freiheit und Autonomie entfernt. Da Sie mich durch den Erwerb dieses Ratgebers quasi als persönlichen Beziehungscoach gebucht haben, sehe ich es als meine Pflicht an, Sie auf diese Zusammenhänge und mögliche Türen zur Freiheit hinzuweisen. Es liegt mir aber fern, Sie in Ihrem persönlichen Lebensstil zu bewerten.

Was könnten Sie für Ihre Beziehungen aus diesem Teil lernen?

Aus diesem 2. Teil würde ich mir wünschen, dass Sie Folgendes mitnehmen:

- Mit jedem Akt „negativen Wünschens“ übernehmen Sie als Auftraggeber/in karmische und damit zeitlos wirksame Verantwortung für alle Folgen des negativen Wünschens.

- Als Auftraggeber/in treten Sie durch den Akt „negativen Wünschens“ in zeitlose Beziehung zu der Person, der die Verwünschung gilt.

- Solange Teile Ihrer Geschichte durch eigene, noch wirksame Verwünschungen von „karmischen“ Schatten verdunkelt sind, wird jede Ihrer anderen Beziehungen immer wieder von der Kühle dieser dunklen Schatten berührt.

- Fürbitten wirken durch die Kraft der Selbstlosigkeit und die Macht der bedingungslosen Liebe, auch wenn sie von Personen ausgesprochen werden, die mit Wünschen für sich selbst scheinbar keinen Erfolg haben!

Checkliste zu Teil 2 – Was können Sie jetzt konkret tun?

Schritt 2

Klärung Ihrer durch negatives Wünschen geknüpften Beziehungen

Schreiben Sie spontan auf, was Ihnen zu folgender Frage einfällt:

Wen haben Sie, wann auch immer, verflucht, verwünscht, mit Ihren negativen Wünschen verknüpft oder von Dritten verknüpfen lassen? Hier geht es um eine wertfreie Erfassung der Handlungen, mit denen Sie neue Ursachen gesetzt haben, deren langfristige Wirkungen Sie nicht vollständig ermessen können. Der Anlass spielt im Moment dabei so wenig eine Rolle wie die Art der Ausführung. Ob in Gedanken oder laut ausgesprochen, direkt ins Gesicht oder von einem anderen Kontinent aus – es geht hier um die Handlung an sich. Ich kann Ihnen aus Erfahrung versichern, dass jede Form eine Ereigniskette in Gang gesetzt hat.
Schreiben Sie einfach alles untereinander auf eine separate Liste. Falls Sie sich noch in etwa an die Art Ihres negativen Wunsches oder beauftragten Schadenszaubers erinnern, schreiben Sie ihn einfach rechts neben die entsprechende Person.

Dies könnte zum Beispiel so aussehen:
PERSON - Wunsch/negativer Gedanke

- den BMW-Fahrer auf der A81 letztes Jahr – die „Knochen verflucht“
- die Kinder, die an der Garage Ball spielen – dass ihnen bald die Luft ausgeht
- den Nachbarn, der immer nachts duscht – die „Gicht“ an den Hals gewünscht
- meinen Freund, der mich verlassen hat – den Tod gewünscht
- meine Freundin, die mich verlassen hat – dass sie nie schwanger wird
- der Frau, wegen der mein Freund mich verlassen hat – dass ihr alle Haare ausfallen
- mich selbst, weil ich letzten Monat ... – dass ich es niemals schaffe
- meinen Chef, der mir gekündigt hat – dass er bald in Konkurs geht
- ...

Ergänzen Sie Ihre Liste in den nächsten Tagen einfach immer, wenn Ihnen noch etwas einfällt.

Weiter müssen Sie im Moment nichts damit tun. Die nächsten Teile werden Sie darin unterstützen, einen bewussteren, noch tieferen Einblick in das Prinzip und die Lehre von Ursache + Wirkung zu bekommen. Im Teil der Übungen können Sie mit dieser neuen Bewusstheit auf diese Liste hier zurückgreifen, wenn Sie den Anregungen dort folgen möchten.

Fürbitte für eine andere Person

Als zweiten Schritt in diesem Kapitel möchte ich Sie einladen, um einen Segen für eine andere Person zu bitten. Richten Sie Ihre Fürbitte an eine universelle höhere, „göttliche" Instanz. Ich verwende in solchen Fällen oft den Begriff „göttliche Quelle".

Bitten Sie diese universelle göttliche „Instanz" für eine bestimmte Person, zum Beispiel:

- um besonderen Schutz, um Hilfe, Begleitung
- um schnelle Genesung
- um Rettung aus der Not
- dass alles für sie gut ausgeht
- dass ihre/seine Felder in besonderer Weise gesegnet sind

- dass ihre/seine Ernte die beste seit vielen Jahren wird

- dass ihre/seine Kinder immer beschützt seien

- dass gewagte Vorhaben in einer guten Sache gelingen werden
- ...

Dies kann für einen Menschen sein, den Sie besonders lieben oder in Ihr Herz geschlossen haben.
Es kann eine „arme Seele" in Ihrem Umfeld oder anderer Umgebung sein. Wählen Sie zu Beginn eine Person, der Sie von ganzem Herzen Besseres wünschen, als er/sie gerade erlebt.

Wenn Ihnen niemand einfällt, dürfen Sie gerne auch mit meiner Person beginnen. Ich kann es brauchen. Wichtig ist mir an dieser Stelle, dass Sie in die Handlung gehen und es tun. Nur so können Sie diese Erfahrung zur guten Gewohnheit werden lassen.

Wenn Ihnen dies neu ist, werden Sie am Anfang vielleicht nicht viel spüren. Mit der Zeit werden Sie aber deutliche Unterschiede wahrnehmen, wenn Sie von ganzem Herzen eine Fürbitte aussprechen. Vielleicht überrascht es Sie sogar, wie deutlich Sie manchmal fühlen können, dass Ihr Segenswunsch angekommen ist. Auch wenn Sie nie etwas spüren, es „wirkt" immer.

Der ideale Partner

Erkennt
im anderen
den Spiegel
seiner selbst
und
zerschlägt ihn nicht

01.07.1996

Wer wünscht sich ihn nicht, den Idealpartner an seiner Seite. Zwischen Wunsch und Wirklichkeit klaffen aber immer wieder große Lücken.

Da stellt sich die berechtigte Frage: Welchem Ideal entspricht unser Partner eigentlich?

Teil 3 Idealpartner

Idealpartner – Spiegel des Unbewussten

Erkenntnisse bei einer spontanen und unvorbereiteten Aufstellung von Wünschen an unseren Idealpartner (Traumfrau/-mann):

- positive Eigenschaften, Charakterzüge, die er/sie haben sollte, erfüllen muss, und der ergänzenden Auflistung von

- negativen Eigenschaften, Charakterzügen, die er/sie in keinem Fall haben darf, in zwei Spalten. Es fallen bei näherer Betrachtung in der Regel deutliche Parallelen zu dem auf, wie wir unsere Eltern positiv und negativ erlebt haben.

Die Dinge, die wir bei unserem Vater, unserer Mutter und anderen Bezugspersonen in unserer Kindheit positiv empfunden haben, sind automatisch der Maßstab für Erwartungen, die wir an unseren Partner stellen (Gegenwart + Zukunft).

Wir wünschen uns einen Partner, der alle positiven Qualitäten unserer Eltern in sich vereint, jedoch ohne all die negativen Dinge, die wir durch Vater, Mutter und frühkindliche Bezugspersonen auch erfahren haben.

Diese Erfahrungsmuster werden von den meisten Menschen unreflektiert auf den Partner projiziert. Dass dieser dann meistens genau dem Gegenteil all unserer Erwartungen entspricht, hängt damit zusammen, dass Erfahrungen der Kindheit unbearbeitet verdrängt wurden. Dadurch steuern wir unbewusst auf Menschen zu, die uns als Spiegel so oft mit dem Verdrängten konfrontieren, bis wir uns bewusst damit auseinandersetzen (Gesetz des Rhythmus).

Jeder Partner ist somit in erster Linie auch Erfüllungsgehilfe für die Aufarbeitung von ungelösten, verdrängten Erfahrungen. Er repräsentiert immer den Teil von uns, der bei uns selbst noch nicht verwirklicht ist.

Lesen Sie dazu auch im Teil 7: „Ein/e Partner/in wie mein Vater – wie meine Mutter“

Liebe ist
Lebensfreude,
Liebe ist
Leichtigkeit,
Liebe heißt
loslassen –
alles andere
sind Projektionen
unseres Ego.

Voraussetzung dafür, dass wir unserem Idealpartner/-unserer Idealpartnerin wirklich begegnen und mit ihm/-ihr auch eine Beziehung eingehen können, ist, dass wir all die positiven Aspekte unserer Erwartungen an den Partner/die Partnerin erst einmal selbst in uns verwirklicht haben und leben.

Des Weiteren müssen wir all die Aspekte, die für uns mit negativen Erfahrungen besetzt sind, bewusst nachvollzogen und geklärt haben. Dies ist in der Regel nur über die Aufarbeitung der Beziehungen zu unseren Eltern und anderen wichtigen Bezugspersonen möglich.

Durch unseren Partner bekommen wir immer wieder Gelegenheit, unsere eigenen Standpunkte zu überprüfen und unsere Wertmaßstäbe zu hinterfragen, denn alles, was uns an seinem Verhalten trifft, betrifft vor allem uns (Resonanz-Prinzip) und erinnert uns oft an Dinge, die wir schon lange für abgeschlossen hielten. Dabei bewerten wir sein Verhalten immer durch den Filter unserer bisherigen Erfahrungen und Vorurteile. Da viele Menschen aus Unwissenheit die Symptome (Beziehungsthemen) mit den Ursachen (ungeklärte persönliche Themen) verwechseln, leben sie oft jahrzehntelang in scheinbar unlösbaren Konflikten und sich wiederholenden, unglücklichen Beziehungen.

Merke:
Persönliches Schicksal führt in Beziehungen zu Gefühlen von Unglück, wenn die eigene Lebensgeschichte von tiefen seelischen Verletzungen geprägt wurde, die noch nicht vollständig verarbeitet sind.

Beispiel zur Folge einer negativen Erfahrung

Was denkt eine Frau, deren früherer Partner vom „Zigarettenholen“ nicht mehr zurückkam, in dem Augenblick, wenn ihr neuer Partner abends zu ihr sagt: „Ich gehe kurz noch Zigaretten holen“?
Was kann der neue Partner für ihre alte Erfahrung? Wie oft muss der neue Partner tatsächlich „zurückkommen“, bis dieser eigentlich neutrale Vorgang des Zigarettenholens bei der Frau keine emotionale Verknüpfung mit der negativen Erfahrung mehr auslöst? – 1 x, 100 x oder 1000 x?

Regel bezüglich negativer Erfahrungen:
Eine negative Erfahrung lässt sich nicht durch Erleben der gleichen Situation mit positiver Erfahrung einfach auslöschen, wenn der Grund für das negative Erleben nicht verstanden wurde. Vielmehr erinnert umgekehrt jede gleiche, positive Erfahrung immer wieder in irgendeiner Form an das noch nicht gelöste negative Erlebnis.

Manche Menschen halten sich, wegen Unkenntnis der Zusammenhänge, deshalb sogar von den ,,positiven" Erlebnissen fern, weil sie letztendlich auch dadurch (je nach Schwere und Grad der negativen Erfahrung) immer wieder Erinnerungsschmerzen erleben ,,müssen".

Woran werden Sie durch Ihren Partner/Ihre Partnerin erinnert?

Gibt es für Sie „positive Erlebnisse", von denen Sie sich heute fernhalten?

Leben Sie in einer Partnerschaft, in der sich Ihr Partner immer wieder in solch schützender Weise fernhält?

Betroffene Paare leben oft viele Jahre in einer Fernbeziehung oder haben getrennte Wohnungen. So ist es für den Mann oder die Frau möglich, dem schmerzlichen Druck der positiven Erfahrung auszuweichen, sobald dieser zu groß wird. Bei Bedarf kann sich so der Mann oder die Frau in die zum Überleben noch notwendige Schutzzone zurückziehen. Dies verlangt enorm viel Feingefühl, Geduld und Verständnis vom anderen. Vertrauen wächst hier am schnellsten, wenn die „verlassene Person" den Vorgang selbst nicht persönlich nimmt und vermeidet, den anderen therapieren zu wollen. Hier ist eine unabhängige, neutrale Beratung Dritter sehr hilfreich. Am besten, bevor es durch den großen Druck der positiven Erfahrung zu einer permanenten Trennung kommt.

Erinnerungseffekt-

Diesem Erinnerungseffekt sollte im Leben also immer eine große Beachtung geschenkt werden. Er führt uns an Dinge heran, die wir noch nicht ausreichend verarbeitet haben. Je mehr wir also in unserem eigenen Leben begreifen, warum verschiedene Dinge für uns mit negativen Gefühlen verbunden sind, desto weniger wird unser Partner negative Eigenschaften haben beziehungsweise haben müssen. All die negativen, verdrängten Erfahrungsmuster kommen immer in Form von anderen Personen als Bumerang auf uns zurück. Ein Partner ist also immer ein Spiegel von uns selbst.

Rückblick Kindheit

Es ist sehr hilfreich, einmal aus heutiger Sicht zu hinterfragen, was wir als Kind wie empfunden haben und warum. Denn als Kind hat man zwangsläufig eine sehr einseitige Betrachtungsweise, die einer Beurteilung und Überprüfung aus heutiger Sicht oft nicht standhält. Das heißt, viele Dinge, die wir als Kind etwa bei unseren Eltern als negativ empfunden haben, können wir heute objektiver betrachten. Bei bewusster Überlegung sind zum Beispiel manche Dinge tatsächlich zu unserem Besten gewesen. Mit Erkennen dieser Tatsache können wir negative Aspekte und Urteile auflösen oder in positive Einsichten umwandeln. Dadurch werden wir natürlich auch in der Beziehung zu unserem Partner freier, da sein Verhalten in uns immer weniger negative Assoziationen (Erinnerungseffekte) an frühere Erfahrungen auslöst und wir ihm wertfreier begegnen können. – **„Wenn zwei das Gleiche tun, ist es noch lange nicht dasselbe.“**

Natürlich kann es auch passieren, dass wir bei der Überprüfung unseres Elternbildes manche Dinge, die wir als Kind positiv wahrgenommen haben, heute nicht mehr für erstrebenswert halten beziehungsweise sogar negative Aspekte daran erkennen. In diesem Fall sollten wir die positiven Erfahrungen unserer kindlichen Vergangenheit nicht abwerten oder infrage stellen, denn sie haben uns gedient. Andererseits lehrt es uns aber für die Zukunft auch, manchmal Dinge zu hinterfragen, die auf den ersten Blick positiv auf uns wirken. Dies ist für das ganze Leben wichtig, nicht nur für die Partnerschaft.

Mit ,,negativen“ (unverstandenen, unerlösten) Aspekten der Vergangenheit können wir uns manchmal leichter aussöhnen, wenn wir verstehen lernen, dass wir als Kind alle Informationen und Erfahrungen aus der Sicht eigener Bedürftigkeit bewertet haben. Es geht in erster Linie immer darum, ein Verständnis für tiefere Zusammenhänge unserer eigenen „karmischen“ Geschichte zu bekommen. Manchmal bedeutet es jedoch auch, berechtigte Wut auf unmoralisches

Verhalten der Eltern zu entwickeln und einen gesunden Abstand in dieser Beziehung einzunehmen. In Dankbarkeit dafür, dass uns das Leben geschenkt wurde, sollten wir uns allen Herausforderungen und Aufgaben, die es mit sich bringt, eigenverantwortlich stellen.

Wer sich zum Beispiel bezüglich seiner Eltern ein Leben lang an Schuldzuweisungen klammert, offenbart seine Weigerung, eigenverantwortlich, schöpferisch zu handeln.

Solch ein Mensch vergeudet sein Leben, weil all seine Kraft und persönliche Weiterentwicklung an diese Schuldzuweisungen gebunden bleiben. Auf dieser Grundlage wird natürlich auch jede Partnerschaft von Schuldzuweisungen, Passivität, Krankheit, Trauer, Unlebendigkeit, Unglück, Eifersucht und Lieblosigkeit geprägt sein, um nur einige Symptome zu nennen. Häufig finden diese ungeklärten, unerlösten Aspekte ihren Ausdruck auch in Überaktivitäten mit sinnleeren Richtungen.

Erwartungen an Partner und andere

Viele Menschen erwarten, dass ihr Partner sich so verändert, wie sie ihn haben wollen. Sie begreifen nicht, dass sie vor allem selbst ihre Maßstäbe, Vorurteile und Wertvorstellungen überprüfen und sich der Auseinandersetzung mit verdrängten Erfahrungen aus der Vergangenheit stellen müssen. So wartet eine große Anzahl von Personen in unserer Gesellschaft ein Leben lang auf die Veränderung anderer Menschen und verleiht sich für ihre ,,Geduld" auch noch selbst einen Orden. Getreu dem Motto: „Ich bin der Käs, aber bei den anderen stinkt es."

W e r von Liebe spricht,
meint meistens nur
die Erwartung an andere,
geliebt zu werden.

Aufarbeitung der Elternbeziehung

Da die prägendsten Einflüsse immer in der Kindheit stattfinden, ist die Aufarbeitung unserer Elternbeziehung der wichtigste Schritt zu einer erfüllten Partnerschaft. Wichtig ist vor allem, uns von eventuellen Schuldprojektionen auf Dritte zu lösen. Dadurch können bestehende Beziehungen, die kurz vor dem Scheitern stehen, oft in eine völlig neue Freiheit gelangen. Dabei ist die eigene Sichtweise immer der entscheidende Faktor.

Vielleicht erkennen Sie auch nach der Aufarbeitung von persönlichen, verdrängten Aspekten, dass Sie für Ihre weitere Zukunft den „falschen" Partner haben. Sie begreifen durch Ihre eigene Wandlung jedoch, warum dies so ist, und werden offen und bereit für eine neue Dimension der Partnerschaft. Bedenken Sie stets:

- Jeder begegnet dem Partner, den er sich selbst verdient hat.

- Zwingen oder überreden Sie keinen Menschen zu einer Veränderung, zu der dieser selbst noch nicht bereit ist.

Denken Sie doch auch einmal darüber nach, welchen Vorteil Sie aus dem Verhalten ziehen, das Sie offensichtlich an Ihrem Partner/Ihrer Partnerin stört.

Welche Entscheidung nimmt Ihnen dieses Verhalten ab? Zu welcher Entscheidung, die Sie selber noch nicht treffen wollen, fordert Sie dieses Verhalten eigentlich heraus?

Welches eigene Verhalten rechtfertigen Sie damit?
Sind Sie bereit, aus Ihren ehrlichen Antworten die Kraft zum Handeln zu schöpfen?

Lösung persönlicher Verstrickungen

Suchen Sie nach einem Weg, um persönliche Verstrickungen in liebevoller Weise zu lösen? Möchten Sie dabei gleichzeitig vielleicht auch etwas für andere tun, die Sie lieben?

„Ein sehr schneller und effektiver Weg zu Ihrer persönlichen Lösung und Wahrheit ist das "Systemische Familienstellen nach Bert Hellinger". Hier werden völlig frei von Schuldzuweisungen die ‚Ordnungen der Liebe' wiederhergestellt.
Sie erhalten auf diesem Wege einen schnellen Überblick über generelle Zusammenhänge in Ihrem Familien- oder Organisationssystem. Dies kann als Entscheidungshilfe und Basis für Veränderungen dienen, die Sie danach umsetzen können. Es ist immer wieder interessant und bringt oft neue Informationen ans Licht."

So oder ähnlich haben Sie vielleicht schon viele Anzeigen oder Flyer zum Familienstellen gesehen. Was man darüber liest, macht große Hoffnung. Diese Arbeit hat auch auf mich viele Jahre eine gewisse Faszination ausgeübt. Es hat mir aber immer etwas gefehlt, das ich nicht benennen konnte. Wer wünscht sich nicht, sein Leben auf einfache Weise zurechtzurücken? Für mich hat es definitiv nicht funktioniert. Ich persönlich habe durch klassisches Familienstellen keine nennenswerte Veränderung in meinem Leben bewirken können. Manchmal hatte ich den Eindruck, damit wenigstens einen gewissen Überblick über grobe Beziehungsstrukturen zu bekommen.

Mein Hauptinteresse war aber schon immer, unbekannte Strukturen mit belastendem Einfluss sichtbar zu machen und nachhaltige persönliche Veränderungen auf der ursächlichen Ebene zu erreichen. Dafür hat sich für mich das klassische Familienstellen als völlig unbrauchbar erwiesen. Wie ich heute weiß, birgt es zudem einige Gefahren, auf die ich noch näher eingehe.

Die Essenz des klassischen Familienstellens passt für mich in sieben Worte.

Wer seine Eltern nicht ehrt, lebt verkehrt!
Dieser „Botschaft“ werden Sie im Zusammenhang mit klassischem Familienstellen immer wieder begegnen. Hinter dieser Idee steht für mich eine alte Tradition, die mehr an einer gehorchenden Masse als an einer liebenden Gesellschaft interessiert ist. Hier geht es vor allem um Anpassung an eine äußere Form und Norm. Weniger um die individuelle Entwicklung eigener Liebesfähigkeit und Autonomie. Dies zeigt sich vor allem in dem Bemühen, über das Zurechtrücken von Personen auf „genormte“ Plätze die meist illusionäre „heile Form“ in das innere Seelenbild zu übertragen.

Hinweis:
Für Kinder, die durch ihre Eltern traumatisiert wurden, führt die „Ehrung der Eltern“ im klassischen Familienstellen zur erneuten Verletzung des Kindes. Es kann bestenfalls eine Ebene von Mitgefühl dafür entwickelt werden, was die eigenen Eltern selbst an Schlimmem erlebt haben. Dies kann dem Verständnis

von Mechanismen in unserer Gesellschaft dienen. Hier ist es aber nicht angebracht, die Eltern dafür zu ehren, was sie dem eigenen Kind Schlimmes angetan haben, denn damit würde genau dieses leidende Kind ein weiteres Mal verraten und traumatisiert! Lassen Sie sich deshalb in keiner Familienaufstellung dazu nötigen, Eltern zu ehren, die dies nicht verdient haben! Wo Menschlichkeit verraten und mit Füßen getreten wurde, ist dies kontraproduktiv und selbst für das erwachsene Kind noch gefährlich!

Meine Suche nach wirksameren Formen hat mich vom Familienstellen zu der Traumaaufstellung nach Prof. Dr. Franz Ruppert geführt. Im Teil 5 finden Sie unter „Karmische Beziehung“ und „TRAUMA“ weitere Informationen dazu.

Seien Sie es sich selbst wert, den Raum, der Ihnen entspricht, für solch eine Arbeit zu finden!
Und wo bleibt bei alledem die Liebe?

Liebe
erfragt man nicht,
Liebe
sagt man sich;
doch besser noch
spürt man sie
unter der Haut.

Missverständnisse, neue Sichtweisen von Liebe und Partnerschaft

Merke:
Liebe ist kein Kuchen, den es bestmöglich aufzuteilen gilt, sondern ein Zustand des Bewusstseins, den auszudehnen jeder Mensch aufgefordert ist.

Liebe gewinnt nicht automatisch dadurch, dass sie auf nur wenige aufgeteilt wird, an „Qualität und Tiefe".

In Ihrem bewussten Sein können Sie nur die Dinge erleben, die in Ihrem Bewusstsein momentan Platz haben. Ihr Gefühl zu leben wird sich in dem Maße vergrößern und intensivieren, in dem Sie sich erlauben, Ihren fühlbaren Raum von Liebe auszudehnen.

Es geht hier vor allem um Achtsamkeit und Wertschätzung den anderen Teilen der Schöpfung gegenüber (auch Menschen!).

Orientierungspunkt:
Wenn Liebe aufgeteilt wird, zerfällt sie wie Staub und Asche.
Wenn Liebe ausgedehnt wird, vergrößert sie sich, wächst unaufhaltsam weiter und schließt irgendwann alles mit ein.

Erlauben Sie mir dazu noch einen abschließenden Hinweis, um falschen Interpretationen vorzubeugen:

Meine Empfehlung, Ihr Gefühl von Liebe auszudehnen, bis mehr und mehr Teile der Schöpfung darin Platz haben, ist weder eine Aufforderung zur Untreue (dem klassischen Fremdgehen) noch ein Freischein für sexuelle Eskapaden und Ähnliches. Die Liebe, die ich hier meine, ist eine besonders angenehme, wertfreie Form von freier Energie ohne sexuellen Anspruch. Ihre Quelle ist unbegrenzt, kostenlos und steht ohne Ausnahme jedem zur Verfügung. Wer das Bedürfnis nach sexuellen Erfahrungen mit anderen Menschen verspürt, sollte damit, gerade in einer bestehenden Partnerschaft, sehr verantwortungsvoll umgehen. Hier geht es um große Ehrlichkeit und die Herausforderung, die wahre Quelle von Sehnsüchten zu erforschen.

Für viele Menschen wird Partnerschaft zu einer Art Durchhalte- und Überlebenstraining.

Es geht jedoch nicht darum zu lernen, jemand anderen möglichst lange auszuhalten. Es geht vielmehr darum, sich für einen Partner zu öffnen, der die Größe und Kreativität der eigenen Seele anzunehmen vermag, ohne sich davon persönlich bedroht zu fühlen.

Wenn ich erwarte, einem Partner zu begegnen, der mich so „aushalten" und annehmen kann, wie ich bin, sollte ich meine eigene Fähigkeit schulen, andere Menschen, ohne zu bewerten, in ihrem natürlichen Sein lassen zu können, wie sie sind. Jedes „Ja, aber" – „eigentlich" – „Warum bist du nur so" und „Warum machst du das nur immer wieder" etc. ist ein Spiegel der eigenen, noch ungelösten Lernaufgaben. Was wir als eigene Unfähigkeit, jemand anderen bedingungslos zu lieben, wahrnehmen, offenbart lediglich die klare Herausforderung, den eigenen Lebensthemen so lange auf den Grund zu gehen, bis alle „Ja, aber" – „eigentlich" etc. verschwunden sind.

Es gibt eine einfache Regel:
Wer in einer Beziehung am meisten „leidet“, der hat diesbezüglich die größten Einsichten noch vor sich!

Die Herausforderung, die man sich selber irgendwann als Situation in das eigene Drehbuch geschrieben hat, um daraus zu lernen, und die Rolle, die dafür nötige Erfüllungsgehilfen dabei spielen, wird von den meisten Menschen nicht wirklich verstanden.

Dies führt zu einem grundsätzlichen Missverständnis bezüglich der Rolle des eigenen Partners.

Wenn der Partner/die Partnerin sich so ändern würde, dass Sie nicht mehr „leiden“ müssen, hätten Sie vielleicht endlich einmal das Gefühl, so richtig geliebt zu werden. Ihrer für Sie wichtigen Lernaufgabe und eigentlichen, selbst kreierten Herausforderung wären Sie dann aber ausgewichen.

Mit jedem Ansatz, einen anderen Menschen ändern zu wollen, ihm „Schuld“ zuzuweisen, versuchen wir, die Verantwortung, uns selber zu verändern, anderen zuzuschieben. Wahre Liebe lässt dem Partner aber seine Lernaufgaben und nimmt ihm

nicht die Chance, über sich selbst hinauszuwachsen, seinen „denkbaren R a u m“ zu vergrößern und die wahre Leichtigkeit des Seins zu erfahren. Hier geht es um ganz persönliche Lebensthemen und große Transformation durch Erkenntnis.

Gehen Sie achtsam mit sich selber um und überfordern Sie sich nicht unnötig selber. Wenn Ihnen Ihr Lebensthema klar geworden ist, gehen Sie lieber langsam und schrittweise dem Ziel entgegen. Vielleicht haben Sie einen Menschen getroffen, der Ihnen das Gefühl gibt, angenommen zu werden, wie Sie sind, aber Sie selber können dem noch „nichts“ entgegensetzen. Mit Ihrer inneren Bereitschaft, an sich zu arbeiten und Lebensmuster zu verändern, haben Sie vielleicht klare und starke „Spiegel“ in Ihrem Leben angezogen. Nicht jeder Mensch der ein guter Spiegel für Sie ist, ist aber auch auf Dauer der für Sie richtige Lebenspartner. Die Mühelosigkeit, mit der Ihre eigenen Entwicklungsschritte vorangehen, ist ein guter Maßstab für die „Spiegelstärke“, die Ihnen in Ihrer jetzigen Phase am besten dient.

Öffnen Sie sich ruhig für eine Ebene von Partnerschaft, die Sie nicht ständig überfordert und an Ihre persönlichen Grenzen des Bewusstseins bringt. Erlauben Sie sich eine seelische Entwicklung mit spielerischer Leichtigkeit in einem Rahmen von grenzenlosem Wohlgefühl. Wer behauptet denn, dass Entwicklung in einer Partnerschaft keinen Spaß machen darf oder immer nur in Stress ausarten muss?

W e r von anderen
die Liebe erwartet,
die er sich selbst
nicht geben kann,
wird immer
in einem Gefühl
von Mangel
leben.

Die Sonne schenkt dem Mond ihr Licht ohne Fragen, ohne Erwartung. Die Sonne verliert nichts dabei, aber die ganze Welt gewinnt und liebt die Sonne. Die Menschen erfreuen sich an dem Licht des Mondes, aber erst wenige begreifen das dadurch sichtbare natürliche Prinzip der bedingungslosen Liebe. Bei den Themen Beziehung, Partnerschaft und Familie geht es nicht darum, zu lernen, die eigene Liebe aufzuteilen, sondern darum, die eigene Fähigkeit zu lieben ins Unbegrenzte auszudehnen. Diese Fähigkeit gilt es immer weiter zu entwickeln, sodass mehr und mehr Menschen (Tiere, Pflanzen ...) davon berührt werden und mit einbezogen sind.

Hier geht es aber nicht um eine „blinde Liebe“, die alle „Schatten“ zudeckt. Im Gegenteil. Wahre Liebe hat die Kraft, Weisheit und Klarheit, die Wahrheit beim Namen zu nennen. Sie muss aber „Gleiches“ nicht mit „Gleichem“ vergelten.

Merke:
Jeder Mensch, der sich selbst nicht lieben kann, der Alleinsein nur als Einsamkeit erfährt und sein eigenes Selbst nicht im höchsten Maße wertschätzt, wird jede Form von Beziehung vor allem als problematisch erleben.

In einer Partnerschaft geht es vor allem darum, sich selbst so offen, ehrlich, verletzlich und wundervoll zu zeigen, wie man ist. Es geht nicht darum zu bekommen, was der andere hat, um vollständig zu werden!

Wenn zwei freie, selbstverwirklichte Menschen sich begegnen, entsteht in der gemeinsamen Verbindung etwas viel Größeres als nur die Summe beider Teile.
Mit einer natürlichen Leichtigkeit und Selbstverständlichkeit geschehen hier für beide enormes Wachstum und Heilung mit vielen freudvollen Erfahrungen. Auch in schwierigen Prozessen finden sich gemeinsame Zugänge zu einfachen Lösungen.

Wer sich selbst in einer Partnerschaft aufgibt, versucht, um die „Schatten des anderen“ herumzugehen, und begräbt aus falsch verstandener Liebe die Macht, eigene Träume zu verwirklichen. Die Verantwortung dafür bleibt bestehen!

Orientierungspunkt:
Jeder Partner, jede Partnerin spiegelt uns, wie weit wir unsere Fähigkeit zur persönlichen Freiheit, Autonomie und Herzensliebe bereits entwickelt haben. Jeder Schatten in unserer Beziehung ist ein Hinweis darauf, dass die Menschwerdung unserer eigenen Göttlichkeit noch nicht vollständig abgeschlossen ist.
Mit einem idealen Partner werden die ungeklärten Schatten unserer eigenen karmischen Geschichte sichtbar! Und dann?
Wenn Sie vor einem Spiegel stehen und Haare im Gesicht hängen sehen – WEN kämmen Sie?

Und wenn mein Partner mich schlägt?“
Dann können Sie ihn einsperren lassen. Wenn Sie aber die Frage nicht klären und die Ursache dafür, warum Sie einen Partner anziehen, der Sie schlägt, dürfen Sie sich nicht wundern, wenn Ihnen Ähnliches immer wieder passiert!

Es ist nichts,
sagtest Du
auf meinen fragenden Blick
und berührtest dabei
kaum den Boden
mit Deinen Füßen.

Wirklich,
sagtest Du
und konntest das Strahlen
in Deinen Augen
nicht verbergen.

Glaub mir,
batest Du,
und ich
tat es –
hätte ich
etwas anderes
tun sollen,
als Dir
meinen Segen geben
und die Freiheit,
so
wie Du von ihm
ohne Worte
gesprochen hast,
in Liebe?

22.05.1999

Partnerschaft und Familie

Eine der größten Herausforderungen für Partnerschaft ist die Familie. Auch wenn viele Menschen diese Aufgabe wunderbar meistern, gibt es gerade in diesem Bereich viele ungeklärte Fragen, scheinbare Widersprüche und prinzipielle Missverständnisse. Der Bereich mit den meisten Unsicherheiten birgt gleichzeitig für alle Beteiligten die wichtigsten Lernaufgaben in sich.

Kinder haben hochsensible Antennen für widersprüchliche Botschaften der Erwachsenen. Die „Qualität" elterlicher Zuwendung entscheidet deshalb darüber, ob ein Kind emotionellen Mangel erfährt oder nicht. Es ist vor allem die Intensität ungeteilter Aufmerksamkeit, die Kinder als Elternliebe wahrnehmen. Körperliche Anwesenheit allein ist keine Präsenz, die ein Kind braucht, um sich geborgen und geliebt zu fühlen. Es geht hier nicht darum, wie viele Stunden Sie am Tag mit Ihrem Kind verbringen. Es geht vielmehr darum, wie viele Minuten am Tag Sie für ein Kind spürbar und uneingeschränkt präsent sind. Mit Körper, Seele und Geist. Wo ist die Präsenz eines Menschen, der bewusst oder unbewusst ständig mit dem beschäftigt ist, was ihm selber fehlt?

Je mehr die Eltern ihre eigenen Visionen, Ziele, Wünsche, Freunde, Hobbys etc. aufgeben – der Kinder/des Kindes wegen –, desto mehr haben auch die Kinder das Gefühl, im Mangel zu leben!

Kinder kommen viel besser allein klar, als die Eltern oft wahrhaben wollen. Häufig dienen Kinder den Eltern aber als Ausrede für die Flucht vor der Verantwortung, eigene Visionen mutig zu verwirklichen. Dabei wäre die Entschlossenheit der Eltern genau die Art von Vorbild, die ein Kind so dringend braucht. Woher soll ein Kind später den Mut nehmen, persönliche Visionen ernst zu nehmen? Woher soll es sich ein Beispiel und die Kraft nehmen, sich dafür einzusetzen, wenn Selbstaufgabe scheinbar zum Überlebenstraining gehört?

Haben Sie sich schon einmal gefragt, wer Sie eigentlich – für ein kleines Kind – sind, wenn Sie nicht Sie selbst sind? Wie können Sie Sie selbst sein, wenn Sie sich selbst mit dem, was Ihnen wichtig ist, aufgeben? Ist Ihnen bewusst (wenn dies überhaupt Ihr Thema ist), dass die Last der Verantwortung für Ihre „verbrannten Träume" auf den Schultern des Kindes landet? Kein Kind der Welt würde dem freiwillig zustimmen. Im Gegenteil. Kinder brauchen nichts dringender als Vorbilder für ein selbstverwirklichtes Leben „trotz" Familie. Wenn Sie Ihre Träume aufgeben, verlieren Sie sich selbst, Ihren Partner und Ihre Kinder. Spätestens dann geraten Sie irgendwann in eine tiefe Lebenskrise und beginnen sowieso wieder, nach dem zu suchen, was Ihnen Kraft gibt, was Sie Sie selbst sein lässt – Ihre Visionen! Brauchen Sie diesen Umweg?

Auf Gefühlsebene entlarven Kinder die Lügen ihrer Eltern schneller als sie ausgesprochen werden.

Regel für Eltern:
Die Freiheiten, die Eltern ihren Kindern gewähren, sollten nicht größer sein als die Freiheiten, die die Eltern sich selbst gewähren!

Was könnten Sie für Ihre Beziehungen aus diesem Teil lernen?

Aus diesem 3. Teil wünsche ich mir, dass Sie Folgendes mitnehmen:

Wenn ein Teil
Ihrer Vergangenheit
im Dunkeln liegt,
fallen eines Tages
diese Schatten
in Ihre Gegenwart.

Ideal ist immer der Partner, mit dem für Sie die Dinge sichtbar und spürbar werden, die auf ungeklärte Schatten Ihrer eigenen Lebensgeschichte hinweisen.

Wer ist für die Erfüllung Ihrer Wünsche verantwortlich?

Der Weihnachtsmann? Schneewittchen? Sie ahnen hoffentlich die gute und die schlechte Nachricht. Die einzige Person, die für die Erfüllung Ihrer Wünsche wirklich verantwortlich ist, sind SIE selbst!
Ihren Idealpartner können Sie anziehen, wenn Sie erkennen, verstehen und auflösen, was ihn gerade noch fernhält! Sie können beinahe jede Beziehung zu einer idealen Partnerschaft weiterentwickeln, wenn beide Partner bereit sind, die Verantwortung für die Klärung eigener Themen zu übernehmen.

Eltern, die den Schatten ihrer eigenen Träume und Lebensgeschichte ausweichen, tragen in jedem Fall die Verantwortung dafür, dass ihre Kinder in diesen Schatten aufwachsen.

Kinder, die in den Schatten der Träume und Lebensgeschichte ihrer Eltern aufwachsen, tragen die Verantwortung dafür, sich aus diesen Schatten zu lösen und die Wahrheit ihrer eigenen Wünsche, Träume und Gefühle zu entwickeln. Wichtig zu wissen: Für Kinder wirken die Tabus und „blinden Flecken“ der Eltern und vorherigen Generationen wie Magneten, da hier oft die einzigen, zum Überleben und zur Bindung notwendigen starken Gefühle zu finden sind. Wenn Eltern ihre Wünsche, Liebe und Gefühle abspalten mussten, können sich Kinder nur an die „gefühlvollen“, verdrängten Geschichten der Eltern oder Großeltern binden. So leben Kinder und Erwachsene oft in Fremd-Gefühlen und Dramen der Ur-Groß-Eltern. Häufig werden Fremdgefühle so zum traurigen Ersatz.

Checkliste zu Teil 3 – Was können Sie jetzt konkret tun?

Schritt 3

Klärung Ihrer offenen Wünsche

Schreiben Sie spontan und ehrlich auf, was Ihnen zu folgenden Fragen einfällt:

- Für welchen Lebenstraum haben Sie noch keinen Plan entwickelt

- Welchen Lebenstraum haben Sie der Beziehung, den Kindern oder dem Beruf geopfert?

- Welche 5 Eigenschaften muss Ihr Idealpartner in jedem Fall erfüllen?

- Welche der 5 Eigenschaften, die Ihr Idealpartner erfüllen muss, erfüllen Sie selber?

- Welche 5 Eigenschaften darf Ihr Idealpartner in keinem Fall haben?

- Welche der 5 Eigenschaften, die Ihr Idealpartner nicht haben darf, haben Sie selber?

- Was ist Ihre größte Angst, wenn Sie an eine neue Beziehung denken?

- Was empfinden Sie als Ihr größtes Unglück, Ihre größte Ent-Täuschung?

- Was fehlt Ihnen in der jetzigen Beziehung am meisten?

- Was hat Ihnen in der letzten Beziehung am meisten gefehlt?

- Ist es Ihnen möglich, spontan Gefühle von Liebe und Bewunderung auszudrücken?

- Ist es Ihnen möglich, Sexualität mit Ihrem Partner/Ihrer Partnerin zu genießen?

- Wo haben Sie sich in der Beziehung arrangiert, sind aber nicht glücklich?

Übernehmen Sie Verantwortung für Ihre eigenen, offenen Wünsche, Tabuthemen und alle ungeklärten Gefühle, die damit zusammenhängen. Gehen Sie offen, ehrlich und achtsam damit um. Ob als Single, in privater oder beruflicher Beziehung – erlauben Sie sich, die Dinge zu fühlen, die Ihr Lebensglück noch lückenhaft erscheinen lassen, und schreiben Sie diese ganz konkret auf eine Checkliste.

Entwickeln Sie für jeden verbesserungswürdigen IST-Zustand (Gefühle, Aussehen, Gewicht, Finanzen ...) einen ganz konkreten 10-Schritte-Plan, wie Sie aus heutiger Sicht auf realistische Weise zu Ihrem WUNSCH-Zustand kommen können. Nutzen Sie dafür auch den „Plan B zur Wunscherfüllung“ aus Teil 2.

Der schnellste Weg zur Veränderung und zu Ihrem Idealpartner:

Nehmen Sie jeden „Mangel", den Sie verspüren, vollständig und zu 100 % als Wunsch in Ihre eigene Verantwortung. Auch wenn es schwerfällt – lassen Sie sich nicht von anderen verleiten, von dieser Kraft der Verantwortlichkeit und Handlungsfähigkeit auf die von Abhängigkeiten bestimmte „Wartebank" zu rutschen.

Die größte Gefahr, Ihren Idealpartner zu verpassen:
Alle Gedanken, Sekunden und Worte, die Sie an Vorwürfe, Schuldzuweisungen oder Erwartungen an andere verschwenden, verstricken Sie mit einer Opfer- und Erwartungshaltung, die von Abhängigkeit bestimmt ist und Sie nicht mehr huntertprozentig handlungs fähig sein lässt.

Da wir als abhängige Wesen aufwachsen, gibt es immer Menschen, die mehr oder weniger Verantwortung für unseren IST-Zustand tragen. Die eventuell nötige Lösung aus Verstrickungen durch solche Beziehungen liegt ebenfalls in unserer Verantwortung.

Schritte dazu sind Teil dieses Ratgebers. In diesem Teil geht es vor allem um Ihre Wünsche, Ziele und Ihren „Plan B zur partnerschaftlichen Wunscherfüllung".

Ihre Eltern mögen einen großen Teil Verantwortung an Ihrem „IST-Zustand" tragen.

Sie sind aber keineswegs dafür verantwortlich, wenn Sie die „Hängematte" dieses Zustandes nicht verlassen und Ihre einzige Kreativität in der Formulierung immer neuer Vorwürfe, Schuldzuweisungen und Forderungen besteht. Konstruktivere Möglichkeiten finden Sie in den weiteren Kapiteln.

Ich möchte Ihnen an dieser Stelle vor allem bewusst machen, dass Sie Ihren partnerschaftlichen „WUNSCH-Zustand" nur erreichen, wenn Sie zu 100 % dafür die Verantwortung übernehmen. Wie es sich anfühlt, wenn andere Menschen für Ihren „IST-Zustand" Verantwortung tragen, wissen Sie ja bereits. Anders ausgedrückt:

Legen Sie Ihre Zukunft nicht in die Hände von Personen, die Verantwortung für eine Gegenwart tragen, die Ihnen nicht gefällt!

Klären Sie Ihre Vergangenheit, soweit notwendig. Halten Sie die Täter aus Ihrer Vergangenheit aber aus den Plänen für Ihre Zukunft raus! Sie allein tragen die Verantwortung für Ihren Idealpartner.

Wenn Ihr partnerschaftlicher „WUNSCH-Zustand" Sie nicht intensiv motiviert, Ihre „Hausaufgaben" zu machen, ist Ihre „Wunschliste" so inspirierend und erotisch wie ein Maulwurfshügel oder Sie leben noch in massiven Tätersymbiosen, Traumastrukturen oder Illusionen über sich selbst.

Lassen Sie uns jetzt die karmischen Aspekte zum Thema Partnerschaft betrachten.

Karmische Beziehungen

Karmische Beziehungen
sind häufig
wie die Begegnung
zweier tickender Zeitbomben.

Trennung
ist oft
eine Form göttlicher Hilfe,
um Schlimmeres zu verhindern,
wenn die „Entschärfung“
nicht rechtzeitig gelungen ist.

Nutze den Raum,
um endlich
tiefer
zu schauen.

Befreie Deine Seele
von diesem Drama
und entferne die Sprengsätze
in Deinem Leben
und Deiner karmischen Laufbahn
mit göttlicher Hilfe.

Teil 4 Das Geheimnis karmischer Beziehungen

Die meisten M e n s c h e n
haben nur Ansprüche,
und diese
auch noch
an andere.

Partnerschaft und die Geheimnisse karmischer Beziehungen

Der Mensch im Strudel von Wirkungen
Wir Menschen leben meistens in einem Strudel von Wirkungen, ohne die wahren Ursachen der erlebten Folgewirkungen zu erkennen.

Das Prinzip von Ursache und Wirkung erleben wir stets als persönliches Karma.

Sobald wir anderen Personen begegnen, erleben wir eine Mischung verschiedener Ebenen, die aus Unwissenheit nicht selten zu Missverständnissen und Konflikten führt. Gerade im näheren Umgang mit anderen Menschen kommen wir in Kontakt mit den zentralen Lebensthemen wie Schuld, Verantwortung, Liebe und deren Projektionen. Bei der Begegnung von Menschen vermischen sich die verschiedenen karmischen Strukturen der Personen, wodurch als Ergebnis oft Situationen entstehen (neues, selbst geschaffenes Karma), die wir nicht einordnen können. So tragen wir zum Beispiel häufig Konflikte mit uns herum, die sich in einer Partnerschaft mit einem anderen Menschen – ohne sichtbaren Grund – plötzlich scheinbar noch verstärken.

Mit den richtigen Menschen
stellen sich
viele Fragen
nicht
oder
erst recht.
16.05.1999

Um das Thema Partnerschaft verstehen zu können, ist es notwendig, die grundsätzlichen Sinnzusammenhänge der darin wirkenden Kräfte zu betrachten.

Um der Bedeutung von Partnerschaft in karmischem Sinne näherzukommen, möchte ich die dazugehörenden Teile erst einmal einzeln, unabhängig voneinander betrachten.

Allgemeines zu Partnerschaft

Partnerschaft ist eine Form von personeller Gemeinschaft, die gewisse, gleichgerichtete Ziele und Interessen miteinander verbindet. Partnerschaften kann es auf vielen Lebensebenen geben – mit sehr unterschiedlichen Graden von persönlicher Einbindung.

Ein Partner kann ein Teilhaber, Genosse, Mitspieler, Gegenspieler oder Gefährte sein. Partnerschaft kann also eine geschäftliche, gesellschaftliche oder private Form annehmen. Partnerschaft ist der Ausdruck für eine Form von Beziehung zwischen mindestens zwei Menschen. Die meisten Menschen verbinden mit Partnerschaft das Zusammenleben in einer zwischenmenschlichen Beziehung. Den Grad oder die Tiefe solch einer Beziehung bestimmen ausschließlich die Personen, die diese Verbindung miteinander eingehen. Partnerschaft kann auch eine für andere sichtbare, äußere Form annehmen. Man kennt zum Beispiel die Personengesellschaft (Kommanditgesellschaft) im geschäftlichen Bereich oder die Ehe im privaten Bereich. Im gesellschaftlichen Bereich trifft man beispielsweise auf Tischtennispartner und unzählige andere Arten von Partnerschaft. Die Dauer einer Partnerschaft kann zeitlich begrenzt sein – für die Dauer eines Spieles –, ist es aber in der Regel nicht. Der Begriff Partnerschaft wird normalerweise verwendet, um auf eine längerfristig angelegte Verbindung von Personen hinzuweisen.

Partnerschaft beinhaltet meistens gemeinsames Üben, voneinander und miteinander lernen, sich austauschen, um die persönlichen Fähigkeiten und Kenntnisse zu erweitern, mithilfe deren man individuelle und/oder gemeinsame Ziele erreichen will.

Durch eine Partnerschaft möchten viele zu einer gewissen Meisterschaft gelangen. Die Intensität des gemeinsamen Trainings entscheidet dabei über den möglichen Grad des Erfolges. Die Erweiterung der individuellen Persönlichkeit ist dabei die notwendige Grundlage zur Erreichung von gemeinsamen Zielen.

Ein Schachclub zum Beispiel wird im Turnier nur Sieger nach Punkten, wenn möglichst viele der einzelnen Spieler die Punktspiele für sich entscheiden können. Dies sorgt für die Motivation der einzelnen Spieler, die eigenen Fähigkeiten zu verbessern, aber auch, die Schachpartner des eigenen Vereins zu unterstützen und zu fördern. Dieses Grundprinzip ist auf allen Ebenen und in allen Formen von Partnerschaft zu finden.

Partnerschaft lebt von der gegenseitigen Unterstützung und der Umsetzung von Impulsen, die wechselseitig in die Gemeinschaft eingebracht werden.

Der Wortteil „-schaft“ ist, wenn auch weniger bekannt, ein eigenständiger Begriff aus der Mechanik. Schaft ist der glatte, zylindrische Teil einer Schraube, zwischen Schraubenkopf und Gewinde. Der Schaft hat eine stabilisierende und, in Richtung Gewinde, kraftübertragende Funktion. Oft ist dieser Teil schwach konisch, das heißt zum Gewinde hin verjüngt, leicht „zugespitzt“. Die Schraube selbst dient zur Herstellung wieder lösbarer Verbindungen oder zur Übertragung von einer Drehbewegung in eine Längsbewegung.

Bei Schiffsschrauben wird zum Beispiel die Drehbewegung in Schubkraft umgewandelt.

Partnerschaft hat also auch mit Übertragung und Umwandlung von Energien zu tun, die durch die Partner selbst oder andere in die Partnerschaft eingebracht werden.

Ob die Partnerschaft es schafft, die Intensität freigesetzter Impulse umzusetzen und zu stabilisieren, hängt in erster Linie von der Bereitschaft der Partner ab, die Impulse anzunehmen.

Wenn die Partner es schaffen, solche Energien umzuwandeln und in eine bestimmte Richtung zu lenken, werden sie gemeinsam die Partnerschaft festigen und gleichzeitig eine Schubkraft auslösen, die sie kraftvoll in Richtung ihres Zieles befördert. Partnerschaft weist also in jedem Fall in der Grundbedeutung auf eine Verbindung von Menschen hin, die mit aktiven, dynamischen Kräften konfrontiert wird, die es zu transformieren gilt. Partnerschaft ist außerdem immer mit einer individuellen Weiterentwicklung und mit mindestens einem gemeinsamen Ziel verbunden.

Wenn dieser Inhalt nicht verstanden wird, kann Partnerschaft auch nicht im Sinne der ursprünglichen Bedeutung gelebt, belebt und erfüllt werden.

In diesem Zusammenhang wird es jetzt interessant, den karmischen Aspekt von Partnerschaft zu betrachten. Dazu ist es natürlich wichtig, erst mal den Grundbegriff Karma näher zu erklären.

Die Liebe
ist wie ein Traum,
dem wir uns oft
verschließen,
aus Angst,
irgendwann
aufzuwachen.

08.04.1999

Karma

Karma ist ein Kernbegriff des Buddhismus. Aus dem Sanskrit übersetzt bedeutet Karma so viel wie Folge oder Wirkung.

Wir kennen auch das Gesetz des Karma – das Gesetz von Ursache (Plan) + Wirkung.

Zur kleinen Auflockerung hier für Sie der Link zu einem Kurzvideo zum Prinzip von Ursache und Wirkung. Hier wird in einzigartiger Weise „Karma“ in 2 Minuten und 37 Sekunden erklärt.

http://www.karmischebeziehung.de/karma

Bitte haben Sie Verständnis dafür, dass dieses Angebot nur so lange zur Verfügung steht, wie die Inhaber der Lizenzrechte die Nutzung freistellt. – Viel Spaß

Karma entsteht immer da, wo der Mensch durch sein Ego manipuliert.

Die Vergangenheit eines Menschen (auch aus anderen Leben) erzeugt seine Gegenwart. Was ein Mensch jetzt tut – erzeugt seine Zukunft. Karma heißt deshalb auch „Tun“.

KARMA

Kaum
Angekommen
Richten
Menschen
Andere.

31.05.1993

Doch nicht jede Ursache (Tat) hat zwangsläufig eine Auswirkung, denn es ist immer möglich, rechtzeitig einen Ausgleich zu schaffen. Die Zukunft kann immer 100 % beeinflusst werden. Karma will vermitteln, dass man für alles, was geschieht, immer eine Selbstverantwortung trägt. Das Gesetz des Karma ruft dazu auf, Selbstverantwortung zu übernehmen und keine Schuld auf andere zu projizieren. Karma erklärt auch, durch die Gesetzmäßigkeiten von Ursache + Wirkung, dass es keinen Zufall gibt.
Jeder durchläuft gerade die Probleme, die er in der Vergangenheit umgangen und deshalb noch nicht bewusst akzeptiert und integriert hat.

Karma als Energiekörper
Karma kann man sich als Energiekörper vorstellen, in dem bestimmte, ungelöste Erfahrungen des Menschen gespeichert sind. Diese Erfahrungen gilt es zu neutralisieren, zu löschen, bis letztendlich, am Ziel, alles Karma aufgelöst ist. Mit Auflösung des Karma wird eine weitere Inkarnation, zumindest auf dem Planeten Er-

de, überflüssig. Anmerkung: in carnere = ins Fleisch kommen (Wortstamm).

Die Speicherung im Energiekörper ist dabei nicht an Zeit und Raum gebunden.

Karmisch
Karmisch bedeutet in diesem Zusammenhang die Wiederholung bestimmter Erfahrungen als Lernprozess, bis unverstandene Themen der Vergangenheit endlich angenommen und aufgearbeitet werden. Die freie Entscheidungsfähigkeit des Menschen für das W i e und W a n n geht dabei nicht verloren.

Auflösung von Karma
Karma ist gerade im zwischenmenschlichen Bereich ein natürliches Ausgleichssystem von nicht ausgeglichenen Energien der Vergangenheit. Deshalb treffen sich bestimmte Menschen immer wieder unter ähnlichen oder gleichen Umständen, so lange, bis beide ihren persönlichen Anteil daran begreifen und die Erkenntnis daraus umsetzen für ihr weiteres Sein.

Das Wiederholungsprinzip mancher Probleme konfrontiert uns mit den Persönlichkeitsanteilen unseres Ichs, die für uns die wahre Brücke zur Erleuchtung sind. Gerade deshalb ist der Lernprozess über die Wiederholung (Gesetz des Rhythmus) für uns besonders wertvoll. Es kann sich aber nur so lange etwas wiederholen, bis ich erkenne, worum es geht. Wenn ich aufwache, verstehe und umdenke, löse ich Karma auf und verlasse den bis dahin notwendigen Kreislauf der Wiederholung eines bestimmten Themas. Dieser

Kreislauf von Wiederholungen begegnet uns auf allen Ebenen unseres Lebens. Da der Mensch vergesslich ist und bequem, denkt er aber in der Regel über solche Mechanismen nicht nach.

Partnerschaft als karmischer Schlüssel

Unser Partner, egal auf welcher Ebene, nimmt immer eine besondere Stellung ein. Dadurch haben wir generell eine größere Bereitschaft, über auftauchende Probleme und Konflikte nachzudenken. Diese Bereitschaft öffnet unser Bewusstsein für die Auseinandersetzung mit Themen, die für uns karmisch den Schlüssel zur Transformation bedeuten.

Wir können so Folgen von früher gesetzten Ursachen ausgleichen. Je bewusster dieser Prozess geschieht, desto schneller lernen wir, im „Jetzt“, in absoluter Eigenehrlichkeit zu leben und für alles, was wir tun, die totale Verantwortung zu übernehmen.

Dies ist die Voraussetzung für eine partnerschaftliche Zukunft in gelöster Affinität. Damit in dieser geklärten Zukunft Partnerschaft karmisch noch eine Bedeutung hat, bedarf es neuer Impulse, die auf anderen Ebenen weitere, auch partnerschaftliche Entwicklungsprozesse auslösen.

Partnerschaft karmisch I

Partnerschaft ist karmisch gesehen eine besondere Chance, überall dort, wo wir durch unser Ego andere verletzt haben, wieder Harmonie herzustellen.

Partnerschaft karmisch II

Karma als Schatten der Seele

Karmisch gesehen hat deshalb jede Form von Partnerschaft für mich vor allem mit dem Schatten der Seele zu tun. Es geht darum, die eigenen Schatten mithilfe und mit Unterstützung des Partners zu erkennen, zu verstehen und zu erlösen. Dies geschieht durch den Spiegeleffekt, den der Partner als Erfüllungsgehilfe unbewusst auslöst.

Je mehr ich
zu dem geworden bin,
den Du Dir immer
gewünscht hast,
desto mehr
habe ich Dich
konfrontiert mit dem,
wovor Du schon
seit langem Angst hast –
wieder
einen geliebten Menschen
zu verlieren.

Orientierungspunkt:
Wir geraten durch unseren Partner immer wieder in Prozesse, die Licht in unsere Seinsebenen bringen können.
Je mehr Schattenseiten wir durch eine Partnerschaft erlösen können, desto mehr Licht ziehen wir in unsere Seelenstruktur und unsere Bewusstseinsebenen.

Durch die Transformation von Karma entwickelt sich ein Lichtbewusstsein, das die Seele mehr und mehr von ihren Schatten befreit. Wenn die Seele sich im Licht auflöst, ist der Kreislauf des Karma durchbrochen.

Partnerschaft bedeutet karmisch für mich eine große Herausforderung und ist eine einzigartige Möglichkeit, persönliche Entwicklungsprozesse zu beschleunigen. Partnerschaft bedeutet außerdem die Herausforderung und Möglichkeit, Eigenschaften wie zum Beispiel Demut, Liebe, Achtsamkeit und Dankbarkeit entwickeln zu können.

Je bewusster die partnerschaftliche „Schattenarbeit" karmisch gelöst wurde, desto stärker fließt die Energie des Lichtes in die Partnerschaft hinein. Karmisch bedeutet Partnerschaft für mich deshalb auch einen möglichen Weg zum Licht.

Karmische Partnerschaft

Ein besonders großes Lernpotenzial tragen karmische Partnerschaften in sich.

Sie fallen auf durch einen besonders intensiven Kräfteaustausch innerhalb der Partnerschaft. Ungelöste Erfahrungen früherer Vergangenheiten nehmen meist destruktive Gestalt an und verbinden die Partner mit einer scheinbar unerklärlichen Hass-Liebe.

Diese Form der Partnerschaft braucht, um bestehen zu können und verstanden zu werden, unbedingt spirituelle Inhalte.

Über die Geheimnisse karmischer Beziehungen erfahren Sie gleich mehr.

Dein Lächeln strahlt
in meinem Herzen,
Deine großen Augen
Öffnen
mit einem Blick
meine Seele,
Deine Nähe
berührt mich
warm
und tief –
das Rad des Lebens
schaut in Ehrfurcht,
doch es kann die Zeit
nicht länger
anhalten.

Was ist eine karmische Beziehung?

Um die Bedeutung einer karmischen Beziehung verstehen zu können, ist es hilfreich, den Begriff **KARMA** vorher in seiner ganzen Tragweite zu erfassen. Wie schon erwähnt, ist er ein Kernbegriff des Buddhismus. Er beschreibt einen Kreislauf von Ursache und Wirkung als Folge unseres bewussten oder unbewussten Willens.

Karma entsteht durch persönliche Handlungen (Taten), Worte und Gedanken, deren „Saat" zeitlos weiterwirkt. Karma wird deshalb oft als die zeitlos wirkende Summe persönlicher Handlungen beschrieben.

Karma bleibt über Zeit und Raum hinweg und viele Inkarnationen (dieses und andere Leben Seelenreise/ Seelenwanderung/ Wiedergeburten) hindurch bestehen. Dieser Vorstellung müssen Sie aber nicht folgen, um die Prinzipien zu nutzen! Auch in diesem einen Leben gelten die zeitlosen Gesetze von Ursache + Wirkung.

Jede Handlung oder Nicht-Handlung kann Karma erschaffen oder verändern.

Karma kann gewandelt, verändert, aufgelöst, transformiert und angesammelt werden.

Der Begriff „karmisch“ weist entweder darauf hin, dass jetzt erlebte Situationen von Einflüssen und Ereignissen geprägt sind, die bereits stattgefunden haben, oder darauf, dass gerade stattfindende Ereignisse über die Geschehnisse hinaus wirken.

Merke:
Durch unsere persönlichen Handlungen können wir jederzeit einen neuen Kreislauf von Ursache und Wirkung in Gang setzen, durch den neue karmische Bindungen entstehen! Karma ist immer die Summe unserer bisherigen zeitlosen Geschichte.

Wie entstehen eine karmische Beziehung und karmische Bindung?

Eine karmische Beziehung entsteht, sobald wir ein anderes Wesen (Mensch, Tier, Pflanze, Planet...) in eine unserer Handlungen einbeziehen, deren Aus-Wirkung karmisch nicht neutral ist. Unsere persönliche Absicht (karmischer Willen) ist dabei von größerer Bedeutung als das erzielte Ergebnis. Auch eine unterlassene Handlung kann eine karmische Beziehung zu allen dadurch eventuell betroffenen Wesen herstellen. Ein Unfall im Winter als Folge eines unterlassenen Winterreifenwechsels erzeugt zum Beispiel eine karmische Verpflichtung zur Wiedergutmachung eventuell dadurch geschädigter „Unfallopfer". Jede unterlassene Hilfeleistung (echte Bedürftigkeit vorausgesetzt), nicht erfolgte Sicherheitsprüfung oder Ähnliches kann karmisch wirksame Ereignisse zur Folge haben und neue Bindungen erzeugen, die die Qualität einer karmischen Beziehung haben. Das Beziehungskarma dieser Beziehung kann sehr positiv unterstützend, negativ belastend oder eine wilde Mischung von beidem sein. Die Art und Qualität einer karmischen Beziehung spiegelt die Qualität der gemeinsamen früheren „Saat" wider. Sie offenbart in heute schwierigen Verbindungen dadurch die Chance zur Auflösung belastender karmischer Muster.

Merke:
Die Handlung oder Nicht-Handlung in einer Begegnung von Personen wird zum Beziehungskarma, wenn die Auswirkung dieses Kontaktes nicht neutral ist.

Was bedeutet der Begriff „karmische Beziehung“ eigentlich?

Der Begriff „karmische Beziehung“ deutet auf eine Verbindung zweier Seelen hin, die sich sehr gut kennen, vielleicht auch weil sie sich bereits in früheren Leben begegnet sind. Auf zwischenmenschlicher Ebene bedeutet die Bezeichnung im Klartext, dass durch mindestens eine Handlung von einer oder mehreren Personen für mindestens zwei Personen/Seelen eine karmische Ver-Bindung entstanden ist, über die die Handelnden heute noch in Beziehung stehen.

Die Handlung kann in diesem oder einem früheren Leben erfolgt sein. **Jede, auch geistig hergestellte Verbindung stellt eine zeitlose, karmisch wirksame Beziehung her.**

Die Bezeichnung „karmische Beziehung“ beinhaltet natürlich auch karmische Verbindungen auf partnerschaftlicher Ebene; sie bezieht sich ursprünglich aber nicht ausschließlich darauf! Die Literatur vernachlässigt den allgemein gültigen Aspekt karmischer Beziehungen häufig und erschwert dem ungeübten Betrachter dadurch den Zugang zu dem eigentlichen Kernpunkt der Thematik. Sie versperrt so geistig den Blick auf heilsame Wege. Siehe dazu auch „Karmische Beziehung und Rückführung“.

Eine problematische karmische Beziehung kann häufig innerhalb der Beziehung nicht von einer einzelnen Person allein verändert werden. Das ursprünglich bindende, belastende karmische Element und Muster kann aber sehr wohl einseitig vollständig aufgelöst werden und jenseits der Beziehung positiv weiterwirken.

Im Falle von Trennungen (beruflich, privat, partnerschaftlich, familiär) erhalten manche Menschen später die Gelegenheit, einander neu zu begegnen. Ist in der Zwischenzeit die erfolgreiche Transformation (vollständige Umwandlung/Auflösung) karmischer Muster erfolgt, werden die Personen feststellen können, dass die früher belastenden, karmischen Muster die einzig bindenden oder trennenden Elemente waren!

In einer gemeinsamen ehrlichen Betrachtung dessen, was „jetzt" wirklich ist, kann in neuer Begegnung tief greifende Heilung stattfinden. Die bewusste Erfahrung von karmischen Einflüssen und das Erlebnis befreiter Begegnungen innerhalb der eigenen karmischen Reise können ein sehr großes, berührendes Geschenk sein und zu prägenden Erkenntnissen über die „Gesetze des Karma" führen.

Merke:
Das einzig Bindende oder Trennende in einer karmischen Beziehung ist oft eine belastende „karmische" Vor-Geschichte!

Karmische Beziehung und Rückführung

Gerade karmische Beziehungen in jeglicher Form können durch die Klärung belastender Einflüsse, die nicht mehr im Blickfeld liegen, schnelle und tief greifende Veränderung erfahren. Wenn wir einmal die Möglichkeit mehrerer Inkarnationen (Seelenreise) betrachten, ist eine große Herausforderung für viele Seelen, die Verwirrung zu klären, die durch unterschiedliche Begegnungsformen – Mann-Frau, Tochter-Vater, Mutter-Sohn, Bruder-Schwester, Frau-Frau, Mann-Mann, Chef-Mitarbeiter/in ... – über mehrere Leben entsteht. Bei der Aufarbeitung ist es deshalb wichtig, unabhängig von wechselnden Rollenbeziehungen im Laufe der karmischen Reise den tieferen Grund einer karmischen Beziehung zu entschlüsseln. Wenn Sie bereit sind, den eigentlichen Grund einer belastenden karmischen Beziehung zu klären, kann auch eine Rückführung zu hilfreichen Informationen über den Ursprung der karmischen Beziehung führen. Die Methode der Reinkarnationstherapie birgt jedoch die Gefahr von Fluchtprojektionen in andere Welten oder Leben, auf die selbst viele Therapeuten immer wieder hereinfallen. Da viele mit Rückführungen nur laienhaft arbeiten und wichtige Schritte versäumen, möchte ich Ihnen als Reinkarnationstherapeut hier empfehlen, mit der Auflösung von Verstrickungen und Klärung belastender Einflüsse im gegenwärtigen Leben zu beginnen. So können Sie für sich ausschließen, dass ein/e Therapeut/in Sie verleitet, die Klärung von Problemen Ihrer Gegenwart oder Kindheit auf ein früheres Leben zu verschieben.

Ich bevorzuge auch zur Klärung karmischer Beziehungen mittlerweile die Arbeit mit dem „Anliegen“ nach Prof. Dr. Franz Ruppert, zu dem Sie später noch mehr erfahren. Diese Methode erweitert die Möglichkeiten von Rückführungen sehr deutlich und stellt auch für Sie direkt nachvollziehbar den notwendigen Bezug von Ursachen und Wirkungen in Ihrem Leben her. Fragen und angebliche Fakten können hier relativ schnell überprüft werden.

Mit dem Wissen und den praktischen Erfahrungen der mehrgenerationalen Psychotraumatologie komme ich als Reinkarnationstherapeut zu dem Schluss, dass Informationen zu „früheren Leben“ vor allem auch auf Verstrickungen mit „anderen Leben“, das heißt anderen Personen, hinweisen. Die Verstrickung mit Leben anderer Personen wird durch das Phänomen Symbiose/Trauma und Bindungssystemtrauma transparent. Viele Informationen, die in Rückführungen auftauchen, gehören zu dem mehrgenerationalen Familiensystem, an das wir uns als Nachkommen in der Phase frühkindlicher Abhängigkeit emotional binden mussten.

Da wir in frühkindlicher Phase nicht zwischen eigenen und fremden Gefühlen unterscheiden können, beginnen wir bereits nach unserer Zeugung das energetische und emotionale Erbe unserer Familie durch Symbiose in uns aufzunehmen. Im Mutterleib werden wir geradezu mit Eindrücken, fremden Gefühlen und „Geschichten“ überflutet.

Da ist von unglücklicher Liebe bis zu verlorenen Kindern, ausgestoßenen oder ermordeten Familienmitgliedern, Unfällen, geheimen Liebschaften, unbekannten Geschwistern, Gewalt, seelischer Not, Flucht, Verfolgung, Verrat alles dabei. Viele Leben = viele Geschichten.

So können tiefe Bindungen und Gefühle zu Personen entstehen, die wir persönlich nie gesehen haben.
Wenn Ihnen also vor lauter Bildern, Träumen und Geschichten der Kopf schwirrt, wissen Sie jetzt, warum.

Ich empfehle Ihnen aus heutiger Sicht deshalb, erst die belastenden Symbiosen zum eigenen Familiensystem zu klären, bevor Sie mit einer Reinkarnationstherapie beginnen. So entwickeln Sie am schnellsten ein Gefühl für Ihre eigenen Gefühle und Ihre eigene Lebensgeschichte. Bleiben dann noch unklärbare Phänomene übrig, kann eine Rückführung hilfreiche Informationen und neue Impulse zur weiteren Klärung liefern. Meistens erübrigt sich dies aber. Die Möglichkeit einer neuen Beziehungsperspektive liegt jetzt in Ihrer Hand.

Orientierungspunkt:
Informationen zu „früheren Leben“ weisen oft auf symbiotische Verstrickungen mit Ereignissen, Gefühlen und dem Leben anderer Personen hin, die in unserem Familiensystem und im Leben unserer Eltern von Bedeutung sind.

Karmische Beziehung und Liebe – Paarbeziehungen

Von einer karmischen Beziehung wird häufig im Zusammenhang mit einer unvollkommenen, unglücklichen Liebe gesprochen. Auf partnerschaftlicher Ebene sind karmische Beziehungen häufig von leidenschaftlichen, intensiven Gefühlen unterschiedlichster Art geprägt. Wenn die Herzensliebe darin nicht frei ist, zeigt die „Leidenschaft“ als karmischer Spiegel die ursprüngliche Chance, Form und Dimension der zeitlosen Bindung, die heute noch Leiden schafft. Die große Unwissenheit über die Zusammenhänge karmischer Verstrickungen führt besonders hier zu vielen dramatischen Erfahrungen. Wer tiefer schaut, entdeckt kostbare Perlen der Erkenntnis und trittfeste Wege zu einer neuen karmischen Freiheit in Beziehungen.

Merke:
Das einzig und eigentlich Belastende in einer Liebesbeziehung ist oft ein altes „karmisches“ Muster!

Karmische Beziehung und „verbotene“, unfreie Liebe

Das „Verbotene“ wird hier durch gesellschaftliche und gesetzliche Bestimmungen zum Zeitpunkt der Erfahrung definiert. Eigene moralische Vorstellungen sind ein weiterer Faktor.

Die „verbotene“ Liebesbeziehung innerhalb der Familie offenbart vielleicht für den ungeübten Betrachter am ehesten ihren karmischen Ursprung.

Häufige Formen „verbotener“ Liebe:

- Geschwisterliebe mit partnerschaftlichen Wünschen und Ansprüchen (Missbrauch, tiefe Liebe – in Verdrängung, Flucht + Hass)

- sexuelle Beziehungen zwischen Eltern und Kindern (Missbrauch + tiefe Liebe)

- gleichgeschlechtliche Liebe

- der Partner eines anderen

- Liebe zwischen Reichen und Armen

- Liebe mit unterschiedlicher Reife – „Jung + Alt“

- unterschiedliche Kulturen und Hautfarben

Wenn partnerschaftliche Gefühle innerhalb der Familie so stark werden, dass ein Warten auf die sexuelle Reife des anderen nicht möglich erscheint, wird Missbrauch oft ein Ventil und dadurch neuer Spiegel einer unfreien Liebe. Trotz karmischer Aspekte haben sexuelle Beziehungen in der Familie ihren Ursprung in der Regel in ungeklärten Traumata der Eltern, die durch selbst erlebten sexuellen Missbrauch geprägt wurden.

Es gibt aber karmische Liebesbeziehungen, die sich in einer verwirrenden Eltern-Kind-, Geschwister- oder ähnlich schwierigen Form von Beziehung wiederfinden. Hier wird der zeitlose Wunsch zweier Seelen sichtbar, endlich wieder vereint zu sein. Dem liegt als karmisches Muster ein altes Versprechen zugrunde, sich auf immer und ewig, über alle Grenzen hinweg, die Liebe und Treue zu beweisen. Gegen alle Widerstände von anderen wurde in früherer Zeit ein Schwur geleistet, der eine schon „damals" unfreie Liebe zeigt.

Aus Unwissenheit, Hilflosigkeit und Verzweiflung wurde diese unfreie Liebe oft magisch, rituell besiegelt und besteht deshalb bis heute in ihrer unfreien, unerlösten Form weiter! Häufig wurde so eine Liebe von Neidern und Feinden mit negativen Energiestrukturen aller Art (Fluch, Bann etc.) zusätzlich überschüttet, um ihr Scheitern sicherzustellen.

Wenn Sie sich in der Tiefe erlauben zu fühlen, was das für Sie bedeutet, werden Sie vielleicht verstehen, warum ich Ihnen an dieser Stelle empfehle, Ihren Ex-Partner/Ihre Ex-Partnerin vollständig freizugeben. Es ist nach meiner Erfahrung nicht möglich, die unglückliche Form der Liebe aufzulösen, ohne den Partner loszulassen.

Hier gilt es, den Ursprung der schon damals unfreien Liebe zu klären und zu heilen. Die vollständige Auflösung unglücklicher Energiestrukturen können Sie nur in vollständiger, gegenseitiger Freiheit überprüfen.

Eine „verbotene Liebe" kann immer wieder von Wunsch-Traum-Erinnerungen an sexuelle Begegnungen in früheren Leben begleitet sein. Aus der

Angst, sich eine „verbotene“ Liebe einzugestehen und sie zu leben, wird diese oft zum beidseitigen Selbstschutz so stark verdrängt, dass sie in Selbsthass und Hass umschlägt oder manchmal auch in einem Akt von Vernichtung endet.

Es kommt vor, dass Geschwister eine so tiefe Liebe füreinander entwickeln, dass diese auch nach körperlicher Begegnung und Beziehung verlangt. Wegen gesellschaftlicher und gesetzlicher Verbote wird dieser Wunsch jedoch meistens verdrängt und bleibt unausgesprochen. Nicht nur zwischen Geschwistern, die sich scheinbar überhaupt nichts zu sagen haben, entdeckt man bei genauerer Betrachtung einen Schutzwall aus Angst und Vermeidung, sich „das eine“ zu sagen. Da es sich hier um tiefe emotionale Verstrickungen und Verletzungen der Seele handelt, kann niemand vom Kopf her die Problematik auflösen. Heilung erfährt, wer bereit ist, in einer Art Zeitraffer noch mal kurz in die wichtigsten traumatischen Erfahrungen einzutauchen und diese Gefühle aus neuer Perspektive heraus zu erleben. Durch Wiederentdeckung der ganzen karmischen Geschichte einer Beziehung ist es möglich, diese bewusst zu erlösen. Der Schmerz, der einen jahrelang begleitet hat, wird in transformierter Form zur Quelle von Freude und Kraft. So können Geschwister eine neue Ebene finden, wieder in freier Liebe miteinander zu sein, ohne inneren Zwang, dies auch in Form einer körperlichen Liebesbeziehung zu leben.

Orientierungspunkt:

Wer sich überhaupt nichts zu sagen hat, vermeidet damit oft nur, sich „das eine" zu sagen. Manche Menschen entfernen sich so weit (emotional/räumlich), dass sie der geliebten anderen Person nicht zu nahe kommen können! So ist Trennung manchmal die Flucht vor der Gefahr, durch Missbrauch zum Täter an einer geliebten Person zu werden.

Merke:

Unfreie Liebe wurde oft magisch, rituell besiegelt und besteht deshalb bis heute in ihrer unfreien, nicht erlösten Form weiter.

Karmische Muster in Beziehung, Liebe und Partnerschaft

Gerne gebe ich Ihnen ein konkretes Beispiel:
Prägendes Ereignis: In einem früheren Leben wurde die Frau des Paares am Hochzeitstag Opfer eines Gewaltverbrechens. Sie stirbt noch vor der offiziellen Heirat. In der Rückschau zeigte sich eine junge Seele bei ihr – neues Leben, von dem sie noch nichts wusste. Die emotionelle Dramatik prägt in beide Seelen der Partnerschaft ein zeitloses Trauma – Verlust, Schmerz, Verwirrung, Hilflosigkeit im konkreten, realen Ereignis. Gleichzeitig entsteht ein zeitloses karmisches Beziehungsmuster – Hochzeit ist gefährlich, führt in ein Drama, endet traumatisch, muss unter allen Umständen vermieden werden.

Aus dieser Erfahrung entwickelt sich ein karmisches Beziehungsmuster:
Neue Begegnungen in späteren Leben bieten viele Möglichkeiten und schöne Erfahrungen. Es ist alles möglich, nur eines nicht – Hochzeit! Beim Thema Heirat schrillen mindestens bei einem von beiden die inneren Alarmglocken. Auch Einladungen von Freunden zu deren Hochzeit lösen seltsame Gefühle aus. Die Teilnahme an anderen Hochzeitsfeiern ist nur unter großen Anspannungen möglich. Der Verstand sagt „Du spinnst“, „Bleib ruhig“, „Das bildest du dir alles nur ein“; doch einer von beiden erinnert sich – „Hochzeit ist gefährlich“ ... Das Herz hat Angst u n d Recht, denn die karmische Zeitbombe tickt bereits wieder! Wie viel Zeit haben Sie noch?

Hinweis:
Zwingen Sie deshalb Ihren Partner/Ihre Partnerin nicht, wenn Sie nicht riskieren wollen, vor dem Traualtar versetzt zu werden. Nehmen Sie unbestimmte Ängste und Gefühle ernst. Die Informationen zu „früheren Leben" können etwa auch auf ein Ereignis in der Familienchronik hinweisen, mit dem noch eine ungeklärte Verstrickung besteht. Ich verzichte hier bewusst auf therapeutische Analysen aller möglichen Hintergründe. Es wird Ihnen sicher leichtfallen, dieses Beispiel auf Ereignisketten zu übertragen, die innerhalb eines Lebens stattfinden – Frau verliert Mann am Hochzeitstag, will zehn Jahre später wieder heiraten und bekommt seit ihrem Entschluss sich ständig steigernde „Panikattacken" …

Lassen Sie mich aber mit dem Beispiel fortfahren, das die Möglichkeit verschiedener Inkarnationen einbezieht.

Begegnung in diesem Leben:
Unser Seelenpaar begegnet sich auch in diesem Leben als Mann und Frau im Rahmen ihrer Weiterbildung. Ein Altersunterschied ist unbedeutend, soziale oder kulturelle Kluften stehen auch nicht im Weg. Beide beschäftigen sich schon länger mit spirituellen Themen und Persönlichkeitsentwicklung und wären sich im normalen Leben wahrscheinlich nie über den Weg gelaufen. So wird aber aus einer spontanen privaten Verabredung in überraschender Vertrautheit und Harmonie eine unkomplizierte, sinnlich erotische Partnerschaft. Sie helfen sich gegenseitig, zu wachsen und alte Wunden zu heilen. Alles ist möglich, nur „von

Liebe zu sprechen wäre gelogen". Ein sehr tiefes „sich mögen" verbindet die beiden in großer Leichtigkeit und Selbstverständlichkeit. Da in ihrer Persönlichkeit die Qualitäten Achtsamkeit, Toleranz und Wertschätzung bereits gut entwickelt sind, sprechen sie offen darüber, dass sie trotz all dem Schönen nicht die große Herzensliebe füreinander fühlen. Auch Arbeiten mit diesem Thema konnten daran nichts ändern. Versuche, sich gegenseitig wieder die Freiheit zu schenken, um vielleicht woanders die Herzensliebe zu finden, scheiterten genauso kläglich. Nach Trennungsabstand kamen sie wieder zusammen, als sei nichts gewesen. Das ging mehrere Jahre gut so, bis die verwitwete Mutter der Frau starb und einen weiteren karmischen Strudel in Gang setzte, in den der Mann, ohne es zu wissen, involviert war.

Der Wunsch, ganz offen zu seiner Partnerin auch von Liebe zu sprechen, wurde durch die kummervollen Umstände des Todesfalles immer größer. Als der Mann eines Tages die Erfüllung seines Herzenswunsches ganz in göttliche Hände legte, nahm das Schicksal seinen Lauf. Auf einem Seminar, wo es um tiefe Transformation und Auflösung von Karma ging, begegnete er einer anderen Frau, mit der er sich spontan in tiefer Herzensliebe verbunden fühlte. Da dieses Gefühl aber nicht auf die bestehende Partnerschaft übertragen werden konnte und der Mann seine Herzensliebe ohne Geheimnisse leben wollte, kam es zu einer leidvollen Trennung, die auch den Mann in die größte Krise seines Lebens stürzte. Er musste die Wohlfühlbeziehung und Traumfrau über viele Leben verlassen, um der „göttlichen" Fügung zu folgen und das Geheimnis der Herzensliebe zu ergründen. Er fühlte sich damit selbst verlassen, vom Leben abgeschnitten und irgendwie im Niemandsland gestrandet. Es geschah mit ihm und den beiden Frauen und niemand hätte es ernsthaft verhindern können.

Er war jetzt in Kontakt mit seiner Herzensliebe und doch dem Leben und dem Glück so fern wie nie, denn andere Beziehungen können niemals die Lücke einer gescheiterten, unglücklichen karmischen Beziehung füllen, bevor diese im Ursprung „geheilt" ist!

Der Mann entdeckte sich auf einer inneren karmischen Reise als ungewolltes, verlorenes, männliches Kind bei der beerdigten Mutter seiner verlassenen Partnerin. So verlor die Partnerin in einem Leben das zweite Mal den „Bruder", ohne es zu wissen oder zu verstehen. So verlor der Mann Partnerin und „Schwester", ohne dass dieses Wissen seinen Kummer wirklich lindern konnte. Das karmische Rad dreht sich einfach weiter und nur wer tiefer schaut, versteht die Seelenspur. In diesem Falle zeigte sich, dass bei der beerdigten Mutter seiner verlassenen Partnerin ein weiteres, weibliches Kind verloren ging, bevor es inkarnieren konnte. Mit der Herzensliebe fand der Mann diese „zweite Schwester" wieder und die Herausforderung allumfassender Transformation. Mit jedem dieser Puzzlesteine wurde die Seele etwas ruhiger, die Sicht klarer.

In der Aufarbeitung und einigen Rückführungen zur karmischen Beziehung mit der früheren Partnerin zeigte sich das karmische Muster einer tiefen Liebe in vielen Formen, die immer wieder ein abruptes, unglückliches Ende nahm, nachdem sich die Liebenden ihre Liebe eingestanden hatten und heiraten wollten. Um sich gegenseitig zu schützen und doch zusammen sein zu können, vereinbarten sie für weitere Leben, nicht mehr von Liebe zu sprechen. Da Vermeidungshaltung nie zu Erlösung führt, kam es auch in diesem Leben zu einer unglücklichen, abrupten Trennung.

Unsere wahre Natur lässt sich auf Dauer nie verleugnen. Das göttliche Wesen in uns strebt immer zur bedingungslosen Liebe hin.

Es bleibt deshalb die Herausforderung, das Muster einer karmischen unfreien Liebesbeziehung im Ursprung ihrer Unfreiheit aufzulösen. Dies geht häufig nur, wenn wir bereit sind, den anderen Partner vollständig in seine göttliche Freiheit gehen zu lassen, und zwar ohne jede Erwartung auf irgendeine neue, freie Beziehung mit ihm in diesem oder künftigen Leben.

Jede Erwartung stellt eine neue, unbekannte Bindung her, die diesem Einweihungsweg in die bedingungslose Liebe widerspricht.

Merke:
Erwartung zwingt, das Göttliche fügt.
Der Mensch denkt, die Seele lenkt.

Nutzen Sie die Chance, solange Ihre karmische Zeitbombe noch tickt!

Ein größerer Blick auf Ihre eigene karmische Reise kann Ihnen helfen, das Tor des Lebens neu zu durchschreiten und sich an selbst gestellte Aufgaben zu erinnern. Heilung und Transformation einer unglücklichen Liebe ist auch ohne Trennung möglich, wenn beide Partner rechtzeitig geeignete Hilfe einbeziehen und vorhandene „Sprengsätze" entfernen. Mit diesem Grundwissen werden Sie in einer Einzelsitzung nicht nur neue, wichtige Erkenntnisse erlangen, sondern Beziehungsstrukturen grundsätzlich ändern können.

Vertrauen Sie Ihrem Gefühl. Im WEB finden Sie eine Vielzahl von Angeboten.

Entschärfe die Zeitbombe
in Deinem Leben,
solange sie
noch tickt.

01.03.2007

28 kennzeichnende Faktoren einer karmischen Liebesbeziehung

- Spontane Begegnung oder langsame gegenseitige Entdeckung in großer Vertrautheit.
- Ein Gefühl von großer Selbstverständlichkeit, miteinander zu sein.
- Sinnlich-erotische Begegnung, aber „von Liebe zu sprechen wäre gelogen“.
- Wohlfühlbeziehung, aber die Herzensliebe füreinander ist nicht frei.
- Große Harmonie, aber irgendwie fühlt es sich nicht richtig an zu sagen: Ich liebe dich!
- Sprachlosigkeit und Unfähigkeit zu sprechen.
- Große Sympathie, Zuneigung und tiefe Liebe, die scheinbar nicht sein darf.
- Gemeinsame Versuche, die Liebe zu befreien, scheitern genauso wie die Beziehung selbst.

- Emotionale Zerrissenheit und Hilflosigkeit in der Begegnung.

- Gesellschaftlich „verbotene“ Liebe.

- Verknüpfung von größtem Glück und größtem Leid.

- Trotz großer Anziehung und tiefer Liebe kann sich einer irgendwie nicht dafür entscheiden und leidet.

- Trennungen und doch nie getrennt sein – Zeit heilt keine Wunden.

- Sehnsucht, Hass-Liebe, Verwirrung, offene Fragen und widerstreitende Gefühle.

- Starke Bindung in tiefem Schmerz noch Jahre später.

- Keine neue, andere Beziehung kann dieses vertraute Gefühl vermitteln.

- Sie fühlen sich selbst um die Liebe betrogen und fühlen sich in der Liebe selbst wie ein Betrüger – es begleitet Sie das Gefühl, immer nur den zweiten Platz zu erreichen.

- Eigentlich könnte das Leben so schön sein – was ist eigentlich passiert?

- Rückzieher „in letzter Minute“ – „vorsorgliches Verlassen“, am Hochzeitstag versetzen ...

- Die Trennung hat Sie tief verletzt – trotz aller Verzweiflung war es richtig zu gehen.

- Wer den anderen verlässt, fühlt sich genauso verlassen – leidet in der Regel mehrfach.

- Trennung stoppt in der Regel das karmische Muster, nicht aber die Verwirrung und Sehnsucht.

- Die Heftigkeit der Trennungs-/Beziehungsdramatik heute ist durch sichtbare Ereignisse nicht zu erklären.

- Man fühlt sich konfrontiert mit einer „Gleichung mit 7 Unbekannten".

- Es ist kein Weg in Sicht zu einem Happy End.

- Die Sehnsucht und der Wunsch, doch einen heilen Weg zu finden, bleiben lebenslang.

- Gegen alle sich zeigenden Widerstände und unabhängig von anderen Beziehungen gibt es oft ein geheimes, inneres Versprechen, niemals den anderen und die Suche nach einer Lösung aufzugeben.

- Wer „die Lunte gelöscht" hat (sich in Angst/Mut trennt), darf lernen, sich selbst zu vergeben und den „karmischen Zeitzünder" vollständig zu zerlegen, um ihn für immer zu entsorgen – falls er/sie den Hass des anderen, die geistige Steinigung, eigene Retraumatisierung und anderes überebt hat.

Merke:
Andere Beziehungen können niemals die Lücke einer gescheiterten, unglücklichen karmischen Beziehung füllen, bevor diese im Ursprung geheilt und verstanden ist!

Das wahre Geheimnis karmischer Beziehungen – Zusammenfassung karmischer Aspekte

Jede karmische Beziehung hat ihren Ursprung in einer unfreien „verbotenen" Liebe. Die Anziehung der Seelen bleibt über viele Leben bestehen. Immer wieder dürfen sie sich auf ihrer karmischen Reise auch begegnen, um die leidvollen, verdrängten Gefühle zu erlösen. Da diese Liebe aber nie frei war, kann auch eine heutige, neue Begegnung nicht frei sein. Es bedarf dazu der vollständigen Transformation und Heilung dieses Themas auf beiden Seiten.

Zu den Prüfungen dieser Seelen gehören auf ihrer Seelenreise immer wieder auch plötzliche Trennungen durch Krankheit, Unfalltod, Krieg, Gewaltverbrechen und andere Erlebnisse. So wird eine unfreie, „verbotene" Liebe oft noch mit Schocks, Schuldgefühlen und traumatischen Ereignissen geprägt. In Rückführungen ist mir dies immer wieder begegnet. So sind die Seelen eines Tages nicht mehr frei, von Liebe zu sprechen. Zu stark ist über mehrere Leben die Angst des „Verbotes" und Unglücks geprägt. In diesem Schmerz und in unerklärbarer Traurigkeit suchen manche Seelen Wege, ihre Herzensliebe endlich wieder zu befreien, um die Grenzen von „Ich mag dich" zu sprengen. Dies führt zu Trennungen und einsamen Jahren verzweifelter Suche, die kaum jemand wirklich versteht.

Diese Herausforderung kann von den Betroffenen auf „normalem Wege" oft nicht in die göttliche Ordnung geführt werden. Zu oft scheitern diese Klärungsversuche, weil die Verstrickungen zu groß sind und spirituelle Dimensionen nicht hinreichend erkannt und berücksichtigt werden. In ihrer Verzweiflung und tiefen Betroffenheit sucht jede Seele für sich einen Weg, den tiefen Schmerz zu erlösen. Manchmal werden auch gemeinsam neue Wege ausprobiert, die schnelle Hilfe versprechen. Dies endet nicht selten in Ritualen und Formen von Magie, die noch größeres Leid über diese Liebe bringen. Das „ewig wirkende", eigentliche Thema bleibt unverstanden und verborgen. Viele schmerzvolle Erfahrungen und Inkarnationen sind die Folge in einem nicht enden wollenden Kreislauf. Allein die neue, klare Entscheidung vor „Gott/dem Göttlichen": „Ich will da raus" kann hier zu Lösung und Heilung führen. Dieser Weg ist selten kurz, aber er ist der einzige, der langfristig und tief greifend in dauerhafte Heilung und bedingungslose Liebe führt.

Nach meiner Erfahrung kann ein wichtiger Schritt auf diesem Weg sein, mit einem **„Widerruf zur schwarzen Magie“*** eine neue Entscheidung zu treffen. Nur Sie können den Weg für eine göttliche Lösung in diesem Leben frei machen.

*Anleitung siehe „Orientierungshilfen und Übungen“
Heilung erfährt eine solche Verbindung erst dann, wenn beide Partner für sich ergründen, was diese unglückliche Liebe einst entstehen ließ. Dies sollte jenseits von Bewertungen und Schuldzuweisungen geschehen. Aus dem tiefen Wunsch, dieses Leid für immer zu erlösen.

Merke:
Jeder Partner kann unabhängig vom anderen den Weg in die karmische Freiheit beschreiten und sein karmisches Minenfeld, mit geeigneter Hilfe, Stück für Stück frei räumen.

Wenn selbst „Erwachte“ und sogenannte Meister/innen, denen wir begegnen, uns nicht tiefer in die Klärung führen können, ist es an der Zeit, die eigene „Meisterprüfung“ abzulegen.

Diese Informationen haben Ihr Bewusstsein bereits verändert und öffnen neue Wege zu einem selbstbefreiten Leben. Nutzen Sie die Möglichkeit, sich neue Lebensperspektiven zu eröffnen. Bereichern Sie Ihr Leben mit neuer Leichtigkeit und Freude.

Gerne begleite ich Sie dabei, Ihren karmischen Knoten zu lösen.

Herausforderung, Chance und Lösung einer karmischen Liebesbeziehung

Die karmische Beziehung führt einen selber häufig in das tiefste Leiden, eröffnet gleichzeitig aber die Chance, darüber hinauszuwachsen. Die Lösung solch einer Herausforderung ist nur für Menschen möglich, die bereit sind, sich selber bis zur Unerträglichkeit unbequem zu sein.

Der Weg führt durch die tiefsten Schmerzen und Schatten der Seele zum Urgrund von Schuld und Vergebung. Die dunkelste Wurzel aller Beziehungen muss gefunden und geheilt werden, damit, im Göttlichen gesegnet, Beziehung ohne Leiden wieder möglich wird. Selbst der „heiligsten" unserer Beziehungen muss im Angesicht des Göttlichen die karmische Freiheit unschuldiger Bindung gewährt werden. Loslassen aus Einsicht, in tiefer Liebe, führt im Lichte göttlicher Gnade auch karmische Beziehungen zu einer heilende Quelle. Wenn Sie bereit sind, die Verantwortung für all die dunklen Schatten Ihrer Seele zu tragen und Ihr Herz in göttliche Hände zu legen, haben Sie eine Chance. Nutzen sie die Hilfe der Begleiter, die Ihnen an die Seite gestellt werden, damit Sie in den dunkelsten Jahren Ihrer Reise des Lichtes immer gewahr bleiben.

Machen Sie den ersten Schritt, aber erwarten Sie nicht, dass Ihnen jemand Bestimmtes folgt. Manchmal erkennen andere die mögliche Freiheit erst, wenn Sie auf Ihrem Berg die Flagge gehisst haben. Hinterlassen

Sie auf Ihrer Wanderung deshalb – wenn möglich – Zeichen. Manche Pfade sind sehr schmal ...

Orientierungspunkt:
Tiefere Gefühle von Liebe rühren in uns tiefere, ungeklärte Gefühle von Schmerz an. Um den Schmerz nicht fühlen zu müssen, weichen wir oft der Liebe aus, leiden aber trotzdem – meistens wenn wir glauben, dass es keiner sieht. Das wahre Drama karmischer Beziehungen liegt oft in unbekannten Traumastrukturen beider Partner verborgen.

Gedichte zum Thema karmische Beziehung

- **Karmische Beziehung** (s. Anfang Teil 4)
- **Unschuld**
- **Schattenwolken**
- **Ohne Dich**

UNSCHULD

Du kannst nichts dafür,
dass ich die Wand
niederreißen wollte
zwischen unseren Herzen
und der Liebe gefolgt bin,
die sich mir offenbarte
nach vielen Gebeten.
Du kannst nichts dafür,
dass die Schatten so tief
und die Jahre so dunkel sind
seitdem.

Auf dem Weg zu Antworten
kann man leicht verloren gehen
und trifft selten Gefährten
wie Dich –
Du sollst wissen,
dass Du viel kannst
dafür,
dass ich nie aufgebe.

Es gibt schon Löcher
in der Wand,
seit dem Tag,
als ich unsere Liebe
wiederfand
an einem schrecklichen Ort.

Der Schmerz von Trennung
in diesem Leben
soll jedoch der letzte sein

zwischen uns –
jenseits der Schatten
ist noch Licht.

Der Einsatz
ist so hoch wie nie,
doch selbst die Sehnsucht
ist diesmal bereit,
den höchsten Preis zu zahlen,
auch
wenn nicht einmal Du
es verstehst.

Du kannst nichts dafür,
dass ich Dich
noch immer liebe.

20.11.2007

Schattenwolken

Wenn Du wüsstest,
wie sehr
ich Dich vermisse,
wenn Du
nur ahnen würdest,
wie schwer
dieser Weg
zu gehen ist,
wenn Du
nur einen Moment
fühlen könntest,
wie es mir
mit all dem geht,
dann würdest Du vielleicht
begreifen,
dass all Deine dunklen Gedanken
in meine Richtung
es nur
noch schlimmer machen
und unwahrscheinlicher,
dass wir uns je
als wirklich freie Wesen
in tiefer Liebe
neu begegnen.

09.02.2008

Ohne Dich

Nur diesen einen Tag
Überstehen
ohne Dich –
morgen gibt es noch nicht.
Nur jetzt
ohne Dich
atmen,
gehen,
stehen –
schauen,
was ohne Dich
von mir
noch übrig ist.
Nur dieser eine Tag
im dritten Jahr
ist jetzt
noch schwierig –
morgen
gibt es noch nicht.

Weitere Gedichte zum Thema karmische Beziehung finden Sie unter:
http://www.besuca.com/Gedichte.html

Damals, als Deine Mutter starb
Damals und heute
Preis
Prüfung
Engel weinen nicht* – siehe Ende Teil 7

Was könnten Sie für Ihre Beziehungen aus diesem Teil lernen?

Aus diesem 4. Teil wünsche ich mir, dass Sie Folgendes mitnehmen:

Sobald Sie eine Beziehung eingehen, ist diese „karmisch", denn sie ist von Anfang an durch die zeitlose Lehre und die Prinzipien von Ursache und Wirkung bestimmt.

Dies gilt für jede Art von Beziehung, Gemeinschaft oder Interessengruppe. Die Qualität Ihres Beziehungskarmas bestimmen Sie selbst.

Erfahrungen in Ihren früheren Beziehungen prägen Ihre Möglichkeiten, heute einer Beziehung, Gemeinschaft oder Interessengruppe zu begegnen.

Die „Schatten" all Ihrer karmischen Beziehungen bestimmen Ihre Möglichkeiten, persönliche Wünsche, Ziele, Träume zu verwirklichen.

Erfahrungen können verändert werden, wenn der größere Zusammenhang und Sinn verstanden wird.

Eine karmische Beziehung ist im Sinne dieses Ratgebers nicht notwendigerweise mit einer spirituellen Lebensweise oder „esoterischen" Sichtweise verbunden.

Checkliste zu Teil 4 – Was können Sie jetzt konkret tun?

Schritt 4

Klärung Ihrer karmischen Muster

Beziehungen werden häufig von Lebensmustern bestimmt, die wir manchmal schon als solche wiederkehrende Muster erkennen, aber scheinbar nicht verändern können.

Lassen Sie uns bitte einen Blick auf diese, Ihre Beziehungsmuster werfen. Schreiben Sie als Liste alle Punkte, Situationen, Ereignisse, Verhaltensmuster auf, die Sie in Zusammenhang mit Beziehungen an sich schon beobachtet haben. Notieren Sie für diesen Zweck vor allem die Reaktionen und Verhaltensmuster, die Ihnen als unerwünscht, unangenehm, peinlich, unangemessen etc. an sich selbst in Beziehungen schon aufgefallen sind.

Welche Muster tauchen bei Trennungen auf?
Es geht mir nicht um eine Bewertung der einzelnen Punkte, sondern um eine Art Bestandsaufnahme zur besseren Orientierung. Sie können dazu auch die Liste mit den kennzeichnenden Faktoren als Hilfe nehmen. Ich hoffe, mit den bisherigen Informationen konnte ich Ihnen schon helfen, Ihren Blick für wesentliche Faktoren zu schärfen. Schreiben Sie die für Sie

zutreffenden jetzt hier unten auf. Die Beispiele sind als Orientierung und Hilfe gedacht.

Situation/Ereignis/Thema - **Mein Handlungs-/-Beziehungs-muster**

- Thema Kinder/Heirat – Ich weiche aus, fühle mich unwohl, wechsle das Thema oder renne weg.

- Beziehung – Keine Beziehung hält länger als 3 Jahre.

- Immer wenn ich heiraten will – … stirbt kurze Zeit später mein/e Partner/in.

- Immer wenn ich mich verliebe – … beginnen meine Albträume.

- Wenn mir jemand seine Liebe zeigt – … breche ich den Kontakt ab.

- … - …

Das Erkennen und Annehmen „kritischer“ Punkte ist immer der erste Schritt. Ja, so ist es heute. Ich erlaube mir, auch unangenehme Beziehungsmuster ganz konkret beim Namen zu nennen. In dieser Ehrlichkeit bin ich authentisch. So eröffne ich mir neue Möglichkeiten zu verstehen, welche Ursachen und Hintergründe meine Beziehungsmuster haben können.

In dieser Verantwortung und dem Interesse, verstehen zu wollen, sind Veränderungen auch für mich möglich.

Erkennen, deuten und wandeln von karmischen Beziehungen im Alltag

Merke:

Einer karmischen Beziehung geht immer eine Einladung voraus.
Diese Einladung ist an eine Einzelperson, Gruppe oder ein Volk gerichtet.

Sie kennen sicher die Situation, wenn jemand auf der Straße, im Restaurant oder auf einer Party lauthals beginnt, Leute zu beschimpfen, Gäste zu beleidigen oder zudringlich zu werden. Vielleicht führt die Person auch nur ein sehr lautes Selbstgespräch oder beginnt wie ein Alleinunterhalter, eine Geschichte zu erzählen. Wenn Sie sich jetzt an eine ähnliche Situation erinnern, wissen Sie, was ich meine. Auch wenn Sie nicht direkt angesprochen wurden, haben Sie wahrscheinlich gespürt, dass etwas im Raum „schwebt", das eine Reaktion von Ihnen einfordert. Zuhören, weghören, hin- oder wegschauen, stehen bleiben, weiter gehen, sicheren Abstand suchen, aber weiter beobachten, was passiert, mit dem Handy jemanden anrufen, um

sich davon abzulenken oder jemandem genau das mitzuteilen.
Ihre Aufmerksamkeit ist in jedem Fall kurzzeitig gebunden und allein dies zeigt, dass die „Einladung“ angekommen ist. Ein ähnlicher Moment entsteht, wenn eine interessante Person Ihnen interessierte Blicke zuwirft. Dieser erste Moment ist von besonderer Bedeutung.

Wissenschaftlich betrachtet ist jede Einladung die Ursache einer neuen Gleichung mit noch unbekanntem Ergebnis. Da die Einladung bei Ihnen angekommen ist und Ihre Aufmerksamkeit bindet, sind Sie Teil der Gleichung geworden, obwohl Sie dies vielleicht nicht wollten. Karmisch gesehen ist noch nichts passiert. Da von Ihnen noch keine Reaktion (Wirkung/Tun) erfolgte, schwebt nur die Einladung im Raum. Die Gleichung sieht wie folgt aus: Ursache + Wirkung = Beziehungskarma; Einladung + (Ihre Reaktion = 0) = Einladung.

Der erste Moment einer Ursache ist sehr oft neutral! Wie Werbung in Ihrem Briefkasten.

Sie entscheiden jetzt – oft in Bruchteilen von Sekunden –, was Sie damit tun. Ihre Reaktion entscheidet erst, ob und wie Sie mit der anderen Person oder einem Ereignis in Beziehung treten. Ihr Tun ist also der wesentliche Schlüssel, nicht immer die Einladung oder Ursache.

Ihre Reaktion auf etwas oder jemanden, Ihr Tun, Ihre Handlung allein entscheidet, wie es weitergeht. Gerade in zwischenmenschlichen Beziehungen vergessen wir diesen wesentlichen Punkt oft und folgen deshalb immer wieder gleichen Reaktionsmustern. Einige solcher Muster haben wir unbewusst von unseren Eltern oder Großeltern übernommen. Manche wurden durch unseren Widerstand gegen die Familie geprägt. Natürlich gibt es dafür Gründe. Damit Sie viele dieser Gründe verstehen können, habe ich *Das Geheimnis karmischer Beziehungen* geschrieben. Kennen Sie den Spruch „Stell dir vor, es ist Krieg, und keiner geht hin"? Prüfen Sie immer sorgfältig, in wessen „Krieg" Sie ziehen!

Mein Tipp für Ihren Alltag: Zum sofortigen Umsetzen und Anwenden:

Hängen Sie geistig jeder Person oder Angelegenheit, die von Ihnen Aufmerksamkeit einfordert, und jedem Ereignis, zu dem Sie sich gewollt oder ungewollt eingeladen fühlen, das Schild „Einladung" um. Atmen Sie dann in Ruhe zwei- bis dreimal ein und aus. Denken Sie dabei an ein bis drei Ihrer wichtigsten Lebensziele. Fragen Sie sich dann, ob und wie diese Einladung in Ihrem Sinne Zielführung ist oder sein kann. Nehmen Sie weitere zwei bis drei Atemzüge und überlegen Sie in Ruhe, in welcher Form Sie, Ihren momentanen Möglichkeiten entsprechend, auf diese Einladung reagieren. Je öfter Sie dies tun, desto schneller entwickeln Sie ein Reaktionsmuster, das Ihnen auch dann hilft, in Ihrem Sinne zielführend zu handeln, wenn Sie sofort und spontan reagieren müssen.

Ein Ziel von mir ist zum Beispiel: „eine sinnlich-erotische Partnerschaft in bedingungsloser Herzensliebe". Wie passt da jetzt ein Autofahrer dazu, der mich schneidet oder mir die Vorfahrt nimmt? Auf den ersten Blick ergibt diese Begegnung keinen Sinn. Ich lasse ihn deshalb einfach weiterfahren und wünsche eine gute Reise. Warum tue ich das?

Für mich hat dieses Reaktionsmuster folgende Vorteile:

- Ich investiere meine Aufmerksamkeit, Zeit und Lebensenergie nicht in eine neue Beziehung, die mich mit einer Qualität einlädt, die ich nicht teilen möchte.

- Ich verstricke mich nicht in die Geschichte einer Person, die offensichtlich grenzüberschreitend unterwegs ist.

- Ich kann in Ruhe darüber nachdenken, an wen oder was mich die Situation gerade erinnert.

- Bevor ich mich mit fremden Personen neu verstricke, nutze ich lieber die Chance zu entdecken, mit welchen mir bekannten Personen ich noch durch ungeklärte, grenzüberschreitende Erfahrungen verbunden bin.

- Wenn ich alte, grenzüberschreitende Erfahrungen in meiner Lebensgeschichte erkenne und kläre, komme ich meinem persönlichen Lebensziel in Bezug auf Partnerschaft deutlich näher.

- So nehme ich die „Einladung“ der Vorfahrt nehmenden Person als hilfreichen Impuls zur Entdeckung ähnlicher, viel älterer Geschichten, die noch nicht vollständig geklärt sind. Die Erinnerung ist das eigentliche Geschenk der Begegnung für mich. Meine Wünsche für eine gute Reise sind vorab schon der Dank dafür.

Falls Sie, um bei diesem Beispiel zu bleiben, öfter grenzüberschreitende Einladungen bekommen und Ihnen dazu keine ungeklärten Erfahrungen in Ihrer Lebensgeschichte einfallen, gibt es in dieser Geschichte ziemlich sicher einen blinden Fleck. Erlauben Sie sich, diese Erkenntnis als Geschenk und Samenkorn in sich wirken zu lassen. Konkret empfehlen möchte ich Ihnen, bei „blinden Flecken" den folgenden Teil aufmerksam zu lesen.

Wer versteht
was ihn trennt,
muss sich nicht von dem trennen,
was er nicht versteht.

Der Traum von einer glücklichen Partnerschaft führt oft in großes Chaos mit verwirrenden Gefühlen. Häufig entsteht da der Wunsch, noch einmal ganz von vorn anfangen zu können.

Warum nicht?
Lassen Sie uns mit dem Traum noch einmal ganz von vorn beginnen. Bei A wie Anfang.
Sind Sie bereit?

TRAUM A

So traurig
wie nur ein Kind sein kann –
mutig
aus Mitgefühl;
in Unschuld
die gleiche Angst tragend
wie der Mensch,
der darin gestorben ist.
Hilflos bei dem Versuch,
sich zu erinnern,
oder nachts,
wenn Traum A
das Herz vor Panik rasen lässt,
sucht das Kind
ein Leben lang
die Wahrheit,
das Licht
und den eigenen
Erwachsenen.

06.08.2007

Überrascht?
Ja! Wir entdecken ein weiteres Geheimnis karmischer Beziehungen.

TRAUMA

Teil 5 Geheime Schlüssel – Träume - TRAUMA und Sexualität

Jede karmische Beziehung wird im Laufe ihrer Geschichte von vielen traumatischen Ereignissen geprägt, die tief greifende Erschütterungen in der Seele hinterlassen. Jedes erlebte traumatische Ereignis geht einher mit einer seelischen Spaltung, die zum Überleben den traumatisierten Anteil „zurücklassen“ muss. Auch wenn der Überlebensanteil zu unserem Schutz in der Regel die Erinnerung an das Schlimme, das wir erlebt haben, verhindert, begegnet uns diese seelische Spaltung im späteren Leben im Spiegel unseres Daseins und in allen Formen von Beziehungen.

Die Erfahrung einer Partnerschaft, die wir als unvollständig oder unglücklich erleben oder erlebt haben, ist bei tieferer Betrachtung deshalb häufig ein Hinweis auf ein früher erlebtes, heute noch unbearbeitetes Trauma. Jede Trennung weist mit ihrer Kluft auf eine viel ältere Spaltung in uns selbst. Die neuesten Erkenntnisse der Traumaforschung nach Prof. Dr. Franz Ruppert unterscheiden im Wesentlichen 5 Arten der Traumatisierung:

- **Existenztrauma** (vor allem geprägt durch Todesängste)

- **Verlusttrauma** (Verlust geliebter Menschen und wichtiger Bezugspersonen, Verlassenheitsängste)
- **Bindungstrauma** (Verwirrung von Gefühlen, enttäuschte Liebe, Wut ...)

- **Bindungssystemtrauma** entsteht innerhalb des Familiensystems und früherer Generationen u.a. durch vertuschten Inzest, Mord und anderes Unmoralisches in der Familie. Bindung von Opfer und Täter in einem System durch Scham- und Schuldgefühle, Drohungen, Schweigen, Geheimnisse.

- **Symbiosetrauma** entsteht z.B. durch Bindung an Traumagefühle anderer Personen, Aufwachsen mit Traumagefühlen enger Bezugspersonen. Steht eine Mutter z.B. durch eigene Traumafolgen nicht für die Versorgung des Kindes zur Verfügung, versucht ein Kind die Traumagefühle der Mutter zu übernehmen um sie zu entlasten. Dies beginnt oft schon in der Schwangerschaft. Durch dieses Symbiosetrauma überleben Mutter und Kind.

Noch wenig Beachtung finden in diesem Zusammenhang die in der Seele gespeicherten traumatischen Erfahrungen aus „früheren Leben“. Dies mag daran liegen, dass man für solche Untersuchungen den klassisch-wissenschaftlichen Bereich verlassen muss und zusätzliche Faktoren berücksichtigen darf, die aus den Bereichen Spiritualität und Quantenphysik kommen, welche sich noch in der frühen Forschung befinden. Die Traumaforschung selbst ist zudem noch sehr jung und hat mit „diesem Leben“ schon mehr als genug zu tun. Die Aufgabenstellung wird unter Einbeziehung von „früheren Leben“ also deutlich komplexer und erfordert weitreichende Erfahrungen mit dieser sensiblen

Thematik. Vielleicht dürfen wir auch in diesem Leben einfach nur genau genug hinschauen, um auch die „Erbschaften aus früheren Leben“ zu klären. Hier zu forschen wird wohl ein Schwerpunkt meiner Arbeit in den nächsten Jahren sein.

Aus meiner bisherigen therapeutischen Praxis und eigenen Lebensgeschichte wird jetzt schon deutlich, dass Partner karmischer Beziehungen, die von traumatischen Ereignissen „früherer Leben“ geprägt sind, auch in diesem Leben und dieser aktuellen Inkarnation mit traumatischen Strukturen stark belastet sind. In der Kindheit und Lebensgeschichte beider Partner finden sich bei genauerer Betrachtung nicht mehr bewusst erinnerte seelische Spaltungen durch verschiedene, auch aus dem Familiensystem übernommene Formen von Traumatisierungen. Häufig sind Erfahrungen wie

- Gewalt in der Familie
- Verlust anderer Geschwister, auch Zwillinge im Mutterleib
- Tötungsversuch durch Mutter und/oder Vater
- sexueller Missbrauch sowie
  verheimlichter anderer Vater oder andere Eltern
- vor- oder nachgeburtliche Lebensbedrohung, Geburt auf Leben und Tod
- früher Tod von Eltern-Teil, Waisenhaus, Pflegeeltern, als Ursprung zu finden - Die Liste ließe sich beliebig fortsetzen.

Für viele Kinder sind Mutter/Vater/Verwandte wie Atomkraftwerke – je größer der Abstand, desto besser die Überlebenschancen.

Man hat das Gefühl, dass es gefährlich ist, solange es sie gibt; und was sie hinterlassen, beschäftigt noch viele Generationen. „Unfälle“ werden vertuscht oder „waren ja nicht so schlimm“. Vertrauen Sie Ihrem Instinkt, auch wenn viele vieles verharmlosen.

Abstand ist oft die heilsame Folge von gesundem Menschenverstand.

Es geht mir hier aber weniger um die Schuld von anderen, als vielmehr darum, Sie zu unterstützen, Verantwortung dafür zu übernehmen, die eigene „Opferrolle“ zu verlassen, ohne die Wahrheiten des Lebens zu beschönigen. Ich möchte Sie auch darin unterstützen, ein gesundes Gefühl für die Wahrheiten in Ihrem eigenen Leben zu entwickeln.

In Bezug auf Partnerschaft geht es vor allem darum, die Affinität zu „Gefahrenpunkten“ im Ursprung zu erkennen und in Liebe zu erlösen. Je mehr diese Arbeit getan ist, desto stärker werden Sie zu einem Magneten, der Ihren idealen Partner in Liebe anzieht.

Je größer das Chaos in Ihren Beziehungen noch ist, desto weniger Ordnung haben Sie bisher in Ihre persönliche Lebensgeschichte gebracht.

Je größer Ihr gefühlter Abstand zu Ihrem Traumpartner/Ihrer Traumpartnerin noch ist, desto weniger Verantwortung haben Sie bis jetzt für Wahrheit, Klarheit und Liebe in Beziehungen aller Art übernommen. In jedem Fall wird deutlich, wie hilfreich es sein kann,

Ihr Vorgehen sowie bisherige Helfer zu prüfen und zu verändern.

Vielleicht fragen Sie sich jetzt, ob auch Sie von dem Thema TRAUMA betroffen sind, vielleicht sind Sie sich jetzt schon sicher. Ein Kennzeichen für eine erlebte traumatische Erfahrung ist in jedem Fall seelische Verwirrung. Da ist es **hilfreich zu wissen, dass Verwirrung oft die gesündeste mögliche Form in einem Menschen ist, auf seelische Spaltungen hinzuweisen.**

Vielleicht strotzt Ihr Leben nur so vor Widersprüchen, Ungereimtheiten und „Büchern mit 7 Siegeln". Sie können sich an weite Teile Ihrer Kindheit nicht erinnern oder haben bestimmte Bereiche davon vollständig ausgeblendet. Von einem Zimmer sehen Sie in Ihrer Erinnerung zum Beispiel nur die Türe, wissen aber nicht mehr, was dahinter war. Andere Teile der gleichen Wohnung können Sie detailliert beschreiben.

Merke:

Die Gnade eines Traumas liegt im Vergessen. Die Rettung aus unseren Albträumen liegt im Erinnern.

Dieses Erinnern sollte in professioneller, achtsamer und liebevoller Begleitung erfolgen. Von besonderer Bedeutung ist dabei auch die Würdigung und Einbeziehung des Überlebensanteils und seiner Schutzfunktionen, ohne die das Leben mit Erleben der traumatischen Erfahrung oft schon ein frühes Ende im Wahnsinn oder Tod gefunden hätte. Vertrauen Sie also gegebenenfalls Ihrer Verwirrung, widersprüchlichen Gefühlen und schmerzhaften Körpersignalen. Sehen Sie es als gesunden Hilferuf ihrer verlorenen Seelenanteile an, die, wie in einem Stollen verschüttet, mit unerschütterlichem Glauben, alle Hoffnung auf Sie setzen. Ihre strahlende Seele lässt all diese Dinge nur so lange in Ihrem Leben aufleuchten, bis Sie mutig den Zeichen folgen und die Rettungsaktion beginnen. Ich wünsche Ihnen dabei schon jetzt viel Erfolg.

Wenn Sie sich in diesem Ratgeber wiedererkennen und das Gefühl haben, mit einer karmischen Beziehung etwas Wichtiges verloren zu haben, werden Sie in der modernen Traumatherapie nach Prof. Dr. Franz Ruppert sehr wahrscheinlich viele Antworten, Erkenntnisse und sich selbst wiederfinden. Egal was auch immer geschah: Sie sind es wert, geliebt zu werden. Achten Sie die Zeichen Ihrer Partnerschaften und Trennungen. Folgen Sie den Spuren Ihrer Beziehungen zum Grund Ihres Schicksals. Beginnen Sie in diesem Leben.

Sind Sie sich als Mensch und Seele wichtig genug loszugehen? Ich hoffe und wünsche Ihnen von ganzem Herzen, dass die Enthüllung dieses weiteren Geheimnisses karmischer Beziehungen genug Hoffnung und

Mut in Ihnen aktiviert, für das zu kämpfen, was Liebe in ihrer schönsten Form schon immer zu schenken bereit war: Freiheit!

Manchmal ist es gut, innezuhalten, doch wann immer Sie zögern, ängstlich sind oder zweifeln – erinnern Sie sich an diese Worte:

Die Wege der Fluchten und des Vergessens werden mit jedem Jahr enger und unwegsamer.
In der Sackgasse am Ende ihres Lebens bleibt auf dieser Spur für einige Menschen oft nur noch eines zu vergessen übrig: Ihr Name.

In der Medizin würde man die Symptome dieses letzten **Fluchtpunkt**es **Demenz** nennen.

Vielleicht schreiben Sie ihn auf, solange Sie sich noch daran erinnern.

Hier ist Platz dafür:

Ihr Vorname

Ihr Nachname

Ich weiß, Sie betrifft das wahrscheinlich nicht, aber zur Vollständigkeit, Klarheit und zum besseren Verständnis anderer Menschen möchte ich es hier erwähnen:

Jedes Mittel, das hilft, Symptome des Körpers (Schmerzen aller Art ...) oder der Seele (Depressionen etc.) vergessen zu lassen, führt langfristig natürlich zum gleichen Fluchtpunkt geistiger Umnachtung, denn dort sind die Schatten am größten.

So lange Traumafolgen und deren Symptome als Krankheit diagnostiziert und katalogisiert werden, muß das Trauma selbst nicht behandelt werden. Dies ist eine wirtschaftlich sehr erfolgreiche Methode, um sich lebenslang Patienten zu sichern, die nie wirklich gesund werden. Natürlich unterstützt dies perfekt unsere eigenen Überlebensmechanismen, die uns davon ablenken, jemals die wahre Ursache zu erkennen und zu benennen.

Wer ein Leben lang nicht wirklich hingeschaut hat, die Wahrheit nie wirklich sehen wollte, schaut am Ende des Lebens in den Spiegel der Wahrheit, ohne ihn zu sehen oder zu verstehen. Für viele Menschen bleibt so die Wahrheit wie gewünscht im Dunkeln, denn die Seele schaltet irgendwann einfach das Licht aus. Bis ein neuer Tag anbricht, in einer anderen Inkarnation, ist alles vergessen. Nur die Seele erinnert sich und der Körper spürt den Schmerz alter Wunden. Sehr schnell fügt das „neue Leben" ähnliche, neue Wunden hinzu, denn die Seele ist noch immer verstrickt in ihrer karmischen Beziehung zum Leben. Ich hoffe, Sie nutzen schon dieses Leben, denn so nah waren Sie wahrscheinlich noch nie dran an der Wahrheit Ihrer persönlichen karmischen Geschichte.

Im Idealfall haben Sie einen Partner an Ihrer Seite, der wie Sie bereit ist, seine eigenen seelischen Spaltungen und Traumata anzuschauen und aufzulösen. Im gegenseitigen Verständnis kann eine tiefe Liebe helfen, solche großen Herausforderungen auf gesunde Weise zu meistern. Bitte lassen Sie sich Zeit auf diesem Weg. Traumatherapie ist ein Weg der kleinen, sicheren Schritte. Dies liegt nicht an der Unfähigkeit von Therapeuten, sondern an den besonderen Schutzmechanismen der Traumastrukturen. Der Weg folgt einer inneren Logik, die schnell Hoffnung und Mut macht, weiterzugehen. Auch wenn man die einzelnen Schritte nicht immer versteht, spürt man eine Kraft, die zu mehr Klarheit und Wahrheit führt.

Geduld wird auf diesem Weg belohnt mit einem neuen Gefühl für sich selbst und das Leben.

Orientierungspunkt:
Da jedes Trauma bis zur bewussten Integration eine Entfremdung von der eigenen Person bedeutet, geht der Weg zu einer freudvollen Liebesbeziehung in erster Linie über die Aufarbeitung der eigenen Lebensgeschichte. Dabei werden eigene Verstrickungen und die Ursachen für manches „Unglück" in Beziehungen klarer und verständlicher.

Wer sich so Schritt für Schritt dem Urgrund seiner fühlenden Seele wieder nähert, berührt die eigentliche Dramatik und Wahrheit von Beziehungen in allen Lebensbereichen und Leben.

Die moderne Traumatherapie und Traumaaufstellung kann hier einen wertvollen Beitrag leisten.

TRAUMA und Fremdenergien

Traumatische Strukturen haben sehr starke Ähnlichkeit mit magisch-rituellen Bindungen wie Flüchen und anderem. Wenn Sie also nach rituellen Ablösungen zu diesem Thema, immer noch das Gefühl haben, es sei alles „wie verhext", dann empfehle ich Ihnen in jedem Fall eine Traumatherapie. Wenn Fremdenergien in Ihrem Leben ein Thema sind, gibt es wahrscheinlich durch Fremdbestimmung verursachte Traumata, die noch nicht oder noch nicht vollständig bearbeitet sind.

Manche Trauma-Strukturen zeigen sich in Ihrem Leben vielleicht auch als „Dämon" – „verlorene Seelen" oder andere Formen von Fremdenergien. Auch mir sind durch TRAUMATA abgespaltene Seelenanteile schon als „Fremdenergie" gegenübergestanden. Da wir oft Jahrzehnte von solchen Seelenanteilen getrennt sind, ist es völlig normal und logisch, dass uns diese Anteile fremd erscheinen! Umgekehrt ist dies nicht ganz so, aber ähnlich. Die meisten abgespatenen Seelenanteile wissen, dass sie zu uns gehören. Sie zeigen sich oft aber richtig aggressiv, gekränkt, sauer und misstrauisch, weil sie glauben, wir hätten sie bewusst verlassen und absichtlich zurückgelassen. Warum das so ist?

Durch TRAUMA abgespaltene Seelenanteile haben von dem Rest des weiteren Lebens nach dem traumatischen Ereignis praktisch nichts mitbekommen. Sie sind in der Entwicklung stehen geblieben und fühlen sich wie ein Kind, das Sie irgendwo in einem riesigen

Supermarkt einfach haben stehen lassen. Tiefe Traurigkeit und Depression sind oft die Wellen von Verzweiflung und Erschütterung dieses noch lebenden, aber von Ihnen seit damals getrennten „Kindes", mit dem Sie über das TRAUMA noch verbunden sind. Deshalb ist gegenseitiges Kennenlernen und Aufbauen von Vertrauen oft in mehreren Schritten notwendig, bevor eine „Wiedervereinigung" vollständig erfolgen kann.

Die Wahrheit über den Dualseelen-Mythos

Häufig diskutiert, aber selten gut erklärt wird in der sogenannten „spirituellen" und „Esoterik"-Szene ein Thema, das Ihnen bestimmt auch schon begegnet ist: Dualseelen. Verkürzt gesagt läuft nach der Dualseelen-Theorie irgendwo ein anderer Teil von uns in Form einer anderen Person herum, mit der wir die ideale aller möglichen Partnerschaften eingehen könnten – vorausgesetzt wir finden diesen zweiten Teil von uns in irgendeinem Leben. Mit viel Glück vielleicht schon in diesem.

So weit, so gut. Zugegeben, eine sehr romantische Vorstellung. Wie sieht es in der Praxis aus und was können wir aus dem Leben lernen?

Lassen Sie uns den romantischen Schleier heben und das Geheimnis der Dualseelen lüften! Wenn die Theorie recht hat, warum scheitern dann häufig Beziehungen oder kommen gar nicht zustande, wo ein

Partner glaubt, die „Dualseele“ gefunden zu haben? Interessiert? Ich verrate es Ihnen.

Im Gegenüber begegnet Ihnen als Partner ein Mensch, der ähnliche Seelen- beziehungsweise Persönlichkeitsanteile wie Sie abgespalten hat und Ihnen deshalb sehr vertraut erscheint. Partnerschaft gelingt hier nicht, da keiner von beiden die jeweils eigenen abgespaltenen Anteile ersetzen kann! Diese Illusion wird von „göttlicher Ebene“ und dem Widerstand des eigenen Seelenanteiles, zu dem wir den Kontakt verloren haben, immer wieder zerstört, damit keiner von beiden aufhört, nach dem „wahren“ zweiten Teil der eigenen Persönlichkeit zu suchen.

Merke:

Der um Hilfe rufende, rebellierende, zurückgelassene Seelenanteil von uns und der Seelenanteil vom anderen Partner wird alles tun, was notwendig ist, um uns daran zu hindern, mit der falschen „Dualseele“ zu verschmelzen.

Die Dualseele, die wir suchen, ist ein abgespaltener Seelenanteil von uns selbst!

Immer dann, wenn Sie das Gefühl haben, Ihrer Dualseele in Form eines anderen Menschen begegnet zu sein, wird das Leben Sie eines Besseren belehren. Phänomene, wie sie hier in diesem Ratgeber beschrieben sind, werden Ihr Leben bestimmen, bis Sie die ernsthafte Suche nach dem wahren Dualseelen-Anteil aufgenommen haben. Wenn Sie irgendwann Ihren eigenen, durch Trauma abgespaltenen Seelenanteil wieder in die Arme nehmen können, werden Sie verstehen, warum ich hier mit Freude diese Illusion der klassischen Dualseelen-Theorie auf den Boden der Tatsachen hole.

Ich vermute, dass diese Theorie von Menschen entwickelt wurde, die damals zwar schon auf der Suche nach einem von ihnen selbst abgetrennten, verlorenen Anteil waren, den Zusammenhang mit ihrer eigenen Traumatisierung aber noch nicht erkennen konnten.

Orientierungspunkt:
Bei Trennung von „karmischen“ Beziehungen verlieren Sie nicht Ihre „Dualseele“, sondern einen Menschen mit einem ähnlich schweren Schicksal, dessen traumatische Strukturen Ihren eigenen sehr ähnlich sind. Im „Doppelpack“ führt so eine Begegnung neben der Faszination häufig zu viel Kummer, Leid, Verwirrung und Verzweiflung. Solange die Traumata nicht verstanden und gelöst sind, ist Glück hier selten und von kurzer Dauer.

Zur Klärung von partnerschaftlichem Schicksal begegnen sich zwei verschiedene Seelen immer wieder in neuen Konstellationen über viele Leben. Die gegenseitig starke Anziehung entsteht vor allem durch ungeklärtes gemeinsames Schicksal und selbst erschaffene, ewige Bindungen wie Schwüre, Gelübde und Versprechen zur ewigen Treue und Liebe, die bis heute wirken. Diese Schicksalsgemeinschaft verliert häufig den Zugang zur bedingungslosen Liebe und wird trotz Anziehung, Faszination und großer Vertrautheit immer stärker mit der eigenen Unfreiheit konfrontiert, deren wahrer Ursprung nicht mehr erinnert wird. Die Phänomene dieser karmischen Beziehung bleiben den Betroffenen und vielen Beratern meist ein Rätsel.

Nach meiner Einschätzung entstand aus Unkenntnis der wahren Zusammenhänge die Beschreibung eines Beziehungsbildes, das mit dem Begriff Dual- oder Zwillingsseele eine Theorie und Zuordnung gefunden hat, die weder zutreffend noch für Betroffene hilfreich ist. Ich spreche hier von karmischen Beziehungen und möchte Sie einladen, sich von einer eventuell vorhandenen Fixierung auf eine Dualseele zu lösen. Dieses Modell bindet Sie an eine Abhängigkeit, die nicht Ihrer göttlichen Freiheit entspricht.

Leider ist vielen spirituellen Beratern, Medien, Hellsehern und Kartenlegern nicht bewusst, was für seelische Konflikte sie bei Kunden und Klienten auslösen, wenn sie im Zusammenhang von Beziehungskonflikten und Trennungen den anderen/die andere als Dual- oder Zwillingsseele bezeichnen. Für Betroffene geht demnach nicht nur eine karmische Beziehung auseinander, sondern es zerbricht die einzig wahre und einzig mögliche Form, ultimatives Glück zu erleben. Was bleibt, ist ein sehr beratungsbedürftiger und treuer Kunde für die oben genannte Gruppe von Beratern.

Erlauben Sie mir folgende Fragen:
Dient dieses Konzept wirklich Ihrer persönlichen Unabhängigkeit und Freiheit?

Wie lange wollen Sie noch Opfer eines Mythos sein, den die Erfinder selber nicht ausreichend verstanden haben?
Vertrauen Sie lieber Ihrem eigenen Gefühl. Wenn Sie spüren, dass es etwas gibt, das von Ihnen getrennt ist

und zu Ihnen gehört, können Sie davon ausgehen, dass dies nichts mit einer anderen Person oder Dualseele zu tun hat. Freuen Sie sich darüber, dass das feine Band zwischen Ihnen und einem von Ihnen abgespaltenen Seelenanteil noch besteht und spürbar ist. Hier lohnt es sich, mit aller Kraft und Ausdauer in die eigene Verantwortung zu gehen, um mit einer Person Ihres Vertrauens die Geschichte Ihrer seelischen Spaltung zu verstehen und in eine neue heilsamere Ordnung zu bringen.

Merke:

Die klassische Dualseelen-Theorie ist eine klassische Fluchtprojektion auf eine andere Ebene (anderer Partner, andere Dimension ...) mangels anderer Einsichten. Im wahren Kern enthält sie als Thema die Abspaltung und Trennung von einem anderen Seelenanteil, der „Dualseele“. Aber wie so oft im wahren Leben ist es am Ende kein anderer, sondern wir selbst, dem wir begegnen dürfen. Das wahre Geheimnis von Dualseelen entpuppt sich als die Suche nach einem durch Trauma abgespaltenen Seelenanteil von uns selbst.

Diese Sichtweise birgt nicht die Gefahr einer unglücklichen Fixierung auf etwas Unerreichbares. Sie gibt einen verständlichen Rahmen und neuen Bezug zu Ihrem Leben, auf den Sie ganz konkret Einfluss nehmen können. Sind Sie dafür wirklich bereit?

Falls Sie meinen Ausführungen folgen möchten, führt Sie das zu einer neuen Möglichkeit, die Freiheit Ihres Lebens zu gestalten. Sie enthält ganz andere Chancen, einem Partner/einer Partnerin zu begegnen, mit dem/der Sie die schönste Zeit Ihres Lebens verbringen. Das Glück in der Beziehung wird hier von Ihrer eigenen, inneren Ganzheit bestimmt.

Identitätsverwirrung, Zwillinge und die Überforderung des Partners

Menschen, die schon im Mutterleib von den Traumagefühlen der Eltern überflutet werden und diese zwangsweise als ihre eigenen Gefühle annehmen, haben später sehr große Schwierigkeiten herauszufinden, wer sie selber wirklich sind und was sie im Leben wirklich wollen. Bevor sie sich klar für einen Lebenspartner entscheiden können, der wirklich nur ihren eigenen Bedürfnissen entspricht, ist es notwendig, die Vermischung mit den Gefühlen und Identitäten der Eltern aufzulösen. Spätestens wenn Ihnen auffällt, dass Ihr Partner/Ihre Partnerin mehr Mamas oder Papas Liebling ist als Ihr Liebesglück, sollten Sie stutzig werden.

Sie haben dann mit den Identitätsanteilen Ihrer Mutter beziehungsweise Ihres Vaters Ihren Partner/Ihre Partnerin ausgesucht. Der Teil Ihrer Person, der Sie wirklich selber sind, war unter Umständen an der Wahl Ihres Partners/Ihrer Partnerin gar nicht beteiligt oder hatte nur das eingeschränkte Mitspracherecht eines Kindes, das auch als Erwachsener noch immer Mamas oder Papas Liebling sein will!

Bei Zwillingen ist es häufig so, dass jeder der Zwillinge den anderen für sein eigenes Ich oder einen Teil davon hält. Daraus entstehen natürlich Ängste, ohne den anderen Zwilling nicht vollständig zu sein und nicht leben zu können. Diese Ängste werden später manchmal auch auf den Partner übertragen, der damit in der Regel vollkommen überfordert ist. Auch hier ist es für beide Zwillinge wichtig, ein Gefühl für die eigene, unabhängige Identität und Existenz zu erarbeiten. Zwillinge dürfen einen klaren Bezug zu sich selbst als eigenständiges Wesen entwickeln, sonst laufen sie Gefahr, einen Partner zu heiraten, der eigentlich besser zu dem anderen Zwilling passt. Unbewusst versucht nämlich die noch vermischte Zwillingsidentität, mit einem Partner die Zwillingssymbiose fortzusetzen, und zieht dadurch einen Partner an, der dem anderen Zwilling entspricht. Dies führt aber selten zu dauerhaftem Glück, weil der eigene Wesensteil sich zu Recht dabei betrogen fühlt.

Weitere Aspekte zu Zwillingen:

- Zwillinge „schaffen“ sich ein Gegenüber, damit wenigstens einer da ist – wenn die Vernachlässigung durch die Eltern („keine Zeit“, überfordert o. Ä.) schon abzusehen ist.

- Zwillinge „schaffen“ sich ein Gegenüber, weil sie allein, in dem Familiensystem, in das sie geboren wurden, nicht überleben könnten – hier wird oft der Zwilling zum „wissenden Zeugen“ von traumatisierenden Ereignissen und helfenden Strohhalm, um zu überleben.

In meiner Weiterbildung zur Traumaaufstellung wurde ein interessanter Gedanke geäußert, den ich hier mit Ihnen teilen möchte. Bei eineiigen Zwillingen findet vielleicht schon eine Trennung im Mutterleib statt, weil die Überflutung mit Traumagefühlen der Mutter zur Spaltung führt. Das Thema seelische Spaltung und Trauma wäre solchen Zwillingen damit quasi schon in die Wiege gelegt. Die innere, seelische Spaltung der Mutter wird praktisch durch die Kinder im Außen deutlich und sichtbar. Damit setzt sie sich jedoch auch wieter fort, in der Regel ohne wirklich erkannt zu werden.

Dies lässt sich natürlich nicht verallgemeinern, doch ich kenne Zwillinge, bei denen dies genau so ist. Falls Sie selbst ein Zwillingskind sind, haben Sie mit diesen Anhaltspunkten vielleicht Ihre „Stecknadel im Heuhaufen“ gefunden und somit einen weiteren „Aha-Moment“.

Vor allem möchte ich Ihnen aufzeigen, wie komplex seelische und menschliche Verstrickungen sein können, noch bevor überhaupt die Themen Liebe und Partnerschaft im Bewusstsein eine Rolle spielen. Wie Ihre Beziehung zum Leben vor Ihrem ersten Atemzug und danach geprägt wurde, ist deshalb für Ihr späteres Liebesglück von ausschlaggebender Bedeutung. **Die Tragik einer karmischen Beziehung hat oft ihren Ursprung in einem vergessenen Drama der Kindheit.** Ihre Kette von unglücklichen Beziehungen findet durch die Impulse dieses Ratgebers hoffentlich bald ein glückliches Ende, auch wenn diese Impulse „nur" die Samen zu den Früchten darstellen, die Sie sich noch selbst erarbeiten dürfen.

„Karmische Beziehung“ mit einem im Mutterleib verlorenen Zwilling

Wissenschaftliche Untersuchungen der letzten Jahre haben gezeigt, dass viele Menschen ihren Zwilling bereits im Mutterleib verlieren, ohne je davon zu erfahren. Selbst wenn von Ärzten oder Hebammen gesehen wurde, dass es da noch jemanden gab, wird dies leider – meistens aus falscher Rücksicht – verschwiegen. Hier begegnen wir einer weiteren karmischen Beziehung, die schweres Schicksal teilt, meist im Verborgenen. Dieser Verlust spiegelt sich häufig auch in Partnerschaften wider, bis der überlebende Zwilling den Ursprung seines Unglücks erkannt und bearbeitet hat.

Mit der wichtigen Trauerarbeit und „Korrektur“ des Familiensystems ist für die betroffenen Zwillinge vor allem wichtig, sich selbst das Leben und die Liebe ohne Schuldgefühle neu zu erlauben. Dann müssen sie über Partnerschaften nicht immer wieder neue Trennungen kreieren, um über dem Schmerz dem verlorenen Zwilling „nahe“ zu sein. Hier wird es auch wichtig, die Mutter als Teil dieser karmischen Beziehung anzuerkennen und in die Aufarbeitung einzubeziehen. Oft bestehen hier unbewusste Vorwürfe und Schuldzuweisungen an die Mutter.

Mögliche Anhaltspunkte für einen im Mutterleib verlorenen Zwilling:

- Ihr Partner kann noch so wundervoll sein, Sie haben immer das Gefühl, dass Ihnen etwas fehlt.

- Sie arbeiten für zwei, haben aber das Gefühl, nur für ein halbe Person zu verdienen.
- Bei Büchern oder Filmen, wo es um Zusammenführung/Wiedersehen von Familienmitgliedern geht, reagiert etwas in Ihnen ungewöhnlich stark.

- Sie könnten eigentlich glücklich sein, aber Ihre Depression und innere Sehnsucht nach etwas Ihnen Unbekanntem begleitet Sie hartnäckig wie ein dunkler, trauriger Schatten.

- Sie fühlen sich schuldig, seit Sie denken können, wissen aber gar nicht, wofür.

- Irgendetwas in Ihnen klagt die Mutter an, es gibt dafür aber keinen sichtbaren Grund.

- Sie haben immer wieder das Gefühl, dass zwischen Ihnen und Ihrer Mutter ein unausgesprochenes Geheimnis steht.

Das interessiert Sie mehr? **Hier ein Buchtipp:** *Das Drama im Mutterleib* von Alfred R. und Bettina Austermann, Königsweg Verlag, 2006

Vielleicht sind auch Geschwister bei Ihrer Mutter oder Ihren Großeltern verloren gegangen oder abgetrieben worden, von denen Sie nichts wissen. Dadurch können sich ähnliche Gefühle als Anhaltspunkte zeigen.

Kein Partner/keine Partnerin kann ein Glück mit Ihnen teilen, das Sie sich selbst noch nicht erlauben können, weil ein Teil von Ihnen noch im Schmerz und Schock über den Verlust Ihres Zwillings gefangen ist. Für die Seele, die den Tod eines Zwillings miterlebt, ist dies eine traumatische Erfahrung. Die seelische Verstrickung mit einem anderen ungeborenen oder früh verstorbenen Geschwister kann ähnliche Auswirkungen haben. Da die Nachprüfbarkeit schwierig ist, besteht hier natürlich die Gefahr, die Sehnsucht, nicht mehr allein zu sein, mit einer illusionären Geschichte zu füllen. Für diese „heile Welt“ muss im klassischen Familienstellen mangels anderer Antworten manchmal auch ein „illusionärer Zwilling“ herhalten. Alle sind glücklich, weil sie der Lösung glauben wollen, und niemand merkt, dass dieser „geratene Zwilling“ in Wirklichkeit nicht existiert. Dieses Risiko von experimentellen Verfahren wird immer wieder unterschätzt. Ich empfehle deshalb, gerade solche Ergebnisse zu überprüfen, bevor Sie ein entsprechendes Lösungsbild verinnerlichen.

Das „Problem“ ist hier nicht der Zwilling an sich, sondern das oft noch bestehende TRAUMA durch den Verlust. Ob Ihre Lebens- und Partnerschaftsprobleme mit dieser Thematik wirklich zusammenhängen, können Sie also nur herausfinden, wenn Sie überprüfen, ob ein Verlust-/ Bindungstrauma mit einem Zwilling tatsächlich besteht und in welchem Ausmaß Sie davon berührt sind. Darin sind die meisten „Aufsteller“ und Therapeuten jedoch nicht geschult.

Manchen Menschen hilft auch eine Lüge, um weiterzuleben; doch meistens bleibt ein fader Geschmack zurück und das Lebensglück bleibt unvollständig. Lügen, Geschichten und Heile-Welt-Fantasien sind Teile eines Überlebensmechanismus, der gewohnt ist, sich die Wahrheit so zurechtzubiegen, dass er neue Kraft daraus schöpfen kann. Dies sollte Ihnen immer bewusst sein. Dieser Teil folgt tausendmal lieber einer Illusion, als zum Kern einer schmerzvollen Wahrheit vorzudringen.

Ich weiß nicht, welche Informationen in diesem Ratgeber für Sie wirklich wichtig sind und welche verborgenen Wahrheiten Ihrem Leben zugrunde liegen. Vertrauen Sie einfach Ihren emotionalen Reaktionen auf bestimmte Informationen und folgen Sie diesen Gefühlen zum Ursprung der für Sie damit verbundenen Wahrheit. Bleiben Sie auf gesunde Weise kritisch und lassen Sie sich von niemandem Dinge einreden, die Sie nicht wirklich fühlen.

Orientierungspunkt:

Methoden und Techniken sind bei der Erforschung eigener Lebenswahrheiten nur hilfreich, wenn sie Ihrer Seele dienen. Der „Geist“ liebt es, mit mentalen Techniken davonzurennen und bemerkt oft nicht, dass er die Seele dabei zurückgelassen hat. Ihre Seele kennt die Wahrheit und Ihr Körper als Gefäß ist damit immer in Resonanz. Signale Ihres Körpers führen Sie deshalb auch immer zu den Wahrheiten und noch verborgenen Geheimnissen Ihres Lebens.

Niemals

Wie kann das sein,
frage ich mich.
Wie können Eltern
so etwas zulassen
und tun?

Niemals
schreit das Kind
in mir
und doch
zuckt der Körper,
nachts,
wenn er sich
erinnert.

21.12.2009

Träume – Trauma und Sexualität

Überall da, wo eine Traumatisierung durch sexuellen Missbrauch entstanden ist, können immer wieder auch Träume mit sexuellem, oft verwirrendem Inhalt auftauchen, die ein Verbot berühren. Dies ist oft sehr irritierend und unverständlich, im Besonderen, wenn wir in einer sexuell erfüllten Beziehung sind. Gleiches gilt natürlich analog für erlebte Gewalt, Sadismus, Quälerei und Ähnliches.

Vielleicht helfen Ihnen die folgenden Informationen, eigene Erfahrungen in einem neuen Zusammenhang zu betrachten und neue Wege zu gehen, um eine größere persönliche Freiheit durch die Wahrheit über Ihre Kindheit zu erlangen.

Um sich selbst und diese komplexen Zusammenhänge besser verstehen zu können, sollten Sie vorher Folgendes wissen:

Ein Kind muss all das, was es durch oder mit wichtigen Bezugspersonen erlebt hat, für „gut" halten und in Liebe hinnehmen, da alles andere die Bedrohung seines Lebens bedeuten würde. In seiner Hilflosigkeit und Abhängigkeit würde kaum ein Kind die Wahrheit von Gewalt und sexuellem Missbrauch überleben. Auch als Erwachsene brauchen wir Beistand, Hilfe und „Zeugen", um zu den Wahrheiten familiärer Tabus und eigener Traumatisierungen zu gelangen.

Vielleicht haben Sie als Mann Träume, in denen Sie mit Ihrer Schwester/einem Bruder/Freund/unbekannten Mann Zärtlichkeiten austauschen, sexuell stark erregt sind und gemeinsam diese Sexualität bis zur körperlichen Vereinigung mit Orgasmus erleben und trotz Irritation genießen.

Vielleicht haben Sie als Frau Träume, in denen Sie mit Ihrem Bruder/einer Schwester/Freundin/unbekannten Frau Zärtlichkeiten austauschen, sexuell stark erregt sind und gemeinsam diese Sexualität bis zur körperlichen Vereinigung mit Orgasmus erleben und trotz Irritation genießen.

Hier können folgende mögliche Zusammenhänge eine Rolle spielen:

- Sie erinnern sich über Ihre Träume an eine in früherem Leben sehr intensive, auch sexuelle Beziehung zu einer Person, der Sie in diesem Leben – in anderer Konstellation – wieder begegnet sind. Dies deutet auf eine klassische Form karmischer Beziehung mit allen Lernaufgaben und Möglichkeiten hin. Der Wahrheitsgehalt dieser Version lässt sich gegebenenfalls über Rückführungen klären, sollte aber immer mit den realen Kindheitserfahrungen dieses Lebens überprüft werden, um eine Fluchtprojektion in andere Welten oder Leben auszuschließen.

- Sie haben als Kind miterlebt, wie Ihre Mutter vergewaltigt wurde, oder Ihre Mutter wurde bereits vor der Schwangerschaft mit Ihnen durch eine Vergewaltigung traumatisiert – eventuell sind Sie das Kind aus der Vergewaltigung. Sie sind dann im Trauma Ihrer Mutter aufgewachsen und haben dies gespeichert. Sie sind quasi ein vergewaltigtes Kind und tragen gleichzeitig die Energie des Vergewaltigers in sich (Opfer- und Täterstruktur).

- Sie sind bereits in der Schwangerschaft mit den Traumagefühlen Ihrer Eltern überflutet worden, die diese unter Umständen bereits von ihren Eltern (Ihren Großeltern) übernommen haben.

- Sie haben als Kind miterlebt, wie Ihr Vater vergewaltigt wurde,

- Sie haben als Kind miterlebt, wie Ihre Schwester/Ihr Bruder sexuell missbraucht wurde.

- Sie sind selbst sexuell missbraucht worden und haben dabei gelernt, Ihren Körper zu verlassen (Dissoziation), um dies nicht spüren zu müssen. In Ihrer Erinnerung ist es so, als ob „es" mit jemand anderem passiert.

Wenn das eigene zu fühlen unerträglich wird, gehen wir innerlich davon weg. Ohnmacht und Dissozation sind zwei bekannte Überlebensmechanismen die Ihnen bestimmt auch vertraut sind. Nach Aktivierung dieser Schutzfunktion wird von einem weiteren „Überlebenssystem“ alle Aufmerksamkeit und Wahrnehmung auf das Umfeld, die Situation, die Bedrohung, die Gefühle der Täter, etc. ausgerichtet. Wir sind selbst gefühllos, fühlen über unser „Radarsystem“ aber alles andere überdeutlich. Dies ist die einzige Chance, einen Lösungsweg zu finden oder mit zu bekommen, wann die Gefahr vorbei ist.
Da wir uns selbst quasi aus dem Geschehen ausblenden, bleibt auch in späterer Erinnerung nur „das andere“ sichtbar und fühlbar. Dies führt oft zu jahrelangen Gefühlsverwirrungen, Wahrnehmungen und Träumen, die wir nicht verstehen.

Falls Sie selbst ein traumatisierendes Ereignis erlebt haben, kann dies in späteren Beziehungen dazu führen, daß Sie zum Beispiel stärker mit den Gefühlen und traumatisierten Anteilen Ihres Partners/Ihrer Partnerin (gegenseitige Anziehung) in Kontakt sind, als mit Ihren eigenen Gefühlen. Hier sind Missverständnisse und Schwierigkeiten vorprogrammiert. Sie fühlen zum Beispiel was die traumatisierten Anteile Ihres Gegenübers gerade bräuchten und haben deshalb große Schwierigkeiten, sich auf eine erotische Annäherung einzulassen. In anderen Momenten ist dies vielleicht genau umgekehrt. Hier gibt es natürlich viele Varianten.

Wieso zeigen Ihre Träume oft Situationen, die so nicht passiert sind und so auch nicht Ihren Wünschen entsprechen?
Warum erleben Sie sich im Traum als aktiv handelnde Person, die etwas mit Spaß auslebt, das Sie so nie tun würden?
Warum erleben Sie die Bilder und körperlichen Gefühle so real und intensiv?

Sie waren „live" dabei oder haben es empathisch sehr intensiv miterlebt. Über eine Ihrer Bezugspersonen als Kind (Vater, Mutter, Onkel, Tante ...) sind Sie ganz und gar in die Situation oder gespeicherte Erinnerung eingetaucht und erleben diese Situation in Ihren Träumen noch heute so real, als wären Sie und nicht die Bezugsperson die aktive Person gewesen. Auch Ihre Körperempfindungen können dabei intensiv von der gleichen Lust durchströmt sein, die eine Ihrer Bezugspersonen damals erlebt hat. Da die kindliche Beobachtung fast immer vollständig, intensiv und ungefiltert ist, gibt es in der kindlichen Vorstellung keine Trennung zwischen dem beobachteten und dem erlebten Ereignis. Durch die besondere Verbindung zu nahestehenden Bezugspersonen verstärkt sich dieser Eindruck noch. Hier wirkt eine komplexe Vermischung von Schock, Verwirrung und Faszination. Oft entstehen noch irrationale Schuldgefühle, es nicht verhindert zu haben, oder, noch schlimmer, die Idee, selbst Anlass und Auslöser dafür gewesen zu sein.

Der Umstand, diese sexuellen Träume nicht abstellen zu können, ist später oft noch von eigenen Scham- und Schuldgefühlen begleitet, wenn der Genuss an

der Kraft sexueller Erregung, Nacktheit und körperlicher Vereinigung trotz aller Irritation nicht zu verleugnen ist.
Hinzu kommt als Phänomen, dass viele Menschen in lebensbedrohlichen Situationen lernen, Ihren Körper zu verlassen, um den gewaltsamen Umgang anderer mit ihrem Körper nicht spüren zu müssen. In der Erinnerung dieser Menschen ist es dann so, als ob „es“ jemand anderem passiert. Das bedrohliche Ereignis wird aus der Position eines Beobachters miterlebt oder vollkommen ausgeblendet durch geistige Flucht in eine Fantasiewelt.

Ein Einzelkind hat kein Geschwister als mitfühlenden Zeugen an seiner Seite und gibt sich oft selbst die Schuld an der „Bestrafung“ und Folter durch andere. So entwickelt jedes Kind eigene Strategien, um zu überleben und sich sein Erleben zu erklären. Haben Sie schon eine Idee, wie Sie Ihre „glückliche Kindheit“ überlebt haben?

Wenn Sie mir etwas mehr von sich erzählen, kann ich Ihnen helfen, es herauszufinden. Eines kann ich Ihnen aber schon jetzt mit Sicherheit sagen und mit auf den Weg geben. Dem kleinen Kind, das Sie damals waren, haben jegliche Strukturen gefehlt, dieses sich eventuell über Jahre wiederholende Ereignis einzuordnen. Dass Ihre Bezugsperson so etwas tut, ist zudem so unglaublich und lebensbedrohlich, dass es aus Ihrer Welt und Vorstellung komplett gelöscht werden muss. Dies ist eine Schutzfunktion und ein Überlebensmechanismus.

Was bleibt, ist zum Beispiel die Erinnerung an Ihre Liebe zu Ihrer Schwester/Ihrem Bruder und Ihr vollständiges Erleben der Sexualität mit dieser Person. In der kindlichen Einordnung entwickelt sich über Träume daraus, als einzig mögliche „akzeptable" Verbindung, eine Paarbeziehung zwischen erwachsenen Geschwistern. Dies berührt auch ein Verbot, bedroht aber nicht die Abhängigkeit von der frühkindlichen Bezugsperson.

Hinzu kommt, dass Täter ihr Missbrauchsopfer vor der Tat häufig geistig in den Status einer sexuell reifen Person erheben. Um sich quasi selbst die Legitimation für die Vergewaltigung zu geben, entwickeln manche Täter die Fantasie, nur dem Wunsch des Opfers zu folgen, in die Sexualität praktisch eingeführt zu werden. In der geistigen Vorstellung und dem Erleben mancher Täter hat das Opfer also Spaß an dieser verbotenen sexuellen Begegnung. Durch den intensiven Kontakt mit der Täterenergie können Ihre Träume deshalb auch gegenseitige Freude an der verbotenen Sexualität mit Bruder, Schwester oder Mutter aus der Erwachsenenperspektive widerspiegeln.

Ein Kind kann intensive Fantasie und Realität nicht unterscheiden und erlebt deshalb auch als erwachsene Person ungefiltert diese Täterenergie. Scheuen Sie sich deshalb nicht, offen mit einer Person Ihres Vertrauens, die sich mit diesen Thematiken auskennt, über Ihre Träume zu sprechen. Vielleicht haben Sie sogar noch alte Tagebuchaufzeichnungen darüber.

Gesprächstherapie allein hilft aber nicht, denn hier geht es um seelische Verwirrung und Spaltung durch TRAUMATA.

Merke:
Wer tiefer schaut, entdeckt hier sehr häufig, dass es sich nicht um eine karmische Beziehung zwischen Geschwistern/innerhalb der Familie handelt, sondern um sexuellen Missbrauch (Gewalt ...) in der eigenen Familie.

Was können Sie in einem solchen Fall jetzt sofort tun, um diese Bilder „aus dem Kopf zu kriegen"? Die Informationen bisher wirken schon in positiver Weise bis in Ihr Unterbewusstsein hinein klärend. Ergänzend können Sie Folgendes tun – ich bleibe hier bei dem Beispiel von sexualisierten Träumen mit Geschwistern. Stellen Sie sich ein Bild Ihrer Schwester/Ihres Bruders vor, so gut Sie können – vielleicht haben Sie auch ein Foto.

Sprechen Sie dann laut an diese Person gerichtet:
„Liebe/r ...., ich bin dein Bruder/deine Schwester .... und nicht wie – *Papa/Mama/Onkel/Tante-/-Nachbar* – die Person, die dich als Kind sexuell missbraucht hat.

Was – *XY/jemand aus unserer Familie* – diese Person dir angetan hat, hat unsere Beziehung sexuell gemacht, auch in meinen Träumen.

Ich liebe dich als Bruder/Schwester, aber nicht sexuell. Das gehört nicht zu uns beiden. Lange Zeit hat mich das verwirrt. Erst jetzt sehe ich klar, was geschehen ist. Ich hätte die Wahrheit wahrscheinlich vorher nicht verkraftet. Wir sind Bruder und Schwester/-Brüder/Schwestern, und kein Paar. Ich muss mit dieser Lüge jetzt nicht mehr länger zudecken, was dir/uns Schlimmes passiert ist."

Folgen Sie einfach Ihrem Gefühl und entwickeln Sie gegebenenfalls Ihre eigenen Lösungssätze. Sie können dabei nicht viel falsch machen. Wenn die Sätze nicht stimmen, funktionieren sie nicht lösend. Ihr Körper wird mit Entspannung und tieferem Atem reagieren und Ihre Träume werden sich verändern. Ähnlich können Sie auch mit anderen Themen umgehen. Prüfen Sie für sich meine Empfehlungen zur modernen Traumatherapie.

Weitere Phänomene:

Wenn Söhne von ihrem Vater/Großvater/Onkel lernen, dass sexuelle Ausbeutung normal ist, werden sie schnell, wie ihr Vorbild, zum Täter und können die eigene/n Schwester/n und jüngere Brüder sexuell ausbeuten, ohne dies infrage zu stellen. Sie folgen einfach ihrem Vorbild in dem Versuch, auf ähnliche Weise „Mann" zu sein. Unter Umständen wird so eine Person von mehreren anderen Personen der Familie missbraucht. So werden bereits Kinder zu Tätern an eigenen Geschwistern, Klassenkameraden oder Kindern aus der Nachbarschaft. Je nach Handlungsmuster des Vorbildes/der Vorbilder wird geschlagen, gedemütigt, verachtet, erpresst oder missbraucht. Das Prinzip ist immer ähnlich. Da Kinder Stolz darauf sind, wie ihr Vorbild zu sein, ist es später auch schwierig, diese kopierten Verhaltensweisen zu verändern. Anteile einer erwachsenen Persönlichkeit, die Verhaltensweisen von Vorbildern und Tätern früher Kindheit immitieren, fühlen sich durch diesen kopierten „Lebensstil" der frühkindlichen Bezugsperson verbunden. Strafe allein hilft Straf-Tätern deshalb i.d.R. auch nicht, solche Verhaltensmuster dauerhaft zu durchbrechen. Gefängnissaufenthalte sind wie „Treueprüfungen" und meist ein gern bezahlter Preis für eine von Anfang an unbewußte, falsch verstandene, bedingungslose Liebe und kindliche Sehnsucht nach Bindung. Aus dieser kindlichen Sicht kann keine Strafe größer sein, als die Angst vor dem Verlust der Bindung. Dieser Bindung werden auch eigene Talente und oft das eigene Leben geopfert.

Auch Opfer immitieren häufig, wenn auch unbewußt ihre Täter. Sie entwickeln z. Bsp. so genannte Selbstbestrafungsmechanismen, deren Struktur für Betroffene selten offensichtlich ist. Im Kern knüpft jede Tat an eine frühkindliche Bindung an und bestätigt sie.

Der Volksmund sagt: „Kinder vergessen ja so schnell" – ist das wirklich so? Lassen Sie uns einmal die möglichen Folgen einer sexualisierten Kindheit betrachten. Begriffe und Texte lassen sich variieren.

17 mögliche sexuelle Verhaltensmuster als Folge einer sexualisierten Kindheit

Ersetzen Sie ggf. Sex durch Gewalt... und passen Sie die Beispiele entsprechend an. Nutzen Sie die Orientierung und entwickeln Sie Ihre eigene Liste.

Da sich Kinder mit den Geschwistern und erwachsenen Bezugspersonen gleich intensiv verbunden fühlen, vermischen sich auch deren Traumagefühle und Träume. Das eigene Erleben mit diesen traumatischen Mischungen und Interpretationen kann später dazu führen ...

- ... dass Sie schon sehr früh beginnen, mit vielen verschiedenen Personen sexuelle Erfahrungen zu machen, damit Ihre „erste Erfahrung“ nur eine von vielen bleibt.

- ... dass Sie vielleicht unbewusst versuchen, den Samen Ihres Vaters/Onkels/Bruders mit dem vieler anderer Männer aus Ihrem Körper zu waschen und damit auch die Bilder und Gefühle von damals loszuwerden.

- ... dass Sie es genießen (zwanghaft brauchen), dass jemand anderes Ihnen beim Sex zuschaut (so wie Ihr Bruder/Ihre Schwester/Ihre Mutter ... dies früher bei Ihrer Vergewaltigung getan haben oder unfreiwillig tun mussten).

- ... dass Sie es genießen, wenn Sie sich selbst beim Sex zuschauen können – mit Spiegeln oder Kamera –, so wie Sie es als Kind gemacht haben, nachdem Sie gelernt haben, Ihren Körper bei der Vergewaltigung zu verlassen.

- ... dass Sie weder Licht noch Musik beim Sex mit einem Partner/einer Partnerin haben können, weil Sie damals „mit all dem" vollkommen allein waren und Stille, Dunkelheit dem am ehesten entspricht.

- ... dass Sie Ihre Sexualität völlig in Ihrer „stillen Welt" erleben, weil Sie bei Ihrer Vergewaltigung damals vielleicht unter Bedrohung Ihres Lebens und mit Hand vorm Mund „keinen Mucks" machen durften – ein ekstatisches, lustvolles Genießen Ihrer Sexualität ist auch heute noch jenseits Ihrer Vorstellung, weil Sie damals nur durch Ihr Stillsein überleben konnten. Wenn Ihre Nachbarn Sie eher beim Zähneputzen als beim lustvollen Orgasmus hören, ist ein Stück Ihrer persönlichen, auch sexuellen Freiheit vielleicht noch in Ihrer frühen Kindheit oder Jugend eingesperrt.

- ... dass Sie sich unbewusst als erste Partnerin/ersten Partner eine deutlich ältere Person suchen, da dies Ihrer frühkindlichen Erfahrung entspricht. Vielleicht behalten Sie dieses Muster auch ein Leben lang bei, ohne es je zu hinterfragen oder geeignete Antworten zu finden.

- ... dass Sie sich Partner suchen, die mit „Recht" oder „Öffentlichkeitsarbeit" zu tun haben, um unbewusst Ihr kindliches Recht auf Schutz, Verteidigung und Veröffentlichung dessen, was

Ihnen angetan wurde, nachzuholen. Hier sucht der noch immer im TRAUMA feststeckende kindlich-schutzbedürftige Teil den Partner/die Partnerin.

- ... dass Ihnen Leidenschaft in Beziehungen wichtiger ist als Liebe – so versucht ein Teil von Ihnen, Sie daran zu erinnern, dass es noch etwas gibt, das Leiden schafft – das typische Leid solcher Beziehungen wird meist jedoch nicht verstanden und tiefer erforscht, sodass es oft viele Wiederholungen leidenschaftlicher und leidvoller Beziehungen braucht, um zu erkennen, dass hier „etwas" anderes als der/die Partner/in nicht stimmt.

- ... dass Sie versuchen, aus Ihrer angeborenen sexuellen Rolle zu flüchten.

- ... dass Sexualität für Sie nur im gleichen Geschlecht möglich/angenehm ist, weil Sie sich selbst bei Ihrer eigenen Vergewaltigung beobachtet haben und dies als fremde, gleichgeschlechtliche Person erinnern. Da Sie das andere Geschlecht Ihrer frühkindlichen Bezugsperson aus Ihrem Gedächtnis und Ihrer Vorstellung mit Sexualität löschen mussten, bleibt die Prägung von intensivem sexuellem Genuss (über kindliche Identifikation mit beobachtetem Vergewaltiger) mit einer gleichgeschlechtlichen Person in Ihrer inneren Welt als „legitime" Variante gespeichert. Später führt Sie das zum

Wunsch, diese Form von Sexualität und Genuss zu wiederholen.

Orientierungspunkt:
Eine sexuelle Vorliebe für gleich-geschlechtliche Liebe kann aus der kindlichen Erfahrung von sexuellem Missbrauch entstanden sein.

Wer sich als Kind in seelischer Spaltung beim selbst erlebten Missbrauch beobachtet hat, bringt dies später häufig nicht mehr mit sich selbst, sondern mit einer fremden Person („es geschieht nicht mir – Schutz“) in Verbindung.

Dieser „Akt von Liebe“, der mit einer anderen, gleichgeschlechtlichen Person stattfindet, wird zwangsweise als eine Art erste „sexuelle Referenz“ abgespeichert. Mit der Prägung „gut“ toppt das Überlebens-Ich die Erfahrung noch als „Highlight“. Das Schlimme als etwas Gutes zu nehmen zeigt sich im Rückblick als einzige Möglichkeit, diese schlimme Zeit zu überleben.

Falls Sie in einer gleichgeschlechtlichen Beziehung leben, haben Sie vielleicht auch schon mal an die Möglichkeit früherer Begegnungen in anderen Leben als Ursache gedacht. Dies ist natürlich denkbar. Um auszuschließen, dass Sie mit dieser Idee versuchen, einer anderen Wahrheit auszuweichen, empfehle ich Ihnen eine sorgfältige und achtsame Überprüfung Ihrer Kindheitsgeschichte. Vielleicht entpuppt sich dabei Ihre vermeintliche „karmische Beziehung" als reine Überlebensstrategie.

Als Erwachsene/r sind Sie erst frei, über die Form Ihrer Sexualität zu entscheiden, wenn Sie die Wahrheit über Ihre frühkindliche Prägung kennen, verstanden und aufgearbeitet haben.

- ... dass Sie Ihre frühkindliche Ohnmacht später umwandeln, indem Sie in Sexualität und mit Sexualität die Macht ausüben, die Sie damals nicht hatten. Sie tun vielleicht das Gleiche oder Ähnliches wie als Kind (oraler Sex ...), aber diesmal mit dem Gefühl von Verführung und Macht. Sie dominieren die anderen und lassen sie nach „Ihrer Pfeife" tanzen. Dies gibt Ihnen vielleicht das Gefühl, die Ohnmacht von damals (als Kind gezwungen worden zu sein) überwunden zu haben. Die kindliche Spaltung bleibt bis zur Aufarbeitung des selbst erlebten Missbrauchs aber bestehen.

- ... dass Sie später Sexualität zur Manipulation anderer benutzen, um sie für Ihre frühkindlichen Wunden bezahlen zu lassen. Sie benutzen Partner wie „Wegwerfartikel", um es so dem anderen Geschlecht heimzuzahlen. Die Liebe in Ihrem Herzen bleibt dabei kalt. Je mehr die, die Sie verlassen oder rausschmeißen, leiden, desto besser.

- … dass Ihr Leben von dem „Bezahlen anderer“ für Ihre Dienstleistung mit Sexualität (Körper, Stimme, Filme) gekennzeichnet ist.

- … dass Sie sich unbewusst einen Partner suchen, der später Ihre Kinder missbraucht.

- … dass Sie sich sehr lange von Partnerschaften aller Art fernhalten, weil Sie ahnen, aber nicht wissen, was Ihnen in Ihrer Kindheit passiert ist. So wie dieses Thema ist ein Partner/eine Partnerin undenkbar und bleibt manchmal ein Leben lang tabu.

- Vielleicht entwickeln Sie als Erwachsener das Bedürfnis, von Ihrem Partner/ihrer Partnerin beim Sex gefesselt oder geschlagen zu werden, weil das Ihre sexuelle Erregung steigert oder Sie nur mit dieser „Unterstützung“ zum Orgasmus kommen. Sie setzen so vielleicht unbewusst das Gewaltsame Ihrer eigenen Kindheitserfahrung und Ihre damalige Handlungsunfähigkeit immer wieder neu in Szene. Sie spüren über Ihren Sexpartner die Lust des damaligen Täters, die unbewusst zu Ihrer eigenen geworden ist.

Dies sind mögliche Erklärungen für Zusammenhänge, die Ihr heutiges Leben vielleicht auf die eine oder andere ähnliche Art noch beeinflussen, weil Ihre frühkindliche Erfahrung von Sexualität zu seelischer Verwirrung und seelischen Spaltungen geführt hat. Die Liste dient lediglich als Orientierung und erhebt keinen Anspruch auf Vollständigkeit. Bei solchen Prägungen scheint im späteren Leben eine erfüllte Sexualität und Herzensliebe unvereinbar.

Auch wenn persönliche Erinnerungen fehlen, gibt es Anzeichen, die Ihnen helfen können, die Folgen von Traumatisierungen zu erkennen.

35 mögliche Kennzeichen von Traumatisierung

- Sie können weder lachen noch weinen.

- Freude und Glück anderer Menschen machen Sie traurig oder wütend.

- Sie haben einen körperlich sichtbaren Schutz aufgebaut, wissen aber nicht wirklich, warum.

- Es ist leichter, über das Leid anderer Menschen zu weinen, als über das eigene.

- Liebe, die Ihnen entgegengebracht wird, schmerzt Sie, denn bewusst oder unbewusst weckt es die Erinnerung an etwas „Altes", das so eine Liebe dringend gebraucht hätte, aber nie bekommen hat. So kommt in Ihrer heutigen Welt quasi jede Liebe von anderen Menschen „zu spät". Unbewusst wichen Sie jeder Form solcher Gefühle aus, lassen sie nicht zu, nicht an sich heran.

- Egal wie Sie sich anstrengen, nichts in Ihrem Leben ist wirklich erfolgreich.

- Jeder „positive" Fluss des Lebens wird sehr schnell wieder im Keim erstickt.

- Sie fühlen sich wie bestellt und nicht abgeholt, im Leben förmlich „angenagelt", da Sie scheinbar nichts verändern können, egal wie Sie sich auch anstrengen.

- Das Leben selbst und andere Menschen begegnen Ihnen immer wieder als „Spielverderber".
- Sie fühlen sich zerrissen zwischen der Liebe, dem Leben und dem Tod.

- Sie werden selber immer wieder zum „Täter", ohne dass Sie das wirklich wollen oder verhindern können.

- Sie haben Albträume, obwohl Sie kein Fan von Horrorfilmen sind.

- Sie haben immer wieder Herzschmerzen, medizinisch ist aber alles in Ordnung.

- Sie haben immer wieder verschiedene körperliche Schmerzen, medizinisch ist aber alles in Ordnung.

- Bestimmte Stellen in Büchern oder Filmszenen erschüttern/berühren Sie zu Ihrer eigenen Überraschung ungewöhnlich stark – etwas in Ihnen reagiert spontan.
- Sprachlosigkeit und Unfähigkeit zu sprechen.

- Emotionale Zerrissenheit und Hilflosigkeit in der Begegnung mit anderen Menschen.

- Sie sind oft geistig „abwesend", „beamen" sich weg, ohne es selbst zu merken, andere Personen haben Mühe, Sie zurückzuholen. Wenn Sie angesprochen werden, reagieren Sie nicht oder nur unter großer Anstrengung.

- Sie schauen häufig durch andere Menschen hindurch, als ob diese Luft/durchsichtig wären.

- Sie wirken auf andere immer wieder teilnahmslos.
- Am Steuer Ihres Autos treten Sie häufig weg, schlafen ein, obwohl Sie gut ausgeschlafen gestartet sind. Sie wissen oft nicht, wie Sie ihr Ziel heil erreicht haben.

- Sie fühlen sich von Ereignissen und Ungereimtheiten in ihrem Leben verwirrt und überfordert.

- Sie haben kein Gefühl mehr dafür, was Sie wollen oder was für Sie richtig ist.

- Falsche Entscheidungen fühlen sich richtig an. Sie wissen, dass etwas für Sie nicht gut ist, tun es aber trotzdem.

- Sie sind immer wieder Ziel von massivem Mobbing „unter der Gürtellinie".

- Sie leiden unter extremen Ängsten, Aggressionen, Panikattacken.

- Energien von Selbstzerstörung, Sabotage und Unfällen sind in Ihrem Leben auffällig.

- Sie nehmen Antidepressiva und ähnliche Mittel ein, um etwas (was?) nicht fühlen zu müssen. Sie trennen sich damit von den letzten Hilferufen Ihrer abgespaltenen Seelenanteile und vergrößern so Ihre eigene Entfremdung. Depression statt Reaktion.

- Sie sind berührt und fasziniert von der Dualseelen-Theorie und Ähnlichem, wonach es einen idealen, irgendwann verlorenen Seelenpartner gibt, mit dem zu „verschmelzen“ das größte Glück bedeuten würde.
- Sie starten mit großer Begeisterung neue Projekte, führen diese aber nicht fort oder brechen sie bei Erfolg ab.

- Sie können sich jetzt schon nicht mehr daran erinnern, was Sie eigentlich auf den letzten Seiten hier gelesen haben. Es ist, als ob jemand „hinter Ihnen“ alle Spuren im Gedächtnis verwischt. Sie bemerken Ihre große Vergesslichkeit, Mühe sich zu konzentrieren, „Ausfälle“ oder werden von anderen darauf hingewiesen.

- Sie halten jahrelang Zustände aus, die Sie stark belasten, und fühlen sich überfordert, daran etwas zu verändern. Dies ist ein möglicher Hinweis auf eine in der Kindheit durch Trauma fixierte Überlebensstrategie, die in starrer Handlungsunfähigkeit beobachtet und geschehen lässt, was geschieht, um zu überleben.

- Obwohl Zeit genug wäre, um zu handeln, können Sie es nicht. Sie fühlen sich wie gelähmt, erstarrt, hypnotisiert oder narkotisiert.

- Sie wissen nicht warum, aber Sie haben zu Ihren Eltern nie ein Vertrauensverhältnis aufbauen können – fühlen sich dafür obendrein vielleicht sogar selbst noch schuldig.

- Eine Mischung von Überforderung, Verwirrung und Desorientierung führt zum Beispiel zu Verlegen und Vergessen von Gegenständen. Das „Gute" wird weggeworfen, das „Schlechte" bewahrt. Abfall, Socken oder Autoschlüssel im Kühlschrank lassen grüßen.
- Gut, wenn Sie darüber lachen können. Wenn Sie es verstehen lernen, können Sie es verändern.

Ein paar Erkennungsmerkmale von Trauma in Stichworten

- Häufiges Abdriften, geistige Abwesenheit, Orientierungslosigkeit, Verwirrung

- Müdigkeit, unkontrolliertes Einschlafen, narkoseähnliche Zustände, Bluthochdruck, Burn-Out,

- Isolation, Sprachlosigkeit – innere Sperre zu sprechen, Gefühllosigkeit

- Immer gleiche Probleme - Nachbarn, Finanzen, Partner, Schmerzen, Stress, Süchte, Essstörung...

- Neigung zu Unfällen, Verletzungen, Krankheiten, Überforderung, Dissoziation

- Fremdenergien, Fremdbestimmung, Gefühl von Fremdsteuerung, „Stimmen im Kopf"

- Angst vor Aufzug, U-Bahn oder anderen Menschen, kein Gefühl für Gefahr

- Vermeidung von Berührung, Nähe, Sexualität, selbst in Partnerschaft

- Vergesslichkeit, große Erinnerungslücken, plötzlicher Verlust eigener Gedanken

- Gefühle von Ohnmacht und Hilfslosigkeit – „Unfähigkeit", zeitnah zu reagieren

- Tendenz zur Selbstzerstörung

- Wir sind in unserem Traum (Albtraum, Lebenstraum) stecken geblieben.

Trauma und „Trigger"

Bei Erfahrungen und Ereignissen, die uns traumatisieren, werden die begleitenden Sinneseindrücke wie hören, riechen, sehen, fühlen fragmentiert (getrennt) gespeichert.

Diese mit dem Trauma in Zusammenhang stehenden Geräusche, Gerüche, Bilder und Gefühle werden unter Schock gespeichert und verdrängt. Ähnliche Geräusche, Gerüche, Bilder und Gefühle im späteren Leben können als „Trigger" wirken und zum Beispiel Gefühle von Panik auslösen. Die gerade erlebte Situation kann dabei in völligem Gegensatz zu den dadurch ausgelösten Gefühlen (Angst, Panik, Übelkeit, Schwindel, Ohnmacht...) stehen. Dies wird erst verständlich, wenn wir wissen, dass die unbewusste Zuordnung der fragmentierten Sinneseindrücke zu dem Ereignis, das uns traumatisiert hat, bestehen bleibt, auch wenn wir das Ereignis selbst vergessen haben.

Um Missverständnisse und Konflikte in Partnerschaften und Beziehungen zu vermeiden, ist es hilfreich und notwendig, dieses Grundlagenwissen miteinander zu teilen. Im Sinne aller Betroffenen möchte ich Sie hier um eines bitten. Nehmen Sie unverständliche Reaktionen Ihres Gegenübers erst mal nicht persönlich. Wenn Sie eine Zuordnung zur Reaktion treffen können – überreichte „Rose", Beginn von Musik... - stellen Sie wenn möglich den „Trigger" ab. Helfen Sie dem Partner, der Partnerin den Ort, den Raum, die Personen, die Situation zu verlassen. Suchen Sie gemeinsam professionelle Hilfe.

Trauma und Körpersymptome

Je länger die Energie von Trauma im Körper gespeichert ist, um so stärker wird dies somatisiert, das heisst, über Körpersymptomatik ausgedrückt. Hier bietet es sich an, mit dem Anteil unserer Persönlichkeit zu arbeiten, der das Symptom trägt, das wir verstehen und auflösen möchten.

Hinweise zur Bearbeitung von „seelischen“ TRAUMATA

Bei einem Trauma geht es vereinfacht gesagt um die Integration von abgespaltenen Seelen- und Persönlichkeitsanteilen. Es geht um die Verbindung mit eigenen gesunden Anteilen, zu denen kaum mehr Kontakt besteht. Dies ist ein vielschichtiger Prozess, bei dem mehrere Komponenten eine Rolle spielen. Es ist hilfreich, folgende Punkte dabei zu beachten:

- Allein das Wissen um ein Trauma ändert an den Folgen noch nichts.

- Auch das Erleben traumatischer Gefühle löst diese nicht auf.

- Ein TRAUMA lässt sich weder diskreieren noch wie eine „hartnäckige Masse“ oder Ähnliches handhaben, auch wenn ähnliche Erscheinungen dabei auftauchen (für alle Freunde der Avatar-Techniken – auch dem Wizard fehlen hier noch die richtigen Werkzeuge/mein Stand 2001).

- Ein Trauma lässt sich auch mit keinen mir bekannten NLP-Techniken „überlisten“.
- Auch körperorientierte Verfahren ergeben im Zusammenhang mit Trauma nur Sinn in den Händen geschulter und erfahrener Traumatherapeuten. Alles andere sollte ehrlicherweise, ohne therapeutischen Anspruch, als „Wellnesseinheit“ empfohlen und genossen werden; bei körperlichen Schmerzen und traumabedingten Symptomen

kann Körpertherapie als begleitende Unterstützung und Ergänzung zur Traumatherapie jedoch sehr wohl hilfreich sein. Feldenkraissitzungen und Craniosacrale Osteopathie kann ich aus eigener Erfahrung hier besonders empfehlen.

Warum funktionieren die meisten Therapieformen bei Traumata nicht?

Die meisten Techniken stärken im Kern nur Überlebensanteile in uns und können nach meiner Erfahrung die Spaltung eines Traumas nicht aufheben.
Mit allen „Egal was war – ich baue mir meine heile neue Welt"-Techniken werden Sie nach meiner Erfahrung keines Ihrer Lebensprobleme, denen ein Trauma zugrunde liegt, grundlegend und dauerhaft in die Kraft führen. Auch wenn ein freundlicher Gedanke noch niemandem geschadet hat – die Grenzen Ihrer partnerschaftlichen Glückseligkeit lassen sich mit positivem Denken allein nicht dauerhaft verschieben. Die „Landung" wird jedes Mal härter und nach jedem „Erfolgsseminar" frustrierender.

Auch „Knopfdruck" und Wegdrück-Punkturverfahren stärken schon im Ansatz nur das Überlebens-Ich – dieses ist natürlich von jeder schnellen Lösung begeistert, die suggeriert, „am besten noch schnell vorm Frühstück" ein paar Symptome zu entfernen und wieder ein Stück mehr heile Welt herstellen zu können. Eine Zeit lang können Sie – je nach Programm – auch andere Warnlampen im Leben wegdrücken. Die Realität wird Sie früher oder später wieder einholen, denn wie stark Ihr Glaube und positives Denken auch sein mag, mit „illusionärem Öl“ im Getriebe wird Ihr Traumschiff schon bald auf die nächste Sandbank laufen. Selbst wenn Sie dann beide Augen zudrücken, werden Sie spüren, dass frühere Warnsignale tiefere Einblicke in den Maschinenraum verlangt hätten.

Die Nebenwirkungen der Symtomkettenbehandlung durch Medikamente führen langfristig, zwangsläufig zu Ketten von OP-Tisch-Behandlungen. Wahre Autonomie und Freiheit beginnt, wenn wir aufhören uns lebenslang mit „BurnOut, Depressionen, Alkoholismus, Magersucht, „Ihr Symptom“, ... zu beschäftigen und beginnen, uns hartnäckig für die tiefer liegenden Ursachen unserer „Symptomatik“ zu interessieren. Dies gilt auch für alle Themen auf Beziehungsebene.

Mein Tipp:

Nehmen Sie dem Esel die Möhre weg und führen Sie sich nicht länger selber an der Nase herum. Es ist Zeit, die „Peitsche“ an den Nagel zu hängen und im „Überlebensmodus“ einen Gang zurück zu schalten. Es ist Zeit, die Strategie massiv zu überdenken und alle bisher angewendeten Methoden, Therapien und Techniken infrage zu stellen. Folgen Sie „den Schreien Ihres inneren Kindes“ zu den Seelenanteilen, die sich von Ihnen verlassen fühlen und vielleicht schon seit Jahrzehnten auf ihre Befreiung warten. Seien Sie auf Widerstände gefasst und verschwenden Sie keine Zeit damit, es im Alleingang zu versuchen. Eine erfüllte Liebesbeziehung in göttlicher Freiheit und Herzensliebe zu gestalten ist keine „one man/woman show“.

Orientierungspunkt:
Wer in früher Kindheit oder Jugend selbst sexuellen Missbrauch erlebt oder beobachtet hat, entwickelt später sexuelle Vorlieben oder Träume, die darauf Hinweise geben können. Durch seelische Spaltungen und Überlebensmechanismen finden verwirrende Uminterpretationen des tatsächlich Erlebten statt, die in sich logisch, für Betroffene aber meist nicht verständlich sind. Seelischer Missbrauch hat ähnlich schwere Folgen, die später bei Betroffenen zu sehr schwierigen Beziehungsmustern führen können.

Weil es in der kindlichen Welt unerklärlich ist, dies durch Vertrauenspersonen zu erleben, und Spaltungen passieren, nehmen häufig andere Personen in Träumen die Position des Täters ein. Damit die heile Welt des Kindes im Angesicht lebensbedrohlicher Erfahrungen – durch die Eltern oder nahe Bezugspersonen – nicht einstürzt, müssen die Täter und die Erfahrung selbst durch Fantasien verändert werden.

Gemäß der eigenen Weltanschauung wird die Erfahrung des Traumas bestmöglich positiv verpackt. Spirituell orientierte Personen können zum Beispiel auch Färbungen aus früheren Leben mit einbeziehen. So stellt sich männlicher Missbrauch (durch den Vater) nach der „Umverpackung“ vielleicht als homosexuelle Beziehung in einem früheren Leben dar. Dort durfte dies vielleicht sogar ungezwungen Spaß machen. Männliche Freunde aus diesem Leben stehen im Traum dabei nur stellvertretend für bekannte männliche Bezugspersonen aus der Kindheit. Bei Frauen ist dies im Prinzip analog.

Traumagefühle werden oft schon von den Eltern übernommen.

Zu einer Zeit, in der wir weder eine Wahl (Schwangerschaft) noch Unterscheidungsmöglichkeit (Baby, Kleinkind) haben. Die Traumagefühle der Eltern können bereits von deren Vorfahren übernommen sein. Dies führt zu Identitätsverwirrung. Die Aufarbeitung und Klärung von Traumata gelingt deshalb nur mit einem mehrgenerationalen Denken.

Solange eine Erfahrung von Missbrauch/ Inzest/ Misshandlung nicht wieder erinnert und aufgearbeitet wurde, wirkt dies wie Sprengstoff in jeder Beziehung. Das „Karma“ Ihrer „karmischen Beziehung“ ist dann aus diesem, Ihrem Leben und hat erst mal nichts mit früheren Leben und gemeinsamer Geschichte zu tun – auch wenn es solche Elemente geben mag.

Der „Fluch“ von Traumata

Traumata, die noch nicht erkannt und bearbeitet wurden, können ähnliche Auswirkungen haben, wie wir sie sonst vielleicht nur von „schwarzer Magie“ kennen. Das eigene Leben scheint auf ewig „verflucht“ zu sein. Das Leben steht still, fühlt sich oft an wie in Beton gegossen oder führt ständig in neue Katastrophen. Ein Leben lang begleitet uns das Gefühl, an unseren Lebensstrukturen nicht wirklich etwas Entscheidendes verändern zu können. Im Vergleich zu meinem Leben war Beton für mich viele Jahre eine flüssige Masse.

Merke:

Ein TRAUMA kann man nicht auflösen, ohne es zu bearbeiten.

Ein TRAUMA bearbeiten heißt, mit abgespaltenen Seelenanteilen und gesunden Anteilen von Gefühlen wieder in Kontakt zu kommen.

Ein TRAUMA hört nicht allein dadurch auf, dass Sie von ihm Kenntnis haben.

Mit Ihrem Verstand oder logischem Denken allein können Sie die durch Trauma abgespaltenen Seelenanteile und Gefühle nicht wieder zurückholen.

Hier ist professionelle Hilfe sinnvoll.

Wenn wir den Bereich von Verletzungen berühren, kommen wir natürlich auch in Kontakt mit der damit verbundenen Traurigkeit, die vielleicht bis heute noch nie einen würdigen Platz bekommen hat. In den Abspaltungen wartet all das auf unsere liebevolle Umarmung heute.

Nachfolgend noch ein paar Gedichte zum Thema Trauma.

Vielleicht berührt das eine oder andere verborgenes Wissen in Ihnen.

Kinderwunsch

Jenseits der Lügen
bleibt noch Luft
zum Atmen
und zum Fühlen,
dass die Wahrheit
tiefer liegt,
als alle Lügen greifen können.

Deine Stimme zittert,
als Du sagst,
es war alles normal
damals
mit uns –
und Papa
hat das alles
nicht so gemeint.

Mein Herz rast
vor Angst,
dass es je wieder
so werden könnte,
wie es war,
so normal
ist die Wahrheit
in mir,
die auch heute noch
nach Hilfe schreit,
Mutter.

20.12.2009

Mutter

Ich lächle Dir ins Gesicht
und spüre,
wie es Dir leichter geht
mit der Hoffnung,
dass für uns
alles
noch irgendwie gut ausgeht.
Der Albtraum
sitzt mir im Nacken
und die Angst vor ihm
lähmt meine Stimme,
so wie sie Deine Schritte lähmt,
uns zu retten.

Mich fröstelt bei dem Gedanken,
dass ich die Hoffnung
zu überleben
in mir selber finden muss –
so wie meine Schwester,
die Du schon aufgegeben hast,
bevor ich geboren wurde.

Ich lächle Dir ins Gesicht,
weil ich spüre,
dass es die einzige Chance ist
zu überleben,
denn für alles andere
bin ich noch viel zu klein.

Mir wird eiskalt,
wenn ich daran denke,

wie achtlos Du
unsere jungen Kinderseelen
dem Wahnsinn ausgeliefert hast,
zu dem wir
Papa sagen.

01.01.2010

Zusammenfassung zu Teil 5
Von der Sehnsucht nach einer vollständigen Liebesbeziehung

Mit einer traumatischen Vor-Geschichte begegnen Sie jeder Form von Beziehung als unvollständige, „beschädigte“, verletzte Persönlichkeit, mit der bewussten oder unbewussten Hoffnung, durch den jeweiligen Partner vollständig zu werden. Dies muss immer scheitern, da ein Partner niemals die eigenen abgespaltenen Persönlichkeitsanteile und Gefühle ersetzen kann. Die „bessere Hälfte“, die viele Menschen suchen, ist in Wahrheit nicht mehr und nicht weniger als die eigene Identität.

So setzt sich die eigene Erfahrung von Mangel, Unglück, unvollständiger Liebe und Gefühllosigkeit zwangsläufig fort, bis wir beginnen können, abgespaltene Anteile unserer Persönlichkeit wieder zu integrieren.

Je „heiler“ wir in unserer Persönlichkeit selbst sind, desto vollständiger wird unsere Möglichkeit, uns im Spiegel eines Partners bedingungslos lieben zu können. Jede Form von Mangel weist immer auf Teile unserer eigenen Göttlichkeit hin, die uns nicht zur Verfügung stehen, weil wir sie irgendwann zurückgelassen haben oder „aufgeben“ mussten, um zu überleben. Diese Persönlichkeitsanteile wieder in Besitz zu nehmen ist die wahre Herausforderung und Aufgabe unserer Menschlichkeit.

Partner können uns dabei helfen, den „roten Faden" aufzunehmen, den wir im Spiegel des Mangels und Unglücks vom Leben gereicht bekommen. Wenn Sie sich durch den Partner als Opfer fühlen, ist Ihr Blick noch nicht frei für die Saat, deren Ernte Ihnen jetzt Kummer bereitet. Ich möchte hier niemanden der Verantwortung für seine Taten entheben, doch der Partner ist nur Symptom und Spiegel für Ereignisse, die schon lange vor ihm Ihre Seele mit dunklen Schatten verletzt haben.

Ich will Ihr Schicksal gewiss nicht mindern, doch was hilft Ihnen ein Partner, der „schuldig" ist?

Meine Erfahrung der letzten Jahrzehnte ist: Dies rettet Ihre Seele nicht, noch mindert es die wahre innere Not, die in dieses Schicksal geführt hat.

Wie kann Liebe je als vollständig erlebt werden, wenn wir die Liebe zu uns selbst abspalten mussten? Wie können wir einen anderen je wirklich fühlen und in seiner Ganzheit wahrnehmen, wenn wir uns von den eigenen Gefühlen distanzieren mussten, um in einer gefühlsarmen Familie und gefühlskalten Umwelt zu überleben? Was kann je das eigene Gefühl ersetzen, ein liebenswerter Mensch zu sein?

Nichts entstellt und entfremdet eine Seele so sehr wie eine Traumatisierung. Je früher sie im Leben stattgefunden hat und je öfter dies erfolgt ist, desto mehr herrscht im Leben des Erwachsenen das Gefühl von Machtlosigkeit, Fremdbestimmung und unglücklicher Liebe vor.

Orientierungspunkt:
Die unfassbare Mischung von Verwirrung, Entscheidungsunfähigkeit, unglücklicher Liebe und innerer Zerrissenheit ist häufig Kennzeichen eines Menschen, der die meiste Zeit seines Lebens damit verbringt, die eigene Klarheit durch den Nebel geheimnisvoller Phänomene und trüber Gedanken wiederzugewinnen.

Ungreifbar und unaussprechlich ist die eigene innere Not oft für Betroffene, undenkbar für alle anderen, die dies nicht erlebt haben. Permanente Überforderung durch bewusste und unbewusste Gedankenschleifen, Arbeits- oder Fluchtprogramme lassen oft kaum Raum für die freudvollen Seiten des Lebens. Erst die konkrete und gezielte Aufarbeitung seelischer Verletzungen und daraus resultierender seelischer Spaltungen kann traumatisierte Menschen zu neuen Ebenen persönlicher Freiheit führen. Auf diesem Wege kann sich, selbst für im tiefsten Leid verstrickte Menschen, eine neue Glücksfähigkeit entwickeln.

Erst wenn der Ursprung des Unglücks in Ihrem Leben verstanden und integriert ist, haben Sie eine Chance, wirklich zu fühlen, ob der Partner/die Partnerin an Ihrer Seite der/die richtige ist fürs Leben.

Die Sehnsucht nach einer vollständigen Liebesbeziehung kann mit all dem Wissen dieses Ratgebers zu dem Ziel einer persönlichen Verpflichtung werden, die Verantwortung für das eigene Lebensglück mit neuem Mut in die eigenen Hände zu nehmen.

Bevor wir diesen Teil jetzt endgültig verlassen, möchte ich Ihnen an einem konkreten Beispiel noch einen Eindruck davon vermitteln, warum traumatische Erfahrungen in der Regel nicht mit ein bis zwei Sitzungen oder einem Wochenendkurs aufgelöst werden können. Die folgende Skizzierung ist weder allgemeingültig noch vollständig.

Betrachten wir die möglichen Stufen eines jahrelang von pädophilem Vater missbrauchten Kindes:

1. Panik, Angst, Lebensbedrohung, Verrat
   - inneres Weggehen, Verlassen des Körpers, Dissoziation
   - Trauma durch erste Missbrauchserfahrung

2. Panik, Angst vor dem nächsten Missbrauch
   - Trauma der anhaltenden Lebensbedrohung
   - Flucht, Verteidigung zwecklos
   - Verwirrung, Schuldgefühle
   - Flucht in „heile Welt", Fantasiefamilie

3. Fügung in das Unausweichliche
   - individueller Überlebensplan, Überlebensstrategie
   - Umdeutung in etwas bestmöglich Gutes
   - Entwicklung täterloyaler Anteile

4. Beginnende Pubertät: Angst, Panik ...
   ...nicht mehr „geliebt“ zu werden
   - Verlustangst (Verlusttrauma)
   ...fallen gelassen zu werden (Gefühle plötzlicher Wertlosigkeit)
   ...nicht mehr „nützlich“ zu sein (Gefühle plötzlicher Nutzlosigkeit)
   ...und Gefühl, dass all die Jahre des Aushaltens umsonst waren (Wut & Hoffnungslosigkeit)
   ...und Versuch, das Wachsen und Er-wachsen-Werden zu verzögern (um „Kind“ zu bleiben für Papa)
   ...sowie Flucht und Sucht – erste Fluchtversuche auch in den Freitod (Lebensflucht)

5. Ab „Pubertät“ – nach der „Abschiebung“ – Verschiebung der angestauten Wut, Angst, Panik, zum Beispiel auf die Körperebene
   ...um auf sich aufmerksam zu machen – „schaut her“, mir geht es schlecht
   ...um sich selbst von dem anderen, was jahrelang passiert, ist abzulenken
   ...stummer Protest um Zuwendung einzufordern (es gibt keine Belohnung, außer überlebt zu haben)
   ...somit oft tiefes Vergessen des Unfassbaren, um weiter in bestehendem Abhängigkeitsverhältnis (Eltern/Bezugspersonen-Kind) überleben zu können
   ...durch Autoimmunerkrankungen (Rebellion im Körper, Selbst-Zerstörung dessen, was für andere keinen Wert mehr hat)

6. Als Erwachsener: Angstzustände, plötzliche Panik, Burn-out
...ausgelöst zum Beispiel durch Scheidung, Trennung, Arbeitslosigkeit, Tod von Mutter oder Vater (eigene Familie oder die des Partners/der Partnerin)
...und unbewusste Erinnerung, nie wirklich Mutter oder Vater gehabt zu haben

Gefühle von Wertlosigkeit, Nutzlosigkeit, Erfolglosigkeit erinnern einen Teil in uns an etwas viel Schlimmeres, Älteres, Vergessenes. Die Flucht in der Kindheit aus dem Trauma wird zum „Fluch" für den Erwachsenen, der sich an das Trauma nicht mehr erinnert.

Wenn Sie sich vorstellen, dass der Vater sein Kind noch an andere „Leidensgenossen" (z. B. Kollegen) zur Aufbesserung seines Taschengeldes verkauft hat und dies nicht das Schlimmste ist, was das Kind erleben musste, können Sie sich vielleicht auch vorstellen, warum ich mich zum Experten auf vielen Gebieten entwickelt habe und weiter mit anderen auf diesem Gebiet forsche. Die Aufarbeitung solch komplexer Prägungen braucht Zeit, Geduld und Erfahrung.

Jede Phase braucht ihre Bewusst-Werdung, Anerkennung, Aufarbeitung, ihr Mitgefühl.

Einfach sind alle Wege nicht. Lohnend ist meiner Erfahrung nach nur ein Ziel!

Und was ist mit der Mutter? In Verehrung der Mutter opfern sich Kinder oft dem Vater, um die Mutter zu entlasten. Um auch mit dem Vater leben zu können, muss ein Teil des Kindes das „Opfer" verdrängen, verleugnen, vergessen. So kommt es zu psychischen Spaltungen, die sich im späteren Leben durch körperliche Symptomatik, unterschiedlichste Lebensphänomene und Verhaltensmuster zeigen können.

Wer ernsthaft Antworten sucht, so wie ich, wird die Sucht (Arbeit, Spiele, Drogen, Sex, Freizeit, Urlaub, Sport ...) irgendwann verlassen müssen und irgendwann vielleicht die Botschaft erkennen –
Sucht = such **T** = such dein **T**rauma.

Oder der Mensch wird auf der Flucht (nach vorn) irgendwann innehalten und erkennen –
Flucht = Fluch vor **T** = der wahre Fluch ist die Flucht vor dem **T** = Flucht vor dem **T**rauma,
das auf der Flucht nach vorn vergessene **T**rauma

Warum ich hier all das schreibe?
Solange Sie – bewusst oder unbewusst – auf der Flucht vor sich selber sind und vor dem, was Sie erlebt haben, werden Sie niemals vollständig in einer Liebesbeziehung ankommen können. Selbst in einem goldenen Palast werden die edelsten Früchte irgendwann in Ihnen einen schalen Geschmack hinterlassen. Vielleicht ist das alles aber auch völliger Unsinn.

Wahrscheinlich liegt es doch an den Früchten, und bei einem anderen Prinzen, bei einer anderen Prinzessin wachsen bestimmt noch süßere Früchte. Oder?

Was könnten Sie für Ihre Beziehungen aus diesem Teil lernen?

Aus diesem 5. Teil wünsche ich mir, dass Sie Folgendes mitnehmen:

Wer als Kind
lernen muss
zu vergessen,
hat als Erwachsener
Schwierigkeiten
sich zu erinnern.

Die Grenzen,
in denen wir leben,
bemerken wir erst,
wenn wir sie
verändern wollen.

Trauma wird mit all seinen Folgen zu einer Art „Gewohnheit“.

Weil es für uns nie anders war, stellen wir die Erscheinungen, Phänomene und Lebensmuster oft nicht oder nicht intensiv genug infrage.

Die Auflösung und „Umgewöhnung“ von traumatisch bedingten Lebens- und Beziehungsmustern wird immer wieder von antrainierten, gewohnheitsmäßigen Reflexen gestört.

Eines wünsche ich mir noch für Sie. Wenn Sie auf den letzten Seiten etwas berührt hat, nehmen Sie es wichtig.

Checkliste zu Teil 5 – Was können Sie jetzt konkret tun?

Schritt 5

Klärung eigener Grenzen

Wenn Sie beginnen, eigene Wünsche zu formulieren und zu verfolgen, die größer sind als Ihr bisheriger Lebensrahmen, werden Sie Folgendes beobachten: Sie stoßen auf Hindernisse und in einigen Bereichen an unsichtbare Grenzen, die jede Ihrer Anstrengungen und Bemühungen nur lächerlich erscheinen lassen. Alle Erfolgsformeln, jahrzehntelange Ausdauer und Ihr Multitalent scheinen für Sie persönlich keine Früchte zu tragen. Sie können wahrscheinlich vielen anderen Menschen helfen, nur sich selber nicht.

Vielleicht haben Sie deshalb auch einige Ihrer Wünsche, die Sie hoffentlich in Teil 2 aufgeschrieben haben, irgendwann aufgegeben.

Wenn wir auf Grenzen in unserem Leben stoßen, die über lange Zeit mit Fleiß und Talent allein nicht zu überwinden sind, können wir manchmal nichts anderes tun, als die „Wächter“ dieser Grenzen, wie ich sie nenne, herauszufordern, sich zu zeigen. Vielleicht haben sie sich in Ihrem Leben auch schon oft gezeigt, nur Sie haben die Botschaft und den Zusammenhang nicht verstanden. Ich hoffe, durch dieses Kapitel ist Ihnen manches klarer geworden.

Hinter den „Wächtern“ unserer Lebensgrenzen zeigen sich oft blinde Flecken in unserer Lebensgeschichte, Familiengeheimnisse und Tabus. Wenn wir tiefer schauen, kommen wir oft mit Gefühlen und abgespaltenen Persönlichkeitsanteilen in Kontakt, die durch große Verletzungen in unserer frühen Kindheit entstanden sind. Veränderung ist hier nur möglich, wenn wir uns eine solche Grenze eingestehen und sie beim Namen nennen. Zum Beispiel:

Ich habe dieses konkrete sexuelle Verhaltensmuster und möchte es verstehen und verändern.
Ich habe diese Kennzeichen von Traumatisierung und möchte sie verstehen und verändern.

Der zweite Schritt ist dann, sich geeignete Unterstützung und Beratung zu organisieren, denn diese Thematiken löst niemand im Alleingang. Doch bevor Sie im nächsten Teil erfahren, worauf Sie dabei achten sollten, habe ich ein paar konkrete Fragen. Bitte machen Sie sich konkrete Notizen zu spontanen Antworten.

- An welchen Teil Ihrer eigenen Lebensgeschichte erinnern Sie sich?

- Welchen Teil Ihrer Geschichte kennen Sie nur aus Erzählungen?

- Über welchen Teil Ihrer Familiengeschichte wird nie (Tabu) gesprochen?

- Welche Geschichten, die man Ihnen erzählt hat, können nicht stimmen?

- Welche Fragen haben Sie sich nie getraut zu stellen?

- Kennen Sie die wahre Ursache für Ihr „Pech“ im Leben, in der Beziehung?

- Bei welchen Themen haben Sie nie nachgehakt – sich mit der ersten Antwort zufriedengegeben?

- Wo lassen Sie selbst ganz bewusst andere Menschen (Kinder/Partner) im Unklaren?
- Vor welchen Antworten haben Sie so viel Angst, dass Sie lieber **M**edikamente, **A**lkohol, **D**rogen nehmen?

- Welche sexuellen Verhaltensmuster oder Kennzeichen von Traumatisierung in diesem Kapitel kennen Sie aus eigener Erfahrung?

Freiraum durch freien Raum

Entfernen Sie am besten noch heute, mögliche Triggerpunkte aus Ihrem häuslichen Umfeld. Dazu gehören zum Beispiel Möbel, Bilder oder Schmuck, die eine bewußte oder unbewußte Verbindung zu Menschen herstellen, mit denen Sie traumatische Ereignisse verbinden. Diese Empfehlung gilt auch dann, wenn Sie glauben, Ihre Geschichte bereits vollständig aufgearbeitet zu haben.

Der Tisch von der Oma, die Sie oder Ihr Kind fast ertränkt hätte, wird immer dieser Tisch bleiben, der Sie unbewußt daran erinnert. Das teure Armband, das Ihnen Ihr Mann vielleicht schenkte, nachdem er Sie fast zu Tode geprügelt hat, wird immer die Verbindung zum Täter und Ihrer lebensbedrohlichen Erfahrung bleiben. Das Familienbild mit einer trügerischen heilen Welt über dem Kamin, wird wie ein Messer sein, mit dem Sie sich jeden Tag neu verletzen und die Anteile in Ihnen verraten, die diese „heile Welt" nie kennen gelernt haben. Das geerbte Haus Ihrer Eltern wird immer der Ort bleiben, an dem Sie vielleicht als Kind misshandelt, gedemütigt, eingesperrt, missbraucht wurden.

Klären Sie Stück für Stück, Zimmer für Zimmer, Raum für Raum Ihren Lebensraum und entfernen Sie alles, was zu den Tätern in Ihrem Leben eine Verbindung herstellt. Lassen Sie auch die Garage, den Speicher und Keller nicht aus. Verschenken, verkaufen, verpfänden oder versteigern Sie es. Das Schmerzensgeld steht Ihnen zu.

Bewahren Sie aber solche Dinge auf, die als Zeugnis und Beleg dafür dienen, was Ihnen tatsächlich passiert ist. Briefe, Fotos, Videos oder Tagebücher die helfen, die Wahrheiten über Ihre persönliche Lebensgeschichte zusammenzusetzen, können und sollten Sie konzentriert an einem Platz aufbewahren, den Sie für sich den Ort der Wahrheit nennen können. Vielleicht helfen Ihnen diese Schritte auch darüber bewußt zu werden, wie schlimm es wirklich für Sie war. Wenn Sie diesen Punkt berühren, spüren Sie vielleicht auch zum ersten mal den Wunsch, sich jemandem anzuvertrauen, der Ihnen zuhört und hilft, Ihre inneren

Freiräume zurück zu erobern. Dann vertrauen und folgen Sie bitte diesem Gefühl.

Es gibt noch etwas, das Sie ganz konkret tun können und sollten.

Aufbau von Vitalstoffreserven

Das Leben mit Traumatisierungen ist für den Körper und das Nervensystem wie Hochleistungssport.

Der Unterschied dabei ist nur, es gibt so gut wie keine Erholungsphasen, da Trauma wie schon angesprochen nicht von allein aufhört. Stresssituationen sind im Körper von hochkomplexen Abläufen begleitet, die unter anderem Vitamine und Mineralstoffe benötigen. Traumata sind Vitalstoffräuber und führen langfristig deshalb zwangsläufig zur Schwächung des gesamten Immunsystems mit Folgen von Müdigkeit, Erschöpfung und Konzentrationsschwäche.

Eine lebendige Beziehung in totaler Erschöpfung gestalten zu wollen ist nicht möglich.

Ob mit oder ohne traumatischen Hintergrund. Sorgen Sie für sich und für genügend Vitalstoffreserven. Am besten mit hochwertiger Nahrungsergänzung. Es gibt hier leider nur wenig Empfehlenswertes auf dem weltweiten Markt. Meine jahrelange Suche nach geeigneten Produkten hat mich zu einem deutschen Hersteller geführt, mit dessen Produkten sicher auch Sie schnell Ergebnisse erzielen. Prüfen Sie aber selbst.

Über http://www.vitamin-leben.com gelangen Sie direkt zum Herstellershop.

Besonders empfehlen möchte ich hier das flüssige **Q10** Produkt. Mir hat es sicher das Leben gerettet. Testen Sie bei Interesse Ihren persönlichen Bedarf. Ich habe gute Erfahrung mit 2-3 mal täglich ca. 15-20 Tropfen. Bei akuten Belastungen nehme ich auch mehr. Dieses "Herzvitamin" wird sehr schnell im Körper aufgenommen. Bei Herzrasen, Herzstechen, "Rumpeln" oder "Stottern" ist oft einfach nur das Q10-Depot leer. Wer regelmässige Alpträume oder Panikattacken kennt, hat in der Regel extrem hohen Verbrauch an dieser Körpereigenen Substanz. Da etwa ab Anfang 30 die Körpereigene Q10-Herstellung weniger wird, entsteht bei vielen Menschen eine immer größer werdende "Q10-Lücke". Mit Traumata im Gepäck kann dies unbemerkt lebensbedrohlich werden. Dieser Hinweis ersetzt keine medizinische Untersuchung oder die Aufarbeitung von Hintergründen persönlicher Belastungen. Ich hatte diese "Notfalltropfen" über 10 Jahre immer am Bett stehen. In meiner Handtasche haben sie auch heute noch einen festen Platz. Dank Aufarbeitung meiner eigenen Geschichte mit Traumaaufstellungen sind die Herzsymptomatiken und Nächte mit Alpträumen deutlich weniger als früher. Die Einnahme von Q10 nach Alpträumen hat sich bei mir bestens bewährt.

Positive Nebeneffekte:

1. Der physische Körper erfährt Zuwendung und Soforthilfe, wo er früher keine bekommen hat.

2. Sie werden aktiv und helfen sich selbst. Damit durchbrechen Sie frühere Erfahrungen von Handlungsunfähigkeit und etablieren ein neues,

selbstbestimmtes Handlungsmuster.

Als besonders hilfreich erlebe ich auch die tägliche Unterstützung mit einem **B-Vitamin-Komplex (AOP),** der auch als Energielieferant dient. Eine weitere Folge von Traumata ist nämlich ein erhöhter B-Vitamin Bedarf. Etwas vereinfacht könnte ich auch sagen, dass Traumata wahre „B-Vitamin-Fresser" sind. Dies liegt unter anderem an den vielen, nicht bewußten Kontroll- und Überlebensprogrammen, die erhebliche Resourcen verbrauchen. Stellen Sie sich einfach vor, Sie müßten jahrzehntelang, 24 Stunden am Tag, gegen mächtigen Druck, einen großen Deckel oder eine Tür zuhalten und parallel noch Ihren Beruf oder Ruhestand, Familie, Sport und Freizeitaktivitäten managen. Auf körperlicher Ebene macht sich dieser innere Druck oft als Bluthochdruck bemerkbar. Vertrauen Sie in Notfällen den Notärztlichen Empfehlungen. Ich empfehle Ihnen aber bei Bluthochdruckphänomenen und „Symptomcocktails" aller Art eine begleitende Traumatherapie für sich zu prüfen.

Je mehr Medikamente Sie einnehmen, desto wichtiger sind zusätzliche, hochwirksame Vitalstoffe und hochaktives, lebendiges Wasser zur Entgiftung. Wenn Sie unsicher sind, ob Sie ein bestimmtes Medikament nehmen sollen oder nicht, fragen Sie sich einfach, ob Sie die möglichen Nebenwirkungen wirklich haben möchten. Wählen Sie im Zweifelsfall Produkte, bei denen die Liste der möglichen, positiven Wirkungen deutlich länger ist, als die der möglichen Nebenwirkungen. Ihr Körper wird es Ihnen danken.

Haben Sie, falls dies ein Thema ist, Ihre Krankheit und eventuelle Dauermedikation je in Frage gestellt? Gibt es heute vielleicht neue Alternativen?

Im Bereich Gesundheit auf http://www.besuca.com finden Sie weitere Informationen mit konkreten Empfehlungen zu den Themen Vitamine und Wasser-aktivierung.

Tore zur Freiheit
gibt es viele,
es ist nur die Frage,
welcher Schlüssel passt.

03.06.2008

Teil 6 Beratung unter der Lupe

Warum Ihnen die meisten Ausbildungen, Seminare, Therapien und Techniken zur Lebensverbesserung nicht helfen können

Hier erfahren Sie unter anderem, warum Ihnen viele Berater, Therapeuten und Therapieformen nicht helfen können und warum möglicherweise – ausgerechnet immer bei Ihnen – alles nicht funktioniert. Mit diesem Wissen sparen Sie ab sofort viel Zeit, viele Nerven und vor allem sehr viel Geld.

Wenn der Weg
das Ziel ist,
ist es kein Wunder,
dass das Leben
auf der Strecke bleibt.

23.06.2010

Wenn unser Lebens- und Liebesglück viele Wünsche offen lässt, liegt es nahe, dass wir damit beginnen, unser Wissen zu erweitern. Wir holen uns Anregungen und versuchen, unseren Lebenserfolg zu steigern. Wir wollen das Leben genießen, bevor es vorbei ist. Hilfe versprechen dabei viele Bücher, Ausbildungen, Se-

minare, Therapien und Techniken. Auf meinem Lebensweg habe ich davon sehr vieles ausprobiert und kennengelernt.
Es gibt weltweit viele wundervolle Trainer/innen und Seminarleiter/innen, denen man tagelang mit Freude zuhören kann. Es gibt so viele kreative Übungskonzepte und Techniken, die einem wirklich helfen können, sich etwas besser, manchmal sogar fantastisch zu fühlen. Dieser „Kick“ hat meiner Erfahrung nach aber selten mehr Gehalt als ein Wochenende mit einem spannenden Buch, ein faszinierender Film oder ein mitreißendes Konzert. Hier können Sie viel Zeit und Geld sparen! Warum ist das so?

Solange Sie den Anker nicht heben können, helfen Ihnen die schönsten Segel nichts. Auch wenn es vielleicht ein schönes Gefühl macht, dass der ganze Wind drum herum die Segel aufbläht.

Im NLP werden sogar noch neue „Anker“ gesetzt, um das Lebensschiff auf Kurs zu bringen – ein interessantes Sinnbild, oder? Wenn das noch nicht hilft, kann man mit einem „Wisch“ alles andere, was stört, einfach „wegwischen“. Eine echt tolle Idee. Blöd nur, wenn das Leben weiter feststeckt, trotz all der vielen schönen neuen Anker.

„Ja, aber …“! Ich höre doch die Wellen, sehe doch die Segel im Wind und am Horizont ein anderes Schiff. Ich schmecke doch schon das Salz auf meinen Lippen und spüre, wie sich das Boot im Wasser bewegt. Ich muss doch jetzt auf dem Meer sein. Oder? – Gestern habe ich einen interessanten Film gesehen. Der wichtigste Schlüsselsatz darin ist: „Vergiss nicht, dich umzudrehen.“ Eine Frau entdeckte dadurch gerade noch rechtzeitig den Schlüssel zum Überleben, der hinter ihr im Wasser schwamm. Sie wäre sonst ertrunken, denn sie war mit Kette und Schloss an einen Anker gefesselt, der sie in die Tiefe zog. Der Mysterythriller heißt *Half Light*, ist mit Demi Moore in der Hauptrolle besetzt und stellenweise nichts für schwache Nerven.

Warum erzähle ich Ihnen das hier?
Vor lauter Seminaren, Therapien und positivem Denken geht vielen Menschen der normale Bezug zum Leben verloren. Sie leben mehr in der Fantasie als in der Realität. Umdrehen ist verboten. Man soll im Leben ja nach vorn blicken und nicht zurückschauen.

Einige könnten entdecken, dass sie sich noch keinen Meter bewegt haben. Und dann?

Dann wäre doch der ganze schöne Seminarerfolg dahin. Oder?

Hatten Sie auch schon oft das Gefühl, dass bei allem, was Sie bisher so gemacht haben, die wirklichen Probleme Ihrer Seele gar nicht berührt wurden? Woran liegt das?

Es gibt einen großen Unterschied zwischen neuen Lebensprogrammen, die Sie auf „Ihrem System“ installieren wollen oder installiert haben, und alten, frühkindlichen, oft traumatischen Erfahrungen, die deren Ausführung behindern. Ihre neuen „Wunschprogramme“ (Traumgewicht, Traumpartner, Traumberuf …) müssen Sie in der Regel immer wieder neu laden, starten und mit viel Energie (positivem Denken) versorgen. Ein TRAUMA und frühkindliche Programme sind 24 Stunden/7 Tage die Woche für Sie da und aktiv.

Sie brauchen dazu nicht mal den „Rechner“ anzuschalten. Solche „Systemprogramme“ können Sie nicht dadurch verändern, dass Sie auf deren Programmoberflächen „rumspielen“.

Siehe dazu auch das Schlusswort am Ende des letzten Kapitels.
Am meisten Geld in der Welt wird wahrscheinlich mit dem Wunsch und der Hoffnung der Menschen verdient, dass man sich schnell und einfach eine schöne neue Welt kreieren kann. Ein paar schöne Erfolgsgechichten, ein paar nette Effekte, und schon hat ein redegewandter Seminarleiter sein zahlendes Publikum in der Tasche. Nur bei Ihnen als Teilnehmer bleibt das Loch im Geldbeutel die einzig wirklich nachhaltige Erfahrung.

Es bleibt auch bei Ihnen der Eindruck, dass es scheinbar Menschen gibt, die mit diesem Seminar/„Wundertoll“/XY … ihr Leben positiv verändert haben? Nur Ihnen ist das mal wieder nicht gelungen? Sie haben bestimmt irgendetwas falsch gemacht, nicht verstanden oder glauben nicht intensiv genug daran. Oder fehlt noch etwas Glauben an die Technik, Methode oder Ihre imaginären Wunschziele?

Woran erinnert Sie dieses Gefühl?
Es liegt an Ihnen – Sie sind selber schuld? Keiner hat Sie wirklich lieb? Keiner versteht Sie? Nicht weggehen. Bleiben Sie bitte bei diesem Gefühl des „Unglücks“, des Scheiterns in Ihrem Leben. Sie sind doch jetzt erwachsen, aber mit diesem komischen Gefühl kommen Sie sich immer irgendwie hilflos und klein vor? Wie hilflos? Wie klein etwa? Beinahe wie ein Kind? Wie alt könnte dieses Kind denn etwa sein?

Fragen Sie das Kind doch mal, was es erlebt hat – warum es sich so hilflos fühlt. Hören Sie gut zu, was es zu sagen hat. Wenn Sie es ernst meinen, werden Sie sein Vertrauen gewinnen. Sie brauchen dafür vielleicht etwas Zeit. Erzählen Sie dem Kind auch Ihre eigene Geschichte, soweit Sie sich erinnern. Bleiben Sie dabei mit Ihren Gefühlen in Kontakt und seien Sie ganz ehrlich.
Vielleicht werden Sie sich Stück für Stück daran erinnern, dass Sie schon als Kind dieses Gefühl gehabt haben, das Sie als Erwachsener noch immer begleitet. Panik? Verzweiflung? Traurigkeit? Die Idee, dass Sie besser gar nicht geboren worden wären? Die Vorstellung, dass alles nur an Ihnen selber liegt? Die Fantasie, dass Ihre Kindheit/Ihre Eltern/Ihre Welt viel besser sein könnten, wenn Sie selbst nur anders wären? Sie können aber nichts daran ändern? – Woran genau?

Glauben Sie wirklich, dass das Kind, das Sie damals vielleicht waren, eine Chance hatte, herauszufinden, wie es die Welt für sich verändert?

Die Wahrheit ist:
Hier sind Erfolgsstrategen und „Oben-drüber-Denker“ vollkommen überfordert.

Hilflosigkeit und Verzweiflung haben immer einen Ursprung. Länger anhaltende Hilflosigkeit und Verzweiflung führen zu einem Trauma. Vielleicht ist das die Wahrheit, die unter all dem liegt, dass viele Seminarkonzepte und Therapietechniken ausgerechnet immer nur bei Ihnen nicht funktionieren. Sie sind wenigstens so ehrlich, sich das Scheitern der Konzepte einzugestehen. Gehen Sie noch einen Schritt weiter. Werden Sie Anwalt Ihrer Seele.

Und die anderen? Haben Sie die mal nach 6, 12, 24 Monaten kontaktiert? Gehen Sie doch Ihre Kontakte und Seminar-Adresslisten mal durch. Fragen Sie nach, was die anderen so an wirklich nachhaltigen, positiven Veränderungen in ihrem Leben durch das tolle Seminar/ XY/... nach einigen Monaten noch benennen können.

Der größte Gewinn sind meistens interessante Menschen wie Sie, denen man dort begegnen kann. Aus solchen Begegnungen entwickeln sich häufig lebenslange Freundschaften.

Bevor wir jetzt zum praktischen Teil kommen, bleibt noch, eine viel gestellte Frage zu klären. Warum nehmen sich immer wieder erfolgreiche Menschen, die all das haben, was sie sich wünschen, das Leben?

Mit guten Trainern und intensivem Coaching kann unser Überlebens-Ich natürlich lange Zeit Höchstleistungen vollbringen. Eine „kranke Seele“ lässt sich aber nicht auf Dauer mit weltlichen Erfolgen abspeisen. Dieses „alte Unglück“ in uns will verstanden und gewürdigt werden. Wenn niemand dies erkennt, wird die innere Not des Menschen immer größer, das Leben immer sinnloser. Die weltlichen Trostpflaster können das Aufbrechen der eiternden Wunde nicht mehr aufhalten. Die Klärung seelischer Verletzungen und Spaltungen sollte meiner Meinung nach deshalb im Vordergrund stehen und von einer gesunden Portion positiven Denkens begleitet sein. Dann werden auch Menschen wie Sie und ich partnerschaftliches und berufliches Glück sehen und dauerhaft genießen können. Dafür brauchen wir keine illusionäre heile Welt und Erfolgsfantasien. Erfolgreiche Menschen, die sich selbst das Leben nehmen, zeigen uns: Innerer, seelischer Frieden ist mit keinem Geld der Welt aufzuwiegen. Dass mit der Flucht in den Freitod die seelische Not aufhört, ist jedoch eine weit verbreitete Illusion. Meine jahrelange Arbeit mit „verlorenen Seelen“ lässt daran keinen Zweifel.

Auf der anderen Seite gibt es viele Menschen, die der Illusion folgen, dass alles besser wird, wenn sie endlich „Erfolg“ haben. Ihnen ist dafür keine Reise zu weit und kein Seminarpreis zu hoch. Manche Menschen brauchen viele Jahre, um endlich festzustellen, dass bei den anderen auch nur mit Wasser gekocht wird und selten alles Gold ist, was glänzt. Viele Geschäftsideen benutzen hier gezielt psychologische Muster. Je elitärer der Charakter ist, desto gieriger sind hier die

Kunden. Gönnen Sie sich ruhig solche Erfahrungen und Abwechslungen, wenn sich Ihr Taschengeld im vier- bis fünfstelligen Bereich bewegt. Manche Angebote bieten wirklich faszinierende Unterhaltung. Allen anderen empfehle ich, nicht nach goldenen Strohhalmen und „Instant-wünsch-dir-was-Lösungen“ zu greifen. Sparen Sie ruhig Ihr Geld. Sie versäumen in der Regel nichts. Lösen Sie Ihr Sparbuch oder Ihre Lebensversicherung nicht für die goldenen Vorhänge und Teller anderer Personen auf. Deutlich genug?

Nur zur Klarheit:
Ich bin ein Freund von inspirierender Weiterbildung und Unterstützung durch Menschen, von denen wir lernen können, unser berufliches und privates Umfeld besser zu organisieren. Vor allem aber uns selber besser zu verstehen und lieben zu lernen bleibt eine lebenslange Herausforderung. Das Leben ist zu kurz, um alles allein herauszufinden. Ich empfehle deshalb immer eine Mischung von Motivation, Inspiration und Transformation. Dieser Ratgeber widmet sich vor allem der oft vernachlässigten Transformation hemmender, unklarer Einflussstrukturen.

Die Kunst ist, sich genau jetzt, in diesem Moment mit sich selbst vollständig, authentisch und wohl zu fühlen. Dann bleibt das Leben auch nicht auf der Strecke der lebenslangen Selbstverbesserung in Seminar- und Therapieräumen liegen.

Orientierungspunkt:

Der Erfolg des „schalen Geschmacks“ ist die Erkenntnis über seine wahre Essenz. Die Idee des „positiven Denkens“ hat viele Freunde unter den Leidenden, denen diese Idee allein aber selten nachhaltig hilft.

TRAUMA lässt sich nur mit der Wahrheit bearbeiten und klären, nicht mit neuer Illusion. Frühkindliche Erfahrungen mit traumatischen Folgen haben mehr Einfluss als 100 besuchte Erfolgs- oder Engelseminare.

Freitod zeigt oft das Scheitern einer Überlebensstrategie, die vor der Klärung tiefer, seelischer Verletzungen, Verantwortung und Wahrheit flüchtet.

Positives Denken ist eine erfolgreiche Überlebensstrategie. Es entspricht jedoch nur der „Möhre“ für den Esel und dem „Wind“ für die Segel. Um den „Anker“ wirklich zu heben müssen Sie gegebenenfalls etwas anderes tun.

PS: Nicht alle Lebensprobleme haben ihren Ursprung in einem Trauma.

Wenn Sie aber nach mehr als zwei Erfolgsseminaren und konsequenter Anwendung der Empfehlungen noch keinen Erfolg haben, wird der Besuch eines Wochenendes mit Traumaaufstellungen Ihren Horizont in jedem Fall auf heilsame Weise erweitern.

Lassen Sie sich nicht länger in die Irre führen, nehmen Sie die Zügel selber in die Hand!

Was könnten Sie für Ihre Beziehungen aus diesem Teil lernen?

Aus diesem 6. Teil würde ich mir wünschen, dass Sie Folgendes mitnehmen:

- Es gibt Bereiche und Themen in Beziehungen, die können mit Verständnis und Geduld allein nicht verändert werden.

- Traumastrukturen lösen sich auch durch bedingungslose Liebe nicht allein auf.

- Sie können und sollten als Partner nicht versuchen, einen Therapeuten zu ersetzen.

- Wenn eine Paartherapie „gescheitert" ist, heißt dies vor allem, dass die Therapieform für das Thema oder Sie als Paar nicht geeignet war. Ich setze echtes, gemeinsames Interesse an einer Klärung und Lösung mal voraus.

- Die Blindheit für Trauma ist bei Ärzten, Beratern, Medien, Therapeuten und anderen Personen, die mit der Beratung von Menschen Geld verdienen, weit verbreitet.

- Die Aufarbeitung von Trauma braucht Mut, Ausdauer und professionelle Hilfe.

Mit karmischen Beziehungen ist es ähnlich wie mit einigen Kriminalfällen. Manche lassen sich erst Jahrzehnte später vollständig aufklären. Der DNA-Test hat in der Kriminalistik bereits viele Wahrheiten ans Licht gebracht. Vergleichbar ist für mich die Entdeckung von Trauma und seinen mehrgenerationalen Folgen.

Dank der Entdeckung von Prof. Dr. Franz Ruppert gibt es die Möglichkeit, durch das Aufstellen des Anliegens traumatische Erlebnisse und Prägungen dreidimensional sichtbar zu machen und zu verarbeiten. Dadurch können auch Ursachen und Hintergründe unglücklicher Liebesbeziehungen und alle Phänomene in Beziehungen und Lebensläufen geklärt werden, die bisher in Liebeskummer, Trennungsschmerz und endlos nagenden Fragen stehen geblieben sind.

Vielleicht sind Sie im Laufe der Jahre so enttäuscht und frustriert worden, dass Sie beschlossen haben, nie wieder ein Seminar zu besuchen und einem Therapeuten oder einer Therapeutin zu vertrauen. Bei allem, was ich selbst kennengelernt habe, kann ich das gut verstehen. Mir sind bodenlose Verzweiflung, Hilflosigkeit und Ansätze von Aufgabe nicht unbekannt. Wenn Sie trotz allem, was Sie mit Beratern erlebten, noch Hoffnung haben und nach Alternativen oder einer Empfehlung suchen, dann lege ich Ihnen die mehrgenerationale Psychotraumatologie nach Prof. Dr. Franz Ruppert ans Herz.

Ich bin mir sicher, dass auch Sie in Traumaaufstellungen mit dem Aufstellen Ihres persönlichen Anliegens zu einer guten, individuellen Lösung und Antwort finden. Dieser Methode liegt die Bindungs- und Traumatheorie zugrunde. Ziele sind die Integration abgespaltener eigener Persönlichkeitsanteile und die Lösung aus ungesunden symbiotischen Verstrickungen. Dieser Weg führt lebensbegleitend schrittweise aus eigenen oder übernommenen Illusionen zu gesunder Autonomie, echter Liebe, geistiger und emotionaler Klarheit. Wenn Sie sich in diesem Buch wiederfinden, wird Ihnen diese prozessorientierte Arbeit sicher helfen können. Seit 2009 habe ich mich darauf spezialisiert.

Besonderheiten und Möglichkeiten der Traumaaufstellung

- Erkennen und lösen aus Verstrickung mit Fremdgefühlen

- Erkennen und lösen von Verstrickungen mit übernommenen Traumata

- Erkennen, bearbeiten und auflösen von Täter-Opfer-Spaltungen

- Begegnung mit und Integration von abgespaltenen Persönlichkeitsanteilen

- Klärung von Lebensmustern, Selbstzerstörungs- und Sabotagemechanismen

- Klärung von Lebensfragen, -Phänomenen und Körpersymptomatiken aller Art

Checkliste zu Teil 6 – Was können Sie jetzt konkret tun?

Schritt 6
Klärung von geeigneten Beratern

Wenn Sie an Grenzen in Ihrem Leben und Ihrer Beziehung stoßen, die Sie verändern möchten, und bemerken, dass dies einfach nicht gelingt, ist dies ein guter Zeitpunkt, sich nach geeigneter Hilfe und Beratung umzuschauen.

Folgende Fragen könnten Ihnen dabei helfen:

- Haben Sie spontan Vertrauen zu der Person oder können Sie dieses aufbauen?
- Ist die Person in Traumatherapie geschult?
- Ist der Arzt/die Ärztin darin geschult, eventuelle Körpersymptomatik einer Traumatisierung zuzuordnen – falls Sie ärztliche Hilfe suchen/brauchen?
- Werden Ihnen nicht nur imaginative Verfahren angeboten?
- Hat Ihr Berater/Ihre Beraterin Angst vor Themen wie Trauma, Sexualität, Missbrauch, rituelle Gewalt?
- Haben Sie das Gefühl, wirklich alles erzählen zu können?

- Haben Sie das Gefühl, dass Ihnen wirklich geglaubt wird?

- Was ist der tiefste Schmerz in Ihnen? Wie würden Sie Ihr Anliegen und Thema beschreiben, das Sie verändern möchten?

- Was wäre für Sie ein erster guter Schritt dahin?

- Sind Sie wirklich bereit, für Ihren partnerschaftlichen „Wunschzustand“ die Grenzen zu verändern, die durch Ihre Lebensgeschichte geprägt wurden?

Im folgenden Teil finden Sie Orientierungshilfen und Übungen, die Sie jetzt sofort für sich und Ihre Beziehungen nutzen können!

Erfahrung
ist die Folge
einer Bereitschaft
zu handeln.

21.11.2010

Teil 7 Orientierungshilfen und Übungen

Ein/e Partner/in wie mein Vater – wie meine Mutter

Wer hat davon nicht schon gehört oder es selber erlebt? Haben Sie das je wirklich verstanden?

Wenn Sie das Gefühl haben, Ihre Mutter/Ihren Vater geheiratet zu haben, damit aber keineswegs auf „Wolke 7“ schweben, begegnet Ihnen im Partner ein ungelöster Konflikt Ihrer Kindheit.

Nicht Ihr gesunder, erwachsener Anteil hat sich dann den Partner/die Partnerin ausgesucht, sondern ein kindlicher Teil von Ihnen, der zum Überleben den Vater/die Mutter idealisieren musste und noch heute in dieser Fantasiewelt lebt.

Wo seelische Grausamkeiten, Brutalität und Missbrauch dem Embryo, Baby oder Kind direkt oder indirekt begegnen, müssen diese Erfahrungen in der kindlichen Welt unschuldiger Liebe erklärt, abgespalten und verdrängt werden. Nur so ist ein Überleben möglich. In diesem Stadium kreiert das Kind heile Fantasiewelten, in denen die Eltern ganz anders sind.

Im kindlichen Überlebenskampf gegen die harte Reaität in einem untragbaren, lebensgefährlichen Zuhause werden die „Versorger“ oft zu Pflegeeltern und die

„wahren Eltern" zu früh verstorbenen oder verschollenen Personen gewandelt.

Weil dieses Heile-Welt-Konzept zum Überleben so gut funktioniert, stehen viele Erwachsene vor einem Rätsel, wenn ihnen ein alkoholisierter, schlagender, kontrollierender, herrschsüchtiger und eifersüchtiger Partner begegnet. Vor allem Frauen trifft die harte Realität einer verdrängten Kindheit oft im wahrsten Sinne des Wortes mit einem heftigen Schlag. Dieser „Schlag" lässt leider viele nicht aufwachen. Im Gegenteil. Er reaktiviert den kindlichen, antrainierten Überlebensmechanismus, alles in Liebe zu erklären, den Täter zu verstehen und vor anderen sogar noch zu verteidigen. Hier sind Freunde, die helfen wollen, deshalb sehr oft nicht willkommen, denn sie stellen quasi eine Bedrohung der Heilen-Welt-Fantasie dar. Wirklich hilfreich können Sie in solchen Fällen für jemanden nur sein, wenn Sie es schaffen, den kindlichen Schutzmechanismus (der die Realität leugnen muss, um zu überleben) zu würdigen. Wenn „dieses Kind" sich gesehen fühlt, haben Sie eine Chance, dem Erwachsenen größere Zusammenhänge zu vermitteln, die Möglichkeiten einer neuen Freiheit aufzuzeigen.

Wenn Sie jetzt Gänsehaut bekommen haben, werden Sie auch verstehen, warum Sie Ihren Partner/Ihre Partnerin nie ändern werden und über ihn/sie nie direkt zu einer Lösung und Veränderung kommen.

Menschen mit problematischer Kindheit müssen Teile der Realität ausblenden und umdeuten, um zu überleben. Vor diesem Hintergrund ist es deshalb auch

kein Wunder, wenn später ihren Geschwistern oder Freunden auffällt, wie sehr der Partner/die Partnerin dem Vater/der Mutter – oft auch äußerlich – ähnlich ist. Solange Menschen noch in ihrer Heile-Welt-Verdrängung leben, sind sie selber häufig blind für ganz offensichtliche Zusammenhänge.
Bei der Partnerwahl spielt noch ein weiterer Aspekt eine entscheidende Rolle.

Wenn uns dies als Kind schon nicht gelungen ist, versuchen wir als Erwachsene, im Partner doch noch dem idealisierten Vater/der idealisierten Mutter zu begegnen, um endlich die elterliche Liebe spüren zu können, die das Kind trotz aller Sehnsucht immer entbehren musste. Diese Programme laufen natürlich völlig unbewusst ab und können deshalb auch nur mit großer Bewusstheit und Klarheit verstanden, gestoppt und verändert werden. Ein wichtiger Schritt dabei ist die Anerkennung der Kindheit, wie sie wirklich war.

Wenn Sie bereit sind, alle Illusionen und Heile-Welt-Fantasien gegen die Wahrheit über Ihre „verlorene Kindheit" einzutauschen, werden Sie dem Erwachsenen in Ihnen eine gesunde Liebesfähigkeit zurückerobern, die eine neue Dimension von Partnerschaft ermöglicht. Diese wird jenseits von Sehnsüchten nach Papi oder Mami stattfinden können und frei sein von den „harten Realitäten", die Sie als Kind vielleicht verleugnen mussten.

Merke:

Wenn Sie Ihre Kindheit kennen und anerkennen, wie sie wirklich war, können Sie Ihren Partner/Ihre Partnerin auch sehen, wie er/sie wirklich ist.

Lieber ohne Partner/in?

Sexualität und Verdammnis – die karmische Beziehung mit dem Leben

Ein Organismus, der durch Sexualität entstanden ist, wird sich bewusst oder unbewusst immer von Energien sinnlicher Lust und sexueller Ekstase angezogen fühlen. Dies geschieht umso stärker, je eher die Art und Weise in der Begegnung den eigenen Wünschen, Vorstellungen oder Verboten entspricht. Nur Kinder haben diesbezüglich noch keine Wahl. Sie werden von Einflüssen geprägt, die durch die nächsten Bezugspersonen gestaltet werden. Wenn hier intensive seelische Spaltungen stattfinden, kann es auch sein, dass die Sexualität an sich als Quelle allen Übels gesehen und abgespalten wird. Sie verschwindet quasi aus dem Leben, so wie manche Menschen in irgendwelchen Höhlen, Einsiedeleien oder Klöstern. Dort wiederholt sich dann oft, so wie früher – unter Ausschluss der Öffentlichkeit –, die in der Kindheit verdrängte und abgespaltene Erfahrung mit Sexualität. Oder trotz jahrelanger „Meditation" finden diese Menschen nicht den gesuchten inneren Frieden und die erhoffte „Erleuchtung".

Sehnsucht nach Sexualität und die Freude daran ist ein ganz natürliches Bedürfnis, dem Menschen auch bis ins hohe Alter auf ihre gesunde Weise folgen sollten.

Der gesunde Austausch von Nähe, Zärtlichkeit und Sexualität fördert den Erhalt der körpereigenen Vitalität. Alleinstehende sollten deshalb auch ohne Scham entsprechende Dienstleistungen für sich nutzen, um die Freude an der eigenen Sexualität und Sinnlichkeit zu erhalten. Vielleicht auch um hilfreiche und neue Erfahrungen zu machen. Hier gilt es natürlich, eine schöne Form zu finden, die eine natürliche Integration in den Alltag eröffnet und nicht mehr so sehr von dem Tabu des Verbotenen belastet ist.

Auch hier darf die Gesellschaft sich noch in Achtsamkeit und Wertschätzung für dieses Thema entwickeln. Dazu wird auch gehören, die Themen Missbrauch, Inzest und Misshandlung in der Familie noch viel mehr ins Licht der Aufmerksamkeit zu stellen, denn hier sind die wirklichen Gefahren auch für die Gesellschaft.

Wenn Sie Sexualität in die „Hölle der Verdammnis" verbannt haben sollten – und alle Menschen, die diese genießen können, gleich mit –, empfehle ich Ihnen von ganzem Herzen, diese Zeichen seelischer Verletzung bis zu ihrem Ursprung zu erforschen. Ich weiß, Sie lesen es hier wahrscheinlich nicht gerne, aber Menschen, die im Widerstand gegen oder in vollkommener Ausblendung von Zärtlichkeit und Sexualität leben, sind durch dieses Thema in ihrem Leben in der Regel massiv traumatisiert worden. Die gute Nachricht ist – heute gibt es Möglichkeiten, sich die angeborene Freiheit zurückzuerobern, natürliche Lebensfreude mit erfüllter Sexualität ohne Scham zu genießen.

Durch die Aufarbeitung Ihrer belasteten Geschichte werden Sie Schritt für Schritt spüren, wie die Freiheit in Ihnen wächst, eine neue Lebensform zu wählen. Sie werden sich damit noch reich beschenkt fühlen. Ich will jetzt nichts vom Alter hören. Vergessen Sie es einfach. Solange Sie atmen, können Sie handeln!

Und Streicheleinheiten jeder Art sind auch mit 120 noch ein sehr gesunder „Zeitvertreib".
Selbst wenn Sie Sexualität bisher nur aus Büchern oder Filmen kennen sollten. Auch in Ihrem Leben gibt es einen lebendigen Platz für die eigene freudvolle Erfahrung damit. Wenn Sie den Mut fassen, dafür der Wahrheit Ihrer Lebensgeschichte ins Auge zu schauen, wählen Sie Menschen und einen Ort, wo man Ihnen in angemessener Achtsamkeit, Wertschätzung und Professionalität begegnet. Bitten Sie gegebenenfalls Menschen Ihres Vertrauens, Sie bei den ersten Schritten (Beratung, Seminar, Therapie) in ungewohntes Gelände zu begleiten.

Es gibt Menschen wie mich, die sich niemals über Sie lustig machen werden.

Deshalb kann ich Ihnen nur versichern: Sie sind in jedem Alter willkommen!

Hier geht es übrigens um Ihre karmische Beziehung mit dem Leben selbst und Ihren vielleicht noch unbewussten, unausgesprochenen Vorwurf, dass dieses Leben Ihnen noch etwas schuldig geblieben ist.

Sie entscheiden ganz konkret mit, wie sich der Umgang in der Gesellschaft mit dem Thema Sexualität entwickelt. Ihr ganz persönlicher „Schatten“ ist es, über den Sie springen dürfen, um positiv etwas zu verändern. Wenn Sie Ihre karmische Beziehung mit dem Leben geklärt und verstanden haben, werden Sie auch eine neue Freude an jeder anderen Beziehung im Leben entdecken.

Sie sind ein wichtiger Teil unserer Gesellschaft, dem andere gerne folgen werden, die wie Sie jenseits der „Verdammnis“ in Freude leben möchten.

Jeder Einzelne von uns trägt die Verantwortung dafür, wie lange die göttliche Freiheit und Menschlichkeit noch mit Füßen getreten wird. Falls es für Sie ein Leben nach dem Tod und ein nächstes Leben hier auf Erden gibt, wird dies nur besser sein können, wenn Sie jetzt bereit sind, Ihr Schicksal ins Licht zu tragen.

Das Leben selbst ist, wie dieser Ratgeber, nur der Same. Die Früchte, auf die Sie vielleicht warten, können von Ihnen nur geerntet werden, wenn Sie immer wieder neu bereit sind, die Herausforderung anzunehmen, die dieser Same in sich trägt.

Sex oder Liebe?

Zugegeben, ein provokanter Titel. Jeder Mensch hat andere Vorstellungen von Liebe und Sexualität. Häufig sind diese durch Eltern, Medien oder geschichtliche Entwicklungen geprägt, ohne dass uns dies bewusst ist. Damit Kulturen nach Kriegen oder Katastrophen in der Geschichte fortbestehen konnten, war manchmal Sex zur Fortpflanzung wichtiger als Liebe. Wo nur wenige Männer überlebten, blieb ihnen manchmal die Aufgabe, für zahlreichen Nachwuchs zu sorgen. Nicht selten teilten sich da mehrere Frauen einen Mann und fanden dies, den Umständen entsprechend, ganz normal. Unabhängig von solchen geschichtlichen Besonderheiten und Vorwürfen der Geschlechter, dass der/die eine die „Liebe" – oder der/die andere die „Sexualität" – viel zu wichtig oder nicht wichtig genug nehme, möchte ich hier prinzipielle Einflüsse zu möglichen Erfahrungen mit Sex und Liebe betrachten. Auch hier geht es mir vor allem darum, all denen Denkanstöße zu geben, deren Leben zu diesem Thema immer wieder Fragen aufwirft.

Kennen Sie auch das Phänomen, in Partnerschaften eine sehr erfüllte, freudvolle, sexuelle Beziehung leben zu können oder eine Ebene von großer Herzensliebe? Beides zusammen scheint in Ihrem Leben nicht möglich zu sein oder wurde nach einer kurzen, exemplarischen Erfahrung zum weiteren Rätsel in Ihrer Geschichte?

Sinnlichkeit und Erotik in Verbindung mit bedingungsloser Liebe trifft in Liebesbeziehungen in jedem Fall viel seltener zusammen, als Menschen sich dies wünschen. Falls Sie diese Thematik beschäftigt, erfahren Sie hier wichtige Zusammenhänge und eine mögliche Antwort.

Wenn Menschen das Gefühl haben, sich zwischen „Geld und Liebe“ oder „Sex und Liebe“ entscheiden zu müssen, geraten sie oft in tiefe seelische Konflikte. Die Unvereinbarkeit dieser Ebenen ist Thema vieler Romane und Filme.

Lebensgeschichten – vielleicht auch Ihre – sind dadurch oft über Jahrzehnte von extremen Widersprüchen und Spannungen geprägt.

Wie würden Sie sich jetzt entscheiden? Wählen Sie „Geld oder Liebe“ – „Liebe oder Sex“?

Wissen Sie, welche Erfahrungen und Prägungen Ihrer Entscheidung zugrunde liegen?

Wissen Sie, wie Sie aus dem „oder“ ein „und“ machen können?

Wirklich hilfreiche Antworten und Erklärungen zu diesem Thema sind rar.

Mangels Alternativen sind viele Lebenslösungen von Kompromissen und Entscheidungen geprägt, die am ehesten ein Weiterleben ermöglichen. Da eine „vollkommene“ Liebesbeziehung nicht möglich scheint, gehören Liebschaften aller Art, Seitensprünge, partnerschaftliches Doppelleben, häufige Beziehungswechsel oder langjährige Enthaltsamkeit zu weit verbreiteten Lebensmustern, deren individuelle Vorzüge jeder auf seine Weise idealisiert. Es bleibt jedoch ein Puzzlespiel, dem der Rahmen fehlt.

Für treu und romantisch veranlagte Personen ist die Herausforderung nicht weniger groß. Was tun, wenn dem Gefühl nach Aspekte wie Geld, Sex, Liebe oder Gesundheit in einer Beziehung fehlen, unvollständig oder „krank" sind?

Was tun, wenn Mann/Frau eine „gesunde Mischung" in der Beziehung nicht hinkriegt?

Klarer Verzicht und die Aufgabe eigener Träume und Sehnsüchte werden irgendwann zu einem ungeliebten Teil unseres Selbst, den wir verdrängen und nur noch selten infrage stellen. Nicht wenige Menschen ziehen sich ganz aus der Gesellschaft und von diesen Spannungsaspekten zurück, um ihren „Frieden" zu finden. Klöster, Aschrams, Einsiedeleien, größere Lebensgemeinschaften und Höhlen sind weltweit Anlaufstellen. Jede Gemeinschaft, die einen oder mehrere dieser Spannungsaspekte ausschließt, wird zwangsläufig zum Magneten für Menschen, die in der „normalen" Gesellschaft weder Antworten noch angemessene Hilfe finden. Die Frage ist nur: Müssen Sie am Eingang Ihr Geld, Ihre Libido, Ihren Glauben, Ihre Selbstständigkeit, Ihre Freunde oder eine Mischung davon abgeben?

Entspannung kann in uns Menschen nur eintreten, wenn Spannungsaspekte wie Arbeit entfernt werden

(z. B. durch Urlaub) oder wenn die Ursache der Spannungsaspekte verstanden wird. Oben genannte Gemeinschaftsformen sind jedoch häufig nur Fluchtpunkte, deren einzige Antwort sehr oft Verzicht bedeutet. Kurzzeitig ist hier, wie beim Urlaub, durchaus Besinnung und heilsame Neuorientierung möglich. Langfristig ist Selbstaufgabe statt neues Selbstverständnis leider oft die Folge. Meine Vorstellung von einem erfüllten Leben sieht anders aus. Wer länger in solchen Gemeinschaften verweilt, redet sich oft ein, im Verzicht die Antwort gefunden zu haben. Häufig ist dies nichts weiter als fehlender Mut, die Verantwortung für die Erfüllung eigener Lebensträume zu übernehmen, oder die Flucht vor einer unbekannten Wahrheit. Welche Wahrheit? Wollen Sie die wirklich kennenlernen?

Orientierungspunkt:

Zu einem Aspekt des Lebens, von dem Sie sich trennen, weil Sie ihn nicht integrieren können, vergrößern Sie nur die Kluft einer Spaltung, die bereits vorhanden ist.

Damit vergrößern Sie die Trennung zu sich selbst, ohne die zugrunde liegende Spaltung zu begreifen. Jede/r Geliebte neben einer anderen Partnerschaft-/Ehe weist auf solch eine Spaltung hin. Wie in Teil 5 beschrieben, ist Spaltung ein wesentliches Erkennungsmerkmal von TRAUMA! Im Sinne unseres Themas könnten konstruktive Fragen also lauten:

- Wodurch ist in Ihrem Leben eine Spaltung zwischen Sex und Liebe entstanden?

- Warum ist die sexuelle Begegnung in Ihrer Partnerschaft nicht so selbstverständlich und freudvoll, wie die tiefe Liebe zwischen Ihnen dies vermuten lässt?

Ein konkretes Beispiel und eine mögliche Antwort:

Sexueller Missbrauch von Kindern durch Eltern oder enge Bezugspersonen ist mit Liebe unvereinbar, denn dies ist lebensbedrohlich und alles andere als Liebe. Um zu überleben, muss ein Kind die Eltern oder enge Bezugspersonen bedingungslos lieben können. Ohne zu begreifen, was Sexualität eigentlich ist, muss ein Kind, welches Missbrauch erlebt oder miterlebt hat, diesen Teil deshalb von der eigenen Liebe trennen. So entsteht die Spaltung. Einem Erwachsenen, der so etwas als Kind erlebt hat – sich aber nicht daran erinnert –, bleibt erfüllte Sexualität mit Herzensliebe in einer Partnerschaft meist versagt, weil er sehr früh deren Unvereinbarkeit lernen musste, um zu überleben.

Es verwundert deshalb nicht, dass Lebensphasen, in denen sich erfüllte Sexualität und eigene Herzensliebe bei diesen Menschen anzunähern scheinen, von lebensbedrohlichen Umständen begleitet sind oder lebensbedrohliche Situationen und beängstigende Gefühle auslösen.

Wenn wir gleichzeitig den Aspekten begegnen, die früher zu einer seelischen Spaltung geführt haben, wird unser TRAUMA getriggert. Wir werden mit allen Gefühlen konfrontiert, die damals damit verbunden waren. Manchmal fühlen wir uns dadurch regelrecht von Panik, Todesangst und anderem überflutet, ohne wirklich zu wissen, warum. Häufig können die zum Trauma gehörenden Aspekte (Sex, Liebe, Zärtlichkeit ...) deshalb von betroffenen Personen, bis zur klärenden Aufarbeitung, nur getrennt und im Abstand – ohne Gefühl von Gefahr – gelebt werden. **Dreierbeziehungen können eine Folge sein**. Mit dem einen Partner fühlt man sich in tiefer Liebe verbunden – die Sexualität ist hier kaum von Bedeutung. Mit dem anderen Partner ist die sexuelle Erfüllung mit einer tiefen Hingabe in sinnlich erotischer Beziehung möglich.

In der einen Partnerschaft dürfen wir vielleicht in Kontakt sein mit der eigenen bedingungslosen Liebesfähigkeit unserer Kindheit, die frei von eigenen sexuellen Bedürfnissen war – aber von dem sexuellen Verlangen anderer geprägt wurde. In der anderen Beziehung dürfen wir vielleicht in vollständiger Hingabe die ganze Kraft sexueller Ekstase erleben, die wir aber nur im Verzicht auf die Liebe genießen und bewahren können.

In der frühkindlichen Spaltung wird so die eigene Liebesfähigkeit gerettet und die reine, unschuldige Energie sinnlich erotischer Freude im Akt menschlicher Sexualität isoliert.

Es ist deshalb auch nicht hilfreich, Menschen vorschnell zu verurteilen, die mit dem „Modell" Partnerschaft und Geliebte/Geliebter ihre Form gefunden haben, wichtige Bedürfnisse leben zu können. Sie wahren so den scheinbar für sie notwendigen Abstand von „Sex" und „Liebe", ohne auf eines von beiden ganz verzichten zu müssen.

Wer hier „Druck" ausübt und mit „Gewalt" etwas ändern will, muss verlieren.

Wer zum Beispiel in einer sinnlich erotischen Beziehung auch von Liebe sprechen will, um dies mit dem Partner/der Partnerin zu teilen, erhöht oft den Druck auf traumatisierte Persönlichkeitsanteile, ohne davon etwas zu ahnen. Diese Persönlichkeitsanteile werden alles in Bewegung setzen, um das Zusammenkommen der „kritischen Faktoren" zu verhindern. Aus Erfahrung ist für diese Anteile Trennung das kleinste Übel. Gerade wenn Sie dies in Ihrer bisher außergewöhnlichsten Beziehung erlebt haben, können Sie davon ausgehen, dass es sehr starke Traumatisierungen in Ihrer Lebensgeschichte und der Ihres Partners gibt. Um diese Schutzmechanismen zu verstehen, ist es hilfreich, sich näher mit dem Thema Trauma zu beschäftigen. Am Ende dieses Buchs finden Sie ausgewählte Empfehlungen.

Die seelische Verwirrung durch solche Traumatisierungen hat kaum überschaubare, lebenslange Folgen. Das ungute Gefühl, dass etwas Schreckliches passiert, wenn man den nächsten Schritt mit dem Partner geht (zusammenziehen, Verlobung, Heirat, Kinder ...), veranlasst verantwortungsbewusste Menschen zum Beispiel oft dazu, sich zu trennen. Damit wird zwar der Partner/die Partnerin „geschützt", dies führt aber zu zwei unglücklichen Menschen, die noch weniger die Geheimnisse von Partnerschaften verstehen als vorher.

Es ist so, als ob die frühkindliche Spaltung zu zwei gleich gepolten Teilen führt, die sich – ähnlich wie gleich gepolte Magnete – nicht beliebig annähern können. Menschen, die als Erwachsene solchen Kräften ausgesetzt sind, fühlen sich zunehmend vom Leben selbst getrennt, da dieses offenbar mehr Fragen und Leiden als Antworten und Lebensfreude für sie bereithält. Weitere seelische Spaltungen und Rückzug sind zwangsläufig die Folge.

Um Klarheit und Frieden finden zu können, suchen betroffene Menschen oft Abstand zu all den widersprüchlichen und verwirrenden Lebensgefühlen. Zur Neuorientierung und um überleben zu können, suchen sie Zuflucht in einer Gemeinschaft außerhalb der üblichen Gesellschaft.

Es gibt sehr unterschiedliche Formen von Gemeinschaften, die ganz bewusst Menschen in seelischen Krisen ansprechen. Einige verstehen es sehr gut, Menschen, die zu ihnen kommen, für ihre eigenen Zwecke zu missbrauchen, ohne dass dies den Hilfesuchenden auffällt. Die Antwort von Fluchtpunktgemeinschaften für Menschen in Lebenskrisen beschränkt sich in der Regel auf den Verzicht und Ausschluss von natürlichen Spannungsaspekten des Lebens. Das Leben dort ist selten ein Weg in persönliche Freiheit, Unabhängigkeit und Lebensfreude. Der Alltag ist hier oft von Verboten, Verdrängung, Abhängigkeit, Verzicht, Ausschluss (z. B. der Öffentlichkeit) und Anbetung von „XY“ bestimmt. Haben Sie eigene Erfahrungen damit gemacht? Vielleicht haben Sie auch nur geistig Zuflucht zu solch einer Gemeinschaft genommen oder Ihre eigene „heile Welt“ gegründet. Wie sieht Ihre Fluchtpunktstrategie aus?

Mit diesem Ratgeber möchte ich Sie herzlich einladen, sich mit neuen Antworten wieder dem Leben zuzuwenden. Nutzen Sie aktiv dieses Wissen, alte Abhängigkeiten und Fluchtpunkte zu verlassen. Entscheiden Sie sich wieder neu für das Leben mit all seinen Geschenken.

Oder möchten Sie lieber im Zölibat bleiben und Ihr Leben lang abhängig von Enthaltsamkeit?

Wollen Sie lieber Ihr ganzes Geld an eine Organisation/Gemeinschaft abgeben und Ihr Leben lang abhängig sein von Besitzlosigkeit?

Oder wollen Sie lieber die Bindungslosigkeit von Gruppensex, als den Weg frei zu machen für eine sinnlich erotische Partnerschaft in bedingungsloser Herzensliebe?

Nichts gegen Ihre Religion, aber wollen Sie wirklich lieber einen Gott oder Guru anbeten, statt selber ein lebendes Beispiel für ein glaubwürdiges, erfülltes Leben zu sein?

Möchten Sie lieber an einem „Fluchtpunkt" sterben, ohne wirklich alles versucht zu haben, um Ihr Leben, Ihre Träume, Ihre Sehnsüchte zu retten? Sind Sie sich wirklich sicher, dass Ihr Seelenheil auf dem „Altar" zu finden ist, den Sie vielleicht in der Not gewählt haben? Welche Antworten haben Sie bekommen, übernommen oder sich selbst gegeben?

Prüfen Sie selbst an Hand der folgende Tabelle.

Spann-nungs-Aspekt	**Antwort von Fluchtpunkt-gemeinschaften**	**Antwort von BeSuCa**
Sex	- Verzicht /freiwilliges Zölibat oder - wechselnde Sexpartner und Gruppensex als „Therapie“	- Erkennen, Verstehen und Lösen von Spannungsaspekten - Bearbeitung von Trauma - erfüllte, freudvolle Sexualität in fester Beziehung - „Qualität“ statt Quantität
Geld	- Verzicht - Leben für die Gemeinschaft - Geld an die Gemeinschaft	- finanzielle Selbstbestimmung durch Inspiration, Motivation, Kreativität, Vision & Realitätsbewusstsein
Liebe	- Verzicht auf persönliche Liebesbeziehung – alle lieben nur einen (Anbetung/Gott) oder jeder liebt jeden (auch sexuell)	- Wege zur eigenen Herzensliebe als Basis für eine glückliche Liebesbeziehung
Ergebnis /Ziel	– Pseudofrieden – Verdrängung, Verzicht, Trennung – Abspaltung, Ausschluss, Ausgrenzung – Scheinwelt, Illusion – Pseudobindung an Fluchtpunkte – Anbetung, Verherrlichung von Göttern und Gurus – Aufgeben pers. Autonomie – manchmal Besinnung, Umkehr, seelische Stärkung – Trennung, Übersteigerung, Perversion, Entstellung – Verschiebung von dem, was die Probleme bereitet, Abgeben eigener Lebensverantwortung	– Wahrheit, innerer Frieden – geistige Klarheit – Klärung und Integration von Problemen & Lebensfragen – bedingungslose Liebe zu sich selbst und anderen Würdigen – echte Gefühle – neue Bindungsfähigkeit – gesunde Autonomie - eigene Meinung - Entscheidungsfähigkeit – Klärung & Integration von dem, was die Probleme verursacht, in Eigenverantwortung

„Tore zur Freiheit“ ist ein Projekt, das aus solchen Nöten entstanden ist, um alternative Wege aufzuzeigen, die jenseits von Fluchtpunktgemeinschaften in eine gesunde Autonomie führen.

Im Mittelpunkt steht dabei stets die eigene Verantwortung für unsere persönliche, „göttliche Freiheit“.

Wenn Sie sich hier angesprochen fühlen, freue ich mich, Sie ein Stück des Weges begleiten zu dürfen.

Kontaktdaten und weiterführende Internetadressen finden Sie am Buchende.

Orientierungspunkt:
Wenn Sie das Gefühl haben, dass bestimmte Dinge in Ihrem Leben (Liebe, Sex, Geld, Gesundheit) von Ihnen nie zusammen gelebt werden dürfen, obwohl Sie sich dies von Herzen wünschen und viel dafür tun, bekommen Sie wahrscheinlich den Hinweis auf eine alte, evtl. frühkindliche, seelische Spaltung im Zusammenhang mit den sich heute scheinbar ausschließenden Elementen.
Dies gilt übrigens ähnlich für alle anderen Themen im Leben, die sich nicht vom Prinzip her grundsätzlich ausschließen.

Glaube

Glauben ist für mich
eine direkte, persönliche Erfahrung.
Dafür muss ich nicht Kunde
bei einer „Firma" werden,
die mit Glauben Handel treibt.

Sex ohne Erregung

Hier geht es nicht darum, für den Partner/die Partnerin „funktionieren“ zu müssen!

Hier geht es um eigene sexuelle Selbstbefreiung und die freudvolle Erfahrung, sexuelle Ekstase genießen zu können.

Sexualität ist immer ein Wechsel- und Zusammenspiel beider Partner. Da Sex ohne Erregung nur einseitig oder gar nicht stattfindet, möchte ich hier ein weiteres Phänomen im Zusammenhang mit Sexualität ansprechen. Ich bezeichne es als das „Abschalten des Sexualzentrums“.

Ich meine damit das Phänomen von Erregungslosigkeit, Gefühllosigkeit bis zur Taubheit im Bereich der Sexualorgane. Vielleicht kennen Sie es auch als ein „nicht ganz da sein“ oder würden es als ein „nicht ganz präsent sein“ bezeichnen. Beim Mann ist dies für die Partnerin deutlich sichtbar und wird landläufig als Potenzstörung bezeichnet. Der Penis wird nicht oder nur nach längerer Zuwendung steif. Bei der Frau ist dies etwas schwieriger zu bemerken. Die Scheide bleibt aber in der Regel trocken oder wird spontan trocken. Einem Partner, der Freude an Zärtlichkeiten und Streicheleinheiten hat, bleibt dies also auch nicht verborgen, selbst wenn er ein Kondom zur Verhütung verwendet. Für die Frauen selber ist dies oft „normal“, da sie sich vielleicht gar nicht anders kennen.

Vorweg – dies sind alles sehr wichtige Momente von besonderer Bedeutung!

Solche Phänomene zeigen sich häufig umso offener, je größer das Vertrauen der Partner oder die Liebe zueinander ist. Vielleicht ist Ihnen dieses Thema vorher – in früheren Beziehungen – nicht oder nur sehr abgeschwächt aufgefallen.

Unabhängig von medizinischen Gegebenheiten und eventueller Unterversorgung mit Vitalstoffen im Körper kann es folgende Hintergründe geben:

- Übererregung und Unsicherheit in der ersten gemeinsamen Nacht

- Irritation und Unfassbarkeit durch die überraschend große Attraktivität des anderen führt zu einer Art „Knock-out" – die Nacktheit des anderen als großes Geschenk (Wach ich oder träum ich?) – Selbstzweifel – es wert zu sein – lenken die sexuelle Energie massiv ab. Je eher und offener hier darüber gesprochen wird, desto schneller werden mögliche Missverständnisse wie zum Beispiel „Ich bin wohl nicht attraktiv genug" geklärt.

- völlige Erschöpfung, Müdigkeit, Burn-out, Überarbeitung, Stress

- falscher Ort/Zeitpunkt, Zeitdruck, störende Rahmenbedingungen

Das „Abschalten des Sexualzentrums" kenne ich persönlich aber auch als unbewusste Körperreaktion in der Begegnung mit einer Frau, die durch mindestens einen anderen Mann tiefe seelische Verletzungen erfahren hat. Gerade sensible Menschen spüren beim Partner oft Dinge, die diesem nicht bewusst oder in Vergessenheit geraten sind. Wenn ein Mann oder eine Frau durch sexuellen Missbrauch oder auf andere Weise seelisch massiv verletzt und traumatisiert wurde, ist dieses Drama im Energiekörper gespeichert. Im Angesicht solcher Wunden gibt unser „siebter Sinn" uns oft eine Botschaft über unseren Körper. Meist verstehen wir solche Hinweise aber nicht sofort.

Vielleicht können Sie sich als Frau dem Mann auch vollständig hingeben, solange er nicht in Sie eindringt. Ihr „Abschalten" oder „Weggehen" erfolgt erst im direkten Kontakt mit dem Penis des Partners.

Vielleicht werden Sie als Mann stark erregt, wenn Sie Ihre nackte Partnerin mit Abstand betrachten – je näher Sie ihr kommen, desto stärker geht diese Erregung jedoch zurück.

Manche Menschen brauchen auch die achtsame Hilfe des Partners, um zu bemerken, dass sie sich beim Sex komplett „wegbeamen". Sie mussten dies wahrscheinlich irgendwann lernen, um zu überleben.

Die Phänomene sind hier sehr vielfältig und individuell. Besonders komplex wird es, wenn beide Partner von sexuellem und seelischem Missbrauch geprägt oder auf andere Weise traumatisiert sind. Dann braucht es sehr große Ehrlichkeit, Ausdauer und Liebe in einer Beziehung. Solche oft verwirrenden Wechselwirkungen durchschaut man nicht beim „one night stand".

Ich möchte Ihnen deshalb Mut machen, Ihre Gefühle und Körperreaktionen ernst zu nehmen und ganz offen mit Ihrem Partner darüber zu sprechen. Hier geht es vor allem um Achtsamkeit und Wertschätzung, nicht um Vorwürfe oder Schuldzuweisungen. Sie müssen dabei noch nicht wissen, welche möglichen Ursachen da hineinspielen. Dies herauszufinden ist ein weiterer Schritt.

Im Kapitel „Karmische Beziehungen und TRAUMA" finden Sie zahlreiche Impulse und mögliche Zusammenhänge. Seien Sie froh, dass solche Phänomene eine verborgene Thematik sichtbar machen. Nutzen Sie die Chance, in aller Achtsamkeit alte Verletzungen gemeinsam zu würdigen. Gehen Sie behutsam mit sich selbst und dem Partner um. Lassen Sie sich die nötige Zeit, gemeinsam eine heilsame Form von Sexualität zu entwickeln, bei der alle Sinne und Körperbereiche eingeschaltet bleiben dürfen. Sie werden belohnt von dem Gefühl einer neuen Sinnlichkeit und Lebensfreude, die beim Sex jede Körperzelle mit Energie durchströmt. Mit der Klärung Ihrer persönlichen Geschichte werden Sie in jedem Fall die gemeinsame Freude an sexueller Begegnung deutlich steigern. Ihre Liebe und gegenseitiges Vertrauen sind dabei wichtige Schlüssel. Sexualität in Ihrer schönsten Form ist wie ein Bad in purer Lebensenergie.

Für manche Menschen funktioniert Sex auch ohne Liebe nicht und es fällt ihnen schwer, sich dies selbst und dem/der anderen einzugestehen. Vielleicht sind Sie einfach auch nur unsicher, weil sich die Liebe so ganz anders anfühlt als sonst oder Sie noch gar nicht wissen, wie sich „richtige Liebe“ für Sie anfühlt. Genießen Sie einfach die Erfahrung, wenn dies einmal so sein sollte. Danken Sie sich selbst für den Mut, sich besser kennenzulernen. Danken Sie dem Partner/der Partnerin für die Gelegenheit einer nahen menschlichen, vielleicht auch intimen Begegnung. Nutzen Sie immer die Chance, sich ganz authentisch und ehrlich zu fühlen und zu zeigen.

Ein Teil von Ihnen möchte vielleicht so schnell wie möglich mit dem anderen „verschmelzen“, ein anderer Teil möchte es langsam angehen lassen und tritt auf die „Bremse“. Vielleicht spüren Sie auch beide, dass es etwas Ernstes werden könnte, und niemand will etwas verkehrt machen.

Orientierungspunkt:

Sprechen Sie offen über Ihre widersprüchlichen oder unsortierten Gefühle. Sie können dabei niemals etwas verlieren, das Bestand hätte. Wenn Sie ehrlich und authentisch bleiben, wird es in achtsamer Begegnung nie ein peinliches Ende finden.

Danken Sie jedem Menschen für die Möglichkeit, herauszufinden, wer Sie wirklich sind.

Natürlich spielt die Atmosphäre, in der eine sexuelle Begegnung stattfindet, immer eine sehr große Rolle. Nicht jede/r kann sich im „Kleiderschrank" völlig entspannen. Wie viel Zeit hat man vorher zusammen verbracht? Wie lange hat man sich nicht gesehen? Da dies immer ein Wechselspiel ist, werden Sie dies in jeder Paarkonstellation anders erleben. Je mehr Sie die individuellen Energien einer partnerschaftlichen Begegnung achten und mit der „Welle" gehen, ohne diese zu bewerten, desto schneller werden Sie den Raum öffnen, in dem Ihre sexuelle Begegnung die schönste Form findet. Erlauben Sie sich, den Partner immer wieder neu zu entdecken und liebevoll zurückzuholen, wenn Sie merken, dass er nicht ganz da ist.

Orientierungspunkt:

„Sex ohne Erregung“ kann in vertrauensvoller, achtsamer Begegnung und tiefer Liebe alte seelische Verletzungen offenbaren. In gemeinsamer Bereitschaft, dies zu würdigen, zeigt sich die besondere Qualität und Herausforderung einer Partnerschaft.

Sexuelle Selbstbefreiung führt oft über die Klärung eigener seelischer Verletzungen im Zusammenhang mit Sexualität.

Sexuelle Ekstase entsteht in vollständiger Hingabe an die eigene Freude, pure Sinnlichkeit und Sexualität zu genießen. Im achtsamen Umgang miteinander finden und schaffen beide Partner den Rahmen, in dem sich freudvolle Sexualität in vollständiger Präsenz entfalten kann.

Wer sich mit ehrlichen und authentischen Gefühlen zeigt, wird niemals etwas verlieren, das Bestand hätte.

Erotik

ist die Begegnung
von zwei Göttern,
die sich im Spiel des Lebens
die schönsten Früchte schenken.

In unserer Gesellschaft bewegt sich Sexualität schon länger auf einer neuen Ebene. Bei Frauen und Männern tauchen dadurch zunehmend Fragen zu veränderten Erfahrungen mit Sexualität auf. Antworten gibt es für Interessierte auf der AUDIO-DOPPEL-CD: *Die neue Dimension der Sexualität.* Die Aufnahme stammt aus meiner Zeit als „Channel-Medium". Sie ist nach wie vor aktuell.

In einer vertrauensvollen Begegnung wächst die Fähigkeit zur vollständigen Hingabe mit der Bereitschaft, den eigenen Gefühlen auch in einer intimeren Begegnung, unkontrollierten Ausgang zu gewähren. So ist sexuelle Ekstase wie ein Geschenk göttlicher Freude an sich selbst.

Wer Kontrollverlust in einer Situation mit Sexualität als lebensbedrohlich erlebt hat, ist danach oft nur noch damit beschäftigt, jede weitere sexuelle Begegnung bestmöglich zu überwachen. Dies ist meistens unbewusst und hindert natürlich daran, sich vollständig den Möglichkeiten einer neuen Erfahrung hinzugeben. Es ist etwa so, als ob Sie für die Sicherheit einer privaten Party verantwortlich sind und gleichzeitig als Gastgeber/in die Party genießen wollen.

Erst nach Aufarbeitung der früheren Ereignisse ist Schritt für Schritt ein neues Ja zum Leben und zum Erleben einer freudvollen Sexualität möglich. Wie sich so etwas anfühlt? Für eine Frau vielleicht wie folgt:

Ja

Ein sanftes Kribbeln
rauschte durch meinen Körper –
ich ließ mich fallen
in die zärtliche Liebkosung,
die mir gerade
auf vertraute Weise
zuteil wurde.

Jede Berührung
schien für ihn ein Geschenk zu sein,
jeder Kuss
ein Abenteuer,
auf das ich mich mit ihm einließ.

Mein Körper schien,
wie von tausend Fesseln befreit,
sich ihm entgegenzuheben,
als ob ein Funke
zu Licht wird.

Ich spürte nur noch den Teil,
den seine Lippen berührten
wie eine königliche Frucht.

Meine Gedanken verschmolzen
mit seiner Zunge
und ich genoss es zu fühlen,
wie sie einander folgten.
Ja.

18.09.2005

Flucht aus der bedrohten sexuellen Rolle

Die Entwicklung der eigenen Sexualität wird ganz massiv von frühkindlichen Erfahrungen geprägt. Wenn geschlechtsspezifische Merkmale zu einer bedrohlichen kindlichen Erfahrung führen, kann eine unbewusste natürliche Schutzmaßnahme sein, diese bedrohten, meist sexuellen Attribute zu verleugnen.
Die innere Verleugnung bedrohter Attribute eigener körperlicher Erscheinung kann ein Zurücknehmen aller geschlechtsspezifischen Funktionen auch in ihrem körperlichen Ausdruck bewirken. Die weitere Entwicklung der eigenen Sexualität wird verzögert und soweit möglich „vertuscht", um zu verhindern, dass die bedrohlichen Erfahrungen noch schlimmer werden. Dies ist natürlich nur ein mögliches Reaktionsmuster als Beispiel.

Ein vergewaltigtes Mädchen wird vielleicht nur verzögert ihre Monatsregel bekommen und diese ein Leben lang als sehr schmerzhaft erfahren. Die Entwicklung der Brüste wird unter Umständen so weit verzögert und zurückgenommen, dass sie die Schutzzone „sexueller Neutralität" nicht gefährden. Selbst bei einer späteren Schwangerschaft wird das heranwachsende Kind so „versteckt", dass dies bis zur Entbindung kaum jemandem auffällt.

Das direkte Stillen des eigenen Kindes ist wegen geringer Milchproduktion oder großer Schmerzen nicht möglich. Das entsexualisierte, anonyme, maschinelle Absaugen mit einer Milchpumpe funktioniert für so betroffene Frauen deutlich besser und mit weniger Anspannung.

Eine in der Kindheit begonnene Flucht aus der bedrohten sexuellen Rolle in eine unscheinbare, neutrale Erscheinung geschieht in der kindlichen Hoffnung, einer weiteren Bedrohung (Missbrauch) zu entgehen oder die Bedrohlichkeit langfristig wenigstens zu begrenzen. Diese Überlebensstrategie wird bei manchen erwachsenen Frauen sehr deutlich in ihrem äußeren Auftreten und persönlichen Lebensstil. Die Nutzung weiblicher Accessoires wird, wenn überhaupt, nur sehr sparsam eingesetzt. Schmuck, Kleidung und Schuhe senden mehr neutrale Unisex-Botschaften als sinnlich erotische, betont weibliche Signale. Hier führen natürlich sich widerstreitende Gefühle zu vielen Mischformen von sich einerseits verstecken – aber sich doch dem einen Richtigen gegebenenfalls zeigen wollen.
Oft wird die Entstellung der eigenen sexuellen Rolle auch bis zur Unkenntlichkeit perfektioniert. Sicher sind auch Ihnen schon Personen aufgefallen, die Sie auch auf den zweiten Blick weder als Frau noch als Mann eindeutig einordnen konnten.

Die extremste Form, aus der eigenen beschädigten sexuellen Rolle zu flüchten, findet ihren Ausdruck in einer Geschlechtsumwandlung. Hier findet die Flucht in eine neue, unbeschädigte gegengeschlechtliche Rolle statt. Dies ist natürlich mit der Hoffnung verbunden, die Unverletztheit der neuen sexuellen Identität bewahren zu können. Wenn die frühkindliche sexuelle Prägung nicht verstanden und aufgearbeitet wird, besteht jedoch die große Gefahr, dass so ein Mensch auch in seiner neuen sexuellen Identität die Erfahrung von Lebensbedrohung und Missbrauch anzieht.

Auch Männer, die sexuellen Missbrauch erlebt haben, können unbewusst in die Verleugnung ihrer eigenen sexuellen, männlichen Kraft flüchten. So ist Impotenz manchmal auch der körperliche Schutz, um selbst nie so zu werden wie der Mann, der einen sexuell missbraucht hat. Je näher ein männliches Opfer von sexuellem Mißbrauch dem Alter kommt, in dem der damalige Täter war, desto stärker wird in so einem Fall der Schutzmechanismus aktiviert und die sexuelle Fähigkeit (Potenz) Täter zu werden, gedrosselt.

Wie auch immer ein „Flucht- oder Schutzprogramm" aussieht – die Sehnsucht nach dem ungelebten, natürlichen, eigenen sinnlich-erotischen Anteil bleibt immer bestehen. Die Befreiung dieser Kraft und der Ausdruck eigener Sexualität in gesunder, natürlicher Schönheit können aber nur durch uns selbst erfolgen. Ein Partner kann dies nicht leisten. In einer liebevollen Beziehung können Sie jedoch große Unterstützung und Verständnis für Ihren Prozess der sexuellen Selbstfindung bekommen.

Mord und Totschlag – vom Erfolg zu überleben

Mord und Totschlag gibt es nicht nur in Büchern, Filmen und auf der Straße. Es gibt ihn öfter, als viele annehmen würden, auch in der eigenen Familie.

Von den Auswirkungen durch Mord und Totschlag in früheren Familiengenerationen sind heute noch viele Menschen betroffen. Je mehr Ihre Ahnen mit dieser Thematik zu tun hatten, desto eher sind Sie dadurch vielleicht noch verstrickt. Je weniger darüber ehrlich gesprochen wurde, desto unklarer ist Nachkommen wie Ihnen ihr Familienerbe.

Ungeklärte, vertuschte Morde und Mordversuche führen in nachfolgenden Generationen oft zu Wiederholungen. In Beziehungen kann so etwas unter Umständen als körperlich spürbare Bedrohung wahrgenommen werden, deren Herkunft unklar ist. Dies kann sich so stark zeigen, dass Sie Angst bekommen, Ihrem Partner/Ihrer Partnerin passiert etwas, wenn Sie nichts tun. Diesem „Geister-Täter“ fühlen Sie sich aber hilflos ausgesetzt. Das Einzige, was Sie tun können, ist, die Beziehung zu beenden, bevor es zu spät ist. Vielleicht versuchen Sie auch bewusst oder unbewusst, den „Geister-Täter“ auf sich zu ziehen, um den Partner zu schützen. Ohne spezielles Wissen führen viele Wirkungen weder zur Ursache noch zur Auflösung der Phänomene.

Ein besonderer Teil von Beziehungen entsteht durch gemeinsame Sehnsüchte, Ziele und Zukunftspläne. Das Erreichen von Zielen bezeichnet man in der westlichen Welt als Erfolg.

Trotz größter Anstrengungen scheint manchen Menschen und Paaren dieser Erfolg verwehrt zu sein. Sie sind über alle Maße engagiert, kreativ, hilfsbereit, sympathisch, freundlich, hochqualifiziert und von anderen sehr geschätzt? Mangels beruflichen und finanziellen Erfolgs lassen sich viele – auch partnerschaftliche Ziele – von Ihnen aber nicht verwirklichen?

Kennen Sie diese Merkmale und Phänomene in Ihrem Leben?

- ein Leben wie Beton
- massive und mysteriös erscheinende Erfolgsblockaden
- Leben mit angezogener Handbremse
- Ziele erreichen nur im Schneckentempo möglich
- Alpträume
- unsichere Liebesbeziehungen

Falls Sie davon betroffen sind, möchte ich Ihnen als Anregung hiermit Informationen zu möglichen Hintergründen geben. Vielleicht können Sie dadurch Ihr „Geheimnis“ lüften.

Jede Form von Gewaltausbrüchen mit unbekanntem Ausgang und alle Mordgedanken von Personen in unserem nahen Umfeld haben Einfluss auf unser Wohlbefinden und unsere Entwicklung. Vor allem, wenn wir sehr klein sind.

Kinder, deren Geschwister oder Eltern versucht haben, sie umzubringen, sind fortan ihres Lebens nicht mehr sicher. Vielleicht hat die Mutter schon in der Schwangerschaft mit Stricknadeln „hantiert" oder ist absichtlich die Treppe runtergefallen, um einen Abbruch, eine Fehlgeburt einzuleiten. Manche Frauen springen auch vom Tisch und versuchen es auf diese Weise.

Vielleicht hat Vater oder Mutter versucht, das Kind im Bettchen zu ersticken oder mit Nahrung zu vergiften. Zugegeben keine schöne Vorstellung, aber leider immer wieder auch ein Teil unserer Realität. Es gibt hier unzählige Varianten. Es kann sein, dass vieles auch „nur" in den Gedanken naher Bezugspersonen durchgespielt wurde. Für uns als Kinder ist solch ein „Klima" in jedem Fall in höchstem Maße lebensbedrohlich. Es ist 24 Stunden am Tag unsicher, beängstigend und gefährlich. Die Eltern oder nahe Bezugspersonen (Oma, Opa …) als Bedrohung zu erleben ist ein Schock und traumatisierend. Zu dem Geschlecht, von dem die stärkste Bedrohung für uns als Kind ausgeht, können wir später, als erwachsene Person, oft nur schwer ein Vertrauensverhältnis aufbauen.

Mit diesem unbewussten Misstrauen begegnen wir später häufig auch dem eigenen Partner, ohne uns darüber im Klaren zu sein, was wir da eigentlich tun. Die Auswirkungen solcher Kindheitserfahrungen sind zum Teil unvorstellbar. Betroffene können als Erwachsene daran leicht verzweifeln.

Ich hoffe, erlebte Mordversuche sind nicht Teil Ihrer Biografie. Aus eigener Erfahrung weiß ich aber, wie bedeutsam es sein kann, eventuelle Hinweise zu solchen Erfahrungen in der Kindheit zu erkennen. Es wird Ihnen helfen, ein sehr spezielles „Erfolgsgeheimnis" zu verstehen.
Auch wenn Sie als Kind einen Mord/Mordversuch miterlebt oder beobachtet haben, kann dies in späteren Jahren mysteriös erscheinende Folgewirkungen auf mehreren Lebensebenen verursachen. Wie hängt das zusammen?

Mit der gleichen Kraft, mit der etwas erschaffen werden kann, kann auch etwas vernichtet werden. Wer den Kontakt zu der Kraft, die etwas vernichten kann, abgespalten hat, um niemals so zu werden wie ..., wird deshalb als Erwachsener, in Beruf und Karriere, Schwierigkeiten haben, etwas aufzubauen, das auch finanziell wirklich Freude bereitet.

Warum wirkt sich dies so und gerade in diesen Bereichen so aus?

Wenn Sie als Kind durch aktiv handelnde Impulse Ihres Vaters oder Ihrer Mutter in Ihrem Leben bedroht wurden, konnten Sie Ihr Heranwachsen in diesem „Klima“ wahrscheinlich nur überleben, indem Sie sich innerlich von dieser handelnden Kraft distanziert haben.

Da Sie, bildlich gesprochen, aber das „Messer“ verstecken, mit dem Ihnen jemand die Kehle aufschlitzen wollte, fehlt Ihnen später das „Werkzeug“, um die „Butter auf das Brot“ zu streichen.

Hartnäckige Erfolgsblockaden, die nicht durch mangelnde Qualifikation und fehlenden Einsatz begründet sind, benötigen zur Überwindung manchmal eine liebevolle Integration zielgerichteter Handlungsimpulse, die in frühkindlicher Traumatisierung abgespalten wurden.

Was wäre Ihnen denn als Kind passiert, wenn so ein lebensbedrohlicher Handlungsimpuls gegen Sie tatsächlich **„erfolgreich“** gewesen wäre?

Was, wenn Ihr Vater, Ihre Mutter oder eine andere Person das **Ziel**, Sie aus dem Weg zu räumen, **erreicht** hätte? Können Sie sich erlauben, diese Wahrheit zu denken? Können Sie sich vorstellen, dass eine Kinderseele sich nach dem ersten Schock der Lebensbedrohung nur noch damit beschäftigt, wie es verhindern kann, dass die Erwachsenen ihr Ziel erreichen? Verstehen Sie jetzt, dass dies auch heute unter gar keinen Umständen jemals passieren darf? Gänsehaut? Können Sie sich vorstellen, dass ein so bedrohtes Kind permanent versuchen musste, alle Handlungsimpulse anderer auszubremsen oder umzulenken? Es konnte ja nie wissen, was als Nächstes passiert und welche Gefahr von den Zielen der Erwachsenen ausgeht.

Merke:

Für eine betroffene Kinderseele prägt sich durch die eigene Erfahrung der bleibende Eindruck, dass Erwachsene offensichtlich zum Ziel haben, kleine Kinder zu töten. Damit Sie damals als Kind überleben konnten, durfte keine Person in Ihrem Umfeld ihr – für Sie eventuell lebensbedrohliches – **Ziel erreichen. Aus dem gleichen Grund durfte damals keine erwachsene Person Erfolg mit dem haben, was sie tut!**

Da Sie diese Zeilen hier jetzt lesen, haben Sie es in jedem Fall geschafft, das „Allerschlimmste“ zu verhindern.
Die Frage ist nur, zu welchem Preis?
Als Ersatz für abgelenkte, nicht zu Ende geführte Tötungsimpulse wählen Menschen häufig körperliche und seelische Misshandlung, oft in Kombination mit sexuellem Missbrauch. Zwangsläufig lernen Kinderseelen sehr schnell, dass diese „Ablenkung“ eine Überlebenschance ist. Dem Trauma durch Lebensbedrohung folgen so ebenso zwangsläufig weitere seelische Spaltungen.

Auch wenn Sie als Kind diese Umstände nicht verstehen konnten, hat sich jede lebensbedrohliche Erfahrung und Tötungsabsicht tief in Ihre Seele eingeprägt. Jetzt sind Sie selbst erwachsen. Ihre Kindheit liegt lange zurück. Bewusste Erinnerungen haben Sie vielleicht keine mehr. Ihre Seele hat aber eines ganz sicher nicht vergessen:

Erwachsene dürfen keinen Erfolg haben mit dem, was sie tun, sonst müssen *Sie* sterben!

Kann es sein, dass Sie jetzt selbst ein Erwachsener sind, der keinen Erfolg hat mit dem, was er tut? Glauben Sie wirklich, das liegt an Ihnen oder einem „Fluch“? Es liegt vielleicht allein daran, dass Sie früh gelernt haben, was Ihr Überleben sichert – und überlebt haben Sie bisher doch immer irgendwie – oder?

Ein weiterer Aspekt ist die in jeder Zelle gespeicherte Energie von Gewalt, Zerstörung, Missbrauch oder erfahrener, früherer Misshandlung. Bereits wenn Kinder dem einmal ausgesetzt sind, werden das ganze Wesen, Körpersystem und die Psyche mit Eindrücken von Vernichtung, Zerstörung und Todesnähe vollkommen überflutet. Die Unausweichlichkeit der Ereignisse und gleichzeitige Hilflosigkeit aktiviert einen Überlebensmechanismus, der in der Psyche zur Verdrängung und Abspaltung der Erfahrungen führt. Nur so ist Über- und Weiterleben möglich. Als Erwachsener können wir uns vielleicht an nichts mehr erinnern. In unserem Leben spiegelt sich aber die noch in unserem Körpersystem abgespaltene und gespeicherte Erfahrung von Vernichtung, Zerstörung, Todesnähe. Ein Teil von uns ist mit der Täterenergie von früher geprägt und über täterloyale Anteile (eine weitere Überlebensstruktur) noch in einen Kreislauf von Zerstörung verstrickt. Dies wirkt in unserem Leben wie ein „Sabotagevirus". Wir wollen mit der Gewalt des Täters oder der Täterin nichts zu tun haben, müssen uns aber irgendwie arrangieren, um zu überleben. In Erwachsenenbeziehungen lebt diese ungeklärte Traumatisierung später weiter.

Bei Selbstständigen schwebt die Firma vielleicht immer zwischen „Leben und Tod" oder ein Konkurs folgt dem nächsten. Als Mitarbeiter sind Sie vielleicht zunehmender Missachtung, Mobbing und Angriffen „unter der Gürtellinie" ausgesetzt. Mit dieser komplexen Thematik ließe sich wahrscheinlich allein schon ein Buch füllen.

Positives Denken und Arbeiten bis zum Umfallen hilft nach meiner Erfahrung hier nicht. Dieses Thema gehört, eine entsprechende Kindheitserfahrung vorausgesetzt, in die Hände von Traumatherapeuten. Jeder Mensch ist einmalig und entwickelt seine individuellen Überlebensstrukturen.

Wenn ein Kleinkind sich mit der Aufgabe konfrontiert sieht, die Tötungsabsichten naher Bezugspersonen zu verhindern, ist dies im Grunde eine unlösbare Aufgabe. Ich möchte deshalb die mögliche Entwicklung und Bedeutung für den späteren Erwachsenen etwas näher betrachten. Kehren wir zu unserem Eingangsbeispiel zurück.

Ihr Erfolg heute bedroht scheinbar noch einen sehr früh abgespaltenen Seelenanteil, der nicht mitbekommen hat, dass ein anderer Teil von ihm selbst bereits erwachsen ist. Dieser in Todesangst abgespaltene Seelenanteil kann auch heute nur sein Überleben sichern, indem er nach wie vor den Erfolg von nahestehenden Erwachsenen sabotiert. Aus dem Erwachsenen, der diesem Seelenanteil heute am nächsten steht, sind nun Sie selbst geworden. Für diesen abgespaltenen Seelenanteil sind also Sie die größte Bedrohung geworden. Man könnte auch sagen, dass Sie diesem kindlichen Anteil viel zu nah auf die Pelle gerückt sind.

Dieser Anteil ist nicht in der Lage, zwischen „guten“ und „schlechten – zwischen weniger und ganz gefährlichen Erwachsenen zu unterscheiden. Er weiß nur: Je näher ein Erwachsener an ihm dran ist, desto mehr muss er aufpassen, desto gefährlicher kann es werden. Je näher ein Erwachsener an ihm dran ist, desto mehr muss er ihn kontrollieren und ausbremsen. Je weiter ein Erwachsener von ihm weg ist, desto sicherer fühlt dieser Anteil sich.

Dies ist kein Spaß. Hier geht es ums nackte Überleben!

Und wenn Sie jetzt Ihren Ärger über die jahrelange „Sabotage“ einmal beiseiteschieben, bemerken Sie vielleicht, wie perfekt dieser Anteil von Ihnen gearbeitet hat. Sie haben manche Ziele nicht erreicht, aber Sie haben überlebt. Allein dieser Anteil hat Ihnen das Überleben gesichert! Ich weiß, das fällt schwer, aber ohne eine angemessene Würdigung und Anerkennung dieser außergewöhnlichen Leistung kommen Sie keinen Schritt weiter. Es ist Zeit, sich diesem Anteil liebevoll zuzuwenden. Erinnern Sie sich dabei immer wieder, warum dieser Anteil Erwachsenen – also auch Ihnen – gegenüber misstrauisch ist. Für ihn ist die Zeit stehen geblieben. Er fühlt sich noch immer in Lebensgefahr und von Erwachsenen bedroht. Haben Sie also Geduld und Mitgefühl mit sich selbst. Ihr größter Erfolg im Leben wird sein, sich mit diesem Anteil wieder auf gesunde Weise zu verbinden. Durch diese neue „Partnerschaft“ wird lange gebundene Lebensenergie wieder frei fließen und alle Lebensbereiche mit Freude durchströmen. Dann dürfen Sie als Erwachsener auch uneingeschränkten Erfolg haben mit dem, was Sie tun, ohne dass andere Seelenanteile in Ihnen sich dadurch bedroht fühlen.

Keine Sorge. Bei der Aufarbeitung geht es weniger um die Ergründung von Details zu der Wahrheit Ihrer Kindheit als vielmehr um die Klarheit und Anerkennung einer seelischen Spaltung. Ihr inneres Seelenbild ist die einzige interessante Wahrheit, die es ernst zu nehmen gilt. Egal wie sehr sich Realität und Fantasie eventuell damals vermischt haben, um Ihr Überleben zu sichern.

Bevor Sie sich auf den Weg machen, sollten Sie sich eines bewusst vor Augen halten:

Ein von ihnen abgespaltener Seelenanteil, der vielleicht schon Jahrzehnte von Ihnen getrennt ist, interessiert sich nicht die Bohne für Aktienkurse, Finanzen oder Geschäftserfolg. Zuwendung, Mitgefühl, Liebe, Vertrauen und Ehrlichkeit sind die Ebenen, auf denen Sie diesem Teil von sich begegnen können. So werden Sie Stück für Stück einen sehr wichtigen Teil von sich selbst zurückgewinnen. Auf einer „Kleinkind-Ebene“ können Sie nur über authentische Gefühle kommunizieren und ein neues „Klima“ von Vertrauen aufbauen.

Wenn dies Ihr Thema sein sollte, wünsche ich Ihnen von ganzem Herzen viel Erfolg.
Mit diesem starken Partner an Ihrer Seite wird das Erreichen neuer Ziele ein „Kinderspiel“.

PS:
Der Teil von Ihnen, der sich seit Ihrer Kindheit und ersten lebensbedrohlichen Erfahrung um Ihr Überleben kümmert, versucht seitdem, die Aktivitäten aller Erwachsenen, die ihm zu nahe kommen und gefährlich werden könnten, permanent zu überwachen und vorauszuahnen. Er hat dafür mehrere Techniken entwickelt. Eine davon möchte ich „geistiges Einfrieren" nennen. Was das ist? Wenn der „Geist" lernt, schneller zu arbeiten, als sein Umfeld sich bewegt, läuft praktisch alles in „Zeitlupe" ab und es bleibt genügend Zeit zu „reagieren". Das Leben läuft so permanent in sehr überschaubarer Geschwindigkeit ab. Man könnte auch „Schneckentempo" oder „Zeitlupe" dazu sagen. Ich selbst habe es immer als angezogene Handbremse empfunden und beschrieben. Es ist so ein Gefühl, als ob zehn Leute einen Luftballon anschieben müssten.
Da alles extrem langsam abläuft, gibt es auch kaum sichtbare Veränderungen im späteren Leben. Was sich bei anderen alles in einer Woche ereignet, geschieht bei solchen Menschen vielleicht im ganzen Jahr.

Sie als Erwachsener fühlen sich vollkommen im Leben ausgebremst und verstehen nicht mal ansatzweise, was und wie das eigentlich passiert. Ein anderer Teil von Ihnen ist dabei hoch zufrieden mit seinen Ergebnissen. Nur Sie selbst sind es nicht.

Kommt Ihnen das bekannt vor?

Durch Ihren „7. Sinn“ und Ihre sehr vorausschauende Art sind Sie als Führungskraft, Geschäftsführer/in, Berater/in oder Coach die ideale Person, um andere zu dem Erfolg zu führen, der Ihnen selbst in dieser Form versagt bleibt, solange Sie die Hintergründe nicht verstehen.

Der Erfolg der anderen und das Erreichen von Zielen anderer ist weiter weg von Ihnen und allein schon deshalb ungefährlicher für den Anteil von Ihnen, der seinen „Erfolgsprinzipien“ treu bleibt. Um Ihr Überleben sicherzustellen, haben diese sich bisher schließlich sehr gut bewährt! Deutlich genug?

Für Sie als Erwachsener scheint das vielleicht weder sinnvoll noch logisch, doch kindlichen Anteilen können Sie nicht mit Logik beikommen. Da hilft nur Gefühl für die noch existierende, emotionale Realität permanenter Gefahr und Bedrohung. Diese hat für den abgespaltenen, traumatisierten Seelenanteil bis heute nicht aufgehört!

Wenn es immer nur zum Überleben reicht und nicht an persönlichem Einsatz mangelt, verbirgt sich hinter hartnäckigen Erfolgsblockaden oft ein Existenztrauma. Also mindestens ein Ereignis, bei dem es für Sie oder eine nahe Bezugsperson um Leben und Tod ging. Ich weiß natürlich nicht, welche Fähigkeiten Sie als Kind entwickeln mussten, um zu überleben. Ich möchte Ihnen hier nur Denkanstöße geben, die auf meinen ganz persönlichen Erfahrungen beruhen. Vielleicht können diese Impulse Ihnen helfen, die „Erfolgsgeheimnisse“ Ihrer kindlichen Anteile zu entdecken, zu verstehen und zu würdigen.

Ich wünsche Ihnen von ganzem Herzen, dass Sie sich diese Fähigkeiten auch als Erwachsener in anderer Weise zunutze machen können, um freudvoll bisherige Lebensgrenzen zu überschreiten. Vielleicht hilft Ihnen auch der nächste Abschnitt, aus dem bisherigen „Gefängnis“ auszubrechen und bestehende, auch geistige Mauern einzureißen.

Orientierungspunkt:

Alles, was Sie bisher geleistet haben, sind wichtige und hilfreiche Voraussetzungen für Ihren ganz persönlichen Erfolg und Durchbruch. Geben Sie nicht auf. Widmen Sie sich dem unbekannten Anteil in Ihnen selbst und erlösen Sie ihn von der Aufgabe, den Erfolg des ihm am nächsten stehenden Erwachsenen zu verhindern, um zu überleben.

Fragen, die Ihr Leben verändern können:

Welche „Kraft“ könnte größer sein als die Kreativität, Genialität und all Ihr jahrelanger, unermüdlicher Einsatz?

Wer oder was „schützt“ Sie vielleicht davor, reich und/-oder berühmt zu sein? Warum? Unbestimmte Angst vor Öffentlichkeit?

Was genau darf unter keinen Umständen öffentlich werden?

Welches Tabu Ihres Familiensystems wird hier eventuell berührt?

Lassen Sie den Anteil in Ihnen, der all das weiß, spontan die folgenden Sätze beenden.
Ganz wichtig! Bewerten Sie die Aussage nicht! Schreiben Sie sofort die Information auf, die als erste, ganz spontan in Ihnen auftaucht:

- Lieber verzichte ich auf all das Geld, den Ruhm und persönliche Freiheiten, als dass/bevor ...

- Egal was ich tue, ich werde niemals ... wiedergutmachen können.

Nehmen Sie die Beispiele als Anregung, um spontan Ihre eigenen Sätze zu entwickeln.

Wenn andere immer Ihre Früchte ernten – um welchen Ausgleich geht es hier wirklich?

Für wen haben Sie die Verantwortung übernommen, etwas auszugleichen?

Wie viele Jahre kämpfen Sie schon um jeden Cent? 10, 15, 20 Jahre oder länger?

Wessen „Schuld“ könnte so groß sein, dass „lebenslänglich“ noch zu wenig ist? Um welche „Bürgschaft“ oder „Erbschaft“ geht es hier wirklich? Sind Sie sicher, dass Sie die „Baustelle“ in frühkindlicher Symbiose nicht verwechselt haben? Wo sind Sie vielleicht Zeuge geworden und mussten dies verdrängen und vergessen?

Welche Kraft wirkt da in Ihnen, in Ihrer psychischen Struktur, die scheinbar „über“ Ihrem Leben, über Ihren Zielen und Wünschen steht?

Welche Art von Kraft oder prägendem Ereignis nimmt Ihrem Leben noch heute den Atem?

Welche Art von Kraft oder prägendem Ereignis lässt noch heute jede Ihrer Aktionen erstarren, noch bevor sie richtig zu fließen begonnen hat?

Über dem, was ins Leben führt, stehen nur der „Tod“ und die Kraft, die, statt Leben zu schenken und zu fördern, Leben beendet und Leben nimmt.

Können Sie konkrete Ereignisse in Ihrer eigenen Biografie benennen, deren bewusster Zeuge Sie selber sind, die solche Erfolgsblockaden tatsächlich rechtfertigen und erklären?

Wenn für Sie der Kampf ums nackte Überleben einfach nicht aufhört, gibt es wahrscheinlich einen Persönlichkeitsanteil in Ihnen, der in seinem Überlebenskampf noch feststeckt.
Erlauben Sie sich, mutige Fragen zu stellen.

Die menschliche Psyche enthält erstaunliche Mechanismen, mit denen sie in unseren Erinnerungen alles ausblenden kann, was im Zusammenhang mit traumatischen Erlebnissen steht. In Folge dieser „Blinden Flecken" sehen wir uns im späteren Leben oft mit Situationen, Einflüssen und Erfahrungen konfrontiert, die auf uns so wirken, als seien sie von „höheren Mächten" gesteuert. Zermartern Sie sich in so einem Fall nicht das Hirn. Suchen Sie den Kontakt und die Hilfe von Menschen die sich mit Traumata auskennen.

Todeshauch

Kaum ein Feuer,
kommt ein kühler Hauch
und nimmt den Atem
vollständig.
Jahr um Jahr
wird es schwieriger,
die wenige Glut
neu zu entfachen.

Niemand wundert sich,
nur ich
weiß,
dass es etwas gibt,
das diese Kälte einst
geboren hat.

Wie viel Angst braucht es,
um alles zum Erstarren zu bringen,
was leise sich nach Leben sehnt?

Still,
niemand soll uns hören
und wissen,
dass es uns noch gibt.

14.11.2012

Privates und staatliches Gefängnis

Da ein Kind sehr lange nicht entfliehen kann, ist ein Umfeld von Gewalt, Missbrauch und Bedrohung am ehesten mit der Situation eines Gefangenen im Gefängnis zu vergleichen. Für ein Kind, das in so einem „Klima" aufwächst, wird sein Zuhause und die Nähe zu den Eltern mit wichtigen Bezugspersonen von einem Gefühl der Gefangenschaft geprägt. Jede Traumatisierung in dieser Zeit ist untrennbar mit den Eltern oder nahen Bezugspersonen verbunden. Mit den Eltern verbunden zu sein bedeutet, gefangen zu sein.

Der Teil des Menschen, der später den Eltern nahe sein möchte, geht dafür nicht selten auch freiwillig ins „Gefängnis" zurück. Nicht jede/r bleibt dabei so unschuldig wie das kleine Kind damals war. In diesem Zusammenhang wird auffällig, dass auch ein Wärter den größten Teil seines Lebens freiwillig im Knast verbringt.

All das, was Sie durch seelische Spaltungen in der Kindheit „verloren" haben, lässt sich ohne Hilfe nur schwer in einem staatlichen Gefängnis wiederfinden. Es gibt aber immer einen Teil in jeder Persönlichkeit, der seine Lebensgeschichte verstehen will. Dieser Teil ahnt auch, dass er dazu an den Ort, die Zeit der Kindheit zurückkehren muss.

Wenn wir uns als Erwachsene an etwas erinnern wollen, das wir vergessen haben, suchen wir nach Parallelen und Eindrücken, die uns helfen können, die Erinnerung zu aktivieren. Wenn wir etwas verloren ha-

ben, gehen wir den Weg an die Orte zurück, an denen wir gewesen sind. Ein Teil in uns weiß vielleicht noch, dass es ein Ort und eine Zeit war, in der uns Essen, Schlafen, Auslauf und Besucher zugeteilt wurden. Das Gefühl von „Eingesperrtsein" in einem Kasten mit Gitterstäben gehört auch oft dazu. Wir wissen nur nicht mehr, was eigentlich genau da passiert ist.
Da diese Phänomene in allen sozialen Schichten existieren, gibt es natürlich auch den sogenannten „goldenen" Käfig.

Und Sie?
Haben Sie vielleicht bewußt oder unbewußt die Idee entwickelt, als Baby im Krankenhaus vertauscht worden zu sein? Verbringen Sie jetzt als Erwachsener „zufällig" beruflich, als Besucher oder Patient, viel Zeit im Krankenhaus? Wenn nicht – welcher Idee folgen Sie, vielleicht ohne selber genau sagen zu können warum?

Wie und wo suchen Sie nach Ihrer Wahrheit, oder haben Sie das schon aufgegeben? Folgen Sie lieber der Wahrheit anderer?

Vielleicht suchen Sie schon Ihr Leben lang, überall auf der Welt, in vielen Beziehungen und Berufen. Wonach genau? Nach der Verbindung zu Ihren wahren Eltern? Nach verschollenen, unbekannten Geschwistern oder dem anderen Kind? Nach der ultimativen Liebe? Sie wissen nicht genau wonach Sie suchen, aber ganz sicher, dass Sie es erkennen werden wenn Sie es gefunden haben? All das sind mögliche Hinweise auf TRAUMA.

Orientierungspunkt:

Auch wenn wir im staatlichen Gefängnis oder „Knast“ mit allen Lebensthemen unserer Kindheit (Drogen, Gewalt, Mordversuche, Mord, Lebensbedrohung, Missbrauch ...) in Kontakt kommen, fehlt uns in der Regel der Zugang zu den Bildern und Informationen über unsere eigene Geschichte. Auch wenn viele Menschen unbewusst die Sehnsucht nach der elterlichen Liebe in ein Gefängnis führt, bleibt, wie damals, die Liebe unerreichbar. Egal wie lange und wie oft ein Mensch in verschiedenen „Gefängnissen“ danach sucht.

Auch eine partnerschaftliche Liebesbeziehung kann natürlich dieses Unverständnis und diesen Mangel niemals ausgleichen.

Oft suchen wir die eigene Identität ohne es zu wissen. Gesunde Schritte dahin haben Sie in diesem Buch bereits kennen gelernt.

Ziele, Evolution und Partnerschaft

Es gibt die Idee, Ziel der Evolution sei es, alle karmischen Energien aus zwischenmenschlichen Beziehungen in Einsicht und Erkenntnis umzuwandeln und den vollkommenen, ausgeglichenen, androgynen Urzustand wieder zu erreichen – die Einheit von weiblichen und männlichen Seelenanteilen und deren Verschmelzung mit anderen zu einem großen Ganzen. Wie immer man darüber denkt, gewisse Fragen stellen sich in jedem Fall.

Was steht eigentlich hinter den karmischen Energien?

Was steht hinter dem Gesetz des Karma?

Wer hat das Gesetz überhaupt entworfen?

Warum ist Partnerschaft karmisch überhaupt notwendig?

Die Kette von Fragen ließe sich endlos fortsetzen. Letztendlich bleibt aber immer die Sinnfrage nach dem „Woher“ und „Wohin“ des Menschen.

Auf seiner Suche nach Erklärungen neigt der Mensch jedoch nicht nur dazu, die Schuld immer bei anderen zu suchen; auch die Ursachen seines Selbst versucht er in weiter Ferne und früheren Leben zu finden. Oft geschieht dies, weil die Unfassbarkeit der Wahrheiten, die dieses Leben zu bieten hat, den Blick auf Antworten verstellt, die viel näher liegen. Auch mir ist dies trotz vieler therapeutischer Schulungen so ergangen.

Manche Wahrheiten treffen uns mit solcher Wucht, dass wir dafür vorher eine seelische Reife entwickeln dürfen, die in der Lage ist, dies aufzufangen. Vertrauen Sie auf Ihrem Weg vor allem Ihrem persönlichen Gefühl und **langfristig** der Freude in Ihrem Leben als Maßstab.

Jeder Arzt, der als Antwort nur Medikamente kennt, verdient Ihre Achtsamkeit **und** gesundes Misstrauen. Er hat es wahrscheinlich nicht besser gelernt und nie hinterfragt.

Die Sorge, andere Antworten zu finden, liegt allein in Ihrer eigenen Verantwortung. Informationen wie diese hier lassen eine wahrhaftige und „glückliche" Partnerschaft hoffentlich auch für Sie auf gesunde Weise näher rücken. Vertrauen Sie vor allem sich selbst und Ihrem Gefühl. Dies kann auch bedeuten zu sagen: Ich liebe dich und gleichzeitig fühle ich ein Unglück in mir, dessen ich mir früher nicht so bewusst war.

Welche Wege wir auch immer gehen, welche Dinge wir auch immer suchen, die Themen Liebe, Beziehung und Partnerschaft werden, bewusst oder unbewusst, immer eine treibende Kraft in unserem Gepäck bleiben. Viele Antworten zu diesen Themen sind in den Geheimnissen unserer Kindheit und Familie verborgen.

Das „Karmische" einer Beziehung ist im Ursprung oft durch eine traumatische Kindheit geprägt oder hängt damit zusammen.

Viele Menschen begegnen uns auf unserer Reise und manchmal haben wir das unbestimmte Gefühl, wir sollten uns zurückziehen. Da ist es hilfreich zu wissen, dass der Wunsch nach Abstand Teil von einem gesunden Überlebensmechanismus ist. Achten Sie solche Impulse, aber ergründen Sie gegebenenfalls auch deren wahre Ursache; sonst nimmt eines Tages eventuell Ihr Partner Abstand von Ihnen, um Ihnen den Raum zum Nachdenken zu geben. Sollte dieser Fall bereits eingetreten sein, streichen Sie bitte als Allererstes den Begriff „Schuld" aus Ihrem Lebenskonzept, denn er bindet Sie unnötig an eine Opfer-Täter-Struktur, die keinen Ausweg kennt. Persönliche Freiheit und erfüllte Partnerschaften beginnen jenseits dieser Struktur über den Aufbau einer völlig neuen Beziehung zu Ihrer ganz persönlichen Verantwortung für alle Wirkungen in Ihrem Leben. Ich wünsche Ihnen aufrichtig allen Mut, den es für Sie braucht, diese Verantwortung zu übernehmen.

Ich hoffe, dieser Ratgeber kann Ihnen immer wieder hilfreiche Impulse geben auf Ihrem Weg, karmische und andere Beziehungen in eine neue, göttliche Freiheit zu führen.

Merke:
Wenn sich auf dieser Forschungsreise Geheimnisse Ihrer Kindheit offenbaren, mag es notwendig sein, einen gesunden Abstand zu Ihren Eltern einzunehmen.
Zögern Sie dann nicht, Ihrem inneren Kind den Schutz zu gewähren, den Ihre Eltern nie die Ehre hatten zu würdigen.

Wo Liebe
an ihre Grenzen kommt,
gilt es, mutig
dem Fluss der Zeit
zu folgen,
bis eines
Augenblickes
das Verstehen
in uns
Raum gewinnt
und zwanglos
Weisheit
zur Erfahrung wird.

02.05.1999

Grenzen einer karmischen Beziehung

Jede Beziehung stößt irgendwann an die Grenzen der eigenen kindlichen Wahrheit.

Diese bleibt naturgemäß so lange ein Geheimnis, bis wir bereit sind, den verschleiernden Mantel mit all den schönen Geschichten über eine glückliche Kindheit zu lüften.

Auch die Grenzen Ihrer karmischen Beziehung werden maßgeblich von Geheimnissen bestimmt, die Sie irgendwann vergessen mussten, um zu überleben.

Je ratloser, verzweifelter und hilfloser Sie sich damit fühlen, desto stärker sind Sie wahrscheinlich mit Teilen kindlicher Verwirrung und Überforderung in Kontakt. Wenn eine partnerschaftliche Situation dies ausgelöst hat und Ihre „heile Welt" infrage stellt, sind die Themen Liebe und Beziehung in Ihrer Kindheit wahrscheinlich von Verwirrung und Gefühlen der Ohnmacht geprägt worden. Hier sind zum Teil unvorstellbare Kräfte in Traumata gebunden, die in Verdrängung und Unwissenheit eine explosive Eigendynamik entwickeln können. Ihren oft lebensbedrohlichen Charakter verlieren diese Kräfte häufig erst dann, wenn der Partner, der mit der lebensbedrohlichen Komponente intensiver in Kontakt ist, die Trennung herbeiführt. Die Energien von Vernichtung stehen manchmal förmlich im Raum. Die Angst, dass etwas Schlimmes passiert, und der Wunsch, den Partner/die Partnerin zu schützen, lassen dem, der die Bedrohung spürt, meist keine Wahl.

Hier kann keiner der Partner etwas für die Trennung. Für beide ist es gleich schlimm, auch wenn dadurch Schlimmeres verhindert wurde.

Vielleicht haben Sie beide durch besonderes Vertrauen zueinander und tiefe Hingabe die „Grenzen" und „Wächter" eines „Tabus" berührt, von dessen Existenz Sie beide keine Ahnung hatten. Auf den Schutzmechanismus an dieser „Grenze Ihrer Beziehung" waren Sie deshalb auch in keiner Weise vorbereitet. Ihnen haben vermutlich jegliche Mittel und Informationen gefehlt, um auf die Ereignisse, die sie überrollt haben, anders zu reagieren. Mit der Trennung und „Entladung" der Energie ist das zugrunde liegende Thema aber weder erkannt noch gelöst worden. Die Überlebens-Ichs beider Personen sind genau daran auch nicht interessiert. Sie „beschützen" selbst zum Preis der Partnerschaft den Zugang zu den Traumata, mit denen Sie als Paar in Berührung gekommen sind. Für das Überlebens-Ich ist eine Trennung im Zweifelsfall das kleinere Übel. Versöhnung und Neuanfang bleiben bei solchen Dynamiken deshalb nur von kurzer Dauer; die nächste Trennung folgt unweigerlich. Manche Paare folgen über Jahre immer dem ähnlichen Muster, ohne die tieferen Zusammenhänge zu verstehen.

Ich hoffe, Ihnen sind mit diesem Ratgeber viele Ansätze zuteil geworden, Phänomene Ihrer Beziehungen besser einordnen zu können und Erfahrungen wirklich zum Guten zu verändern. Jeder Schritt in diese Richtung lohnt sich. Gehen Sie einfach kontinuierlich weiter. Ich sage nicht, dass es leicht ist. Aber es ist möglich. Führen Sie Ihre traurigen Geschichten zum Happy End. Dann ist der Himmel auf Erden für Sie und Ihre Beziehungen wirklich frei.

Wunder

Ich bewundere Deinen Mut,
das Leben auch heute wieder
mit neuer Hoffnung
in die Hand zu nehmen,
obwohl es Dir gestern
beinahe entglitten wäre.

Ich staune immer wieder neu,
wie Deine Liebe strahlt
aus Deinem Herzen
und Deinen Worten,
obwohl Dir niemand beigebracht hat,
wie das geht.

Ich liebe Dich
ohne Zweifel
für Deine Art zu sein
in unerschütterlicher Kraft
und im Glauben an Dich selbst.
Ich weiß,
dass dieser Schatz in Dir
nur Deine Liebe braucht,
um gegen alle Schatten
auch heute
den schmalen Pfad vor Dir zu beleuchten.

Denke immer daran,
es kommt Dir ein Licht entgegen,
das von meinem Herzen strahlt
in die Nacht.

10.12.2009

Checkliste zu Teil 7 – Was können Sie jetzt konkret tun?

Schritt 7

Klärung Ihrer karmischen Beziehungen

Bevor wir nun zum praktischen Teil kommen, gibt es noch etwas, worüber ich hier schreiben möchte, um möglichst viele Begrenzungen zu den Übungen abzubauen.

Vor allem der „Widerruf zur schwarzen Magie" löst naturgemäß gewisse Ängste und eine Unsicherheit aus. Ohne Zusatzinformationen wie die folgenden könnten Sie vermeiden, die Übung zu Ihrem Vorteil zu nutzen.

Ich hoffe, Sie erkennen die besondere Bedeutung für sich als kraftvolle Möglichkeit, Ihre Beziehungen von ewig bindenden Strukturen zu befreien.

Göttliche Freiheit – ein Schlüssel zur bedingungslosen Liebe und zur Auflösung von „schwarzer Magie"

Das System von schwarzer Magie arbeitet unter anderem mit den Prinzipien von Macht, Manipulation, Angst, Unterdrückung, Krankheit, Versklavung und Unglück.

Wer bewusst oder unbewusst mit Energiestrukturen und Bindungsformen arbeitet, die andere Personen oder Wesen (einschließlich Tieren) in Unfreiheit an ewiges, dunkles Schicksal binden, hat den schützenden Raum göttlicher Freiheit und bedingungsloser Liebe verlassen. Eine erfüllte, glückliche Liebesbeziehung in gegenseitiger Freiheit ist hier nicht mehr möglich.

Das Wort Liebe kommt hier vielleicht noch über die Lippen, aber nicht mehr aus dem tiefen Gefühl eines ehrlichen Herzens. Sie werden wissen, was ich meine. Vielleicht haben Sie sogar Sexsklaven abgerichtet, die glauben, Freude daran zu haben, Ihnen zu Diensten zu sein – Liebe wird, bei aller Lust, dabei Ihr Herz nicht erwärmen. Die Gestaltung Ihres persönlichen Lebensstiles sieht Gefühle wie Liebe vielleicht auch nicht als vorrangiges Ziel vor. Falls Sie jedoch einmal die Erfahrung von bedingungsloser Liebe anstreben sollten, ist Ihr „Widerruf zur schwarzen Magie“ ein wichtiger erster Schritt dazu. Warum das notwendig ist? Ganz einfach. Sie können innerhalb einer Verpflichtung, mit Strukturen von Manipulation und Abhängigkeit zu arbeiten, keinen Raum von göttlicher Freiheit und bedingungsloser Liebe erschaffen. Sie können auch mit „schwarzen Füßen“ keinen weißen Raum betreten, ohne aufzufallen.

Erleben Sie sich ständig in unfreien Liebesbeziehungen und möchten Sie das verändern? Sie erinnern sich nicht, wann und wie Sie jemals mit der dunklen Seite der Macht Experimente und Erfahrungen gemacht haben? – Da sind Sie nicht allein und um dies zu verstehen, ist es hilfreich, das Modell von früheren Leben mit einzubeziehen.

Die menschliche Seele liebt es, Erfahrungen zu machen, mit eigenen und anderen Kräften im Universum zu experimentieren. Kurze und langfristige Folgen können dabei naturgemäß oft nicht vorher erfasst werden.

Die Wissenschaft lehrt und lernt heute noch so und nimmt billigend in Kauf, dass immer wieder Teile der Natur, Menschen oder Tiere durch solche Experimente oder Lernphasen stark geschädigt werden oder sterben. Je höher die Ethik in einer Gesellschaft entwickelt ist, desto größer kann langfristig der Nutzen aus solchen Erfahrungen sein.

Wenn Sie also heute, trotz vieler Experimente auf dem Feld partnerschaftlicher Beziehungen, immer zu den gleichen unbefriedigenden Ergebnissen kommen, haben Sie den Prozess von

- **Analyse** (was habe ich wie und warum getan?),

- **Veränderung** (was könnte ich anders tun, um das Ergebnis zu verändern?),

- **Entwicklung** (was habe ich bisher gelernt?),

- **Kreativität** (woran habe ich bisher nicht gedacht?) und

- **Erkenntnis** (Essenz, Kernbotschaft – was ist allen Ergebnissen gemeinsam und warum?)

nicht so abgeschlossen, dass ein zufriedenstellender Nutzen entstehen konnte. Die Quantenphysik hat wissenschaftlich bewiesen, dass die geistige Haltung der Person, die bestimmte Versuche leitet, maßgeblich die möglichen Ergebnisse beeinflusst. Was hat denn das jetzt mit einer glücklichen Liebesbeziehung und dem ganzen „schwarzmagischen Kram" zu tun? Ganz einfach. Wenn Sie, um in der bodenständigen, wissenschaftlicheren Betrachtung zu bleiben, als Ergebnis Ihrer Beziehungsexperimente einen Zustand hervorbringen wollen, der die Komponente „Liebe" enthält, ist es hilfreich, wenn Sie als Person, die den Versuch leitet, das gewünschte Ergebnis nicht bereits durch Ihre geistige Grundhaltung – bewusst oder unbewusst – ausschließen.

Da „Liebe" ein sehr diffuser Faktor ist, sind die Einfluss nehmenden Faktoren vielleicht auch eher „diffuser" Natur. Ich möchte Sie deshalb einladen, Ihre geistige Grundhaltung, Ethik und persönliche karmische Geschichte unter dem Aspekt gewünschter Ergebnisse einmal neu zu betrachten. Quasi als wissenschaftliches Studienobjekt. Vielleicht haben Sie wesentliche Teile nie infrage gestellt oder gar nicht erst einbezogen. Hier geht es auch darum, das, was wir als unbewusste Ängste aufgenommen haben, aufzulösen.

Ich kenne Ihre persönliche Situation natürlich nicht. Mir sind durch eigene Forschungen aber Zusammenhänge und Faktoren aufgefallen, die in den Bereichen Partnerschaft, Beziehung und Liebe offensichtlich einen bedeutsamen Einfluss haben. Im Rahmen meiner eigenen „Analyse-Veränderung-Entwicklung-Kreativität-Erkenntnis-Prozesse" sind auch Übungen entstanden, um die eigene geistige Grundhaltung wieder in einen Zustand von Unabhängigkeit und Freiheit zu bringen, den ich als „göttliche Freiheit" bezeichne.

Nur zur Klarheit der von mir verwendeten Begrifflichkeiten:
Die „göttliche Freiheit", die ich hier anspreche, hat schon lange existiert, bevor Glaubenssysteme aller Art ihre Geschäftsmodelle daraus abgeleitet haben. Göttliche Freiheit ist ein universelles, unzerstörbares Recht, welches nicht organisiert werden muss.

Die „göttliche Freiheit", die ich hier anspreche, kommt in keiner mir bekannten Organisation vor. Eine autonome göttliche Freiheit ist nicht im Sinne der weltweiten Glaubenssysteme und deren Geschäftsführer.

Der Begriff „Ritual" ist sehr vielschichtig besetzt. Ich verwende diese Bezeichnung im Rahmen der Übungen als deutlichen Hinweis auf eine bewusste, eigenverantwortliche, geistige Ausrichtung und Bewusstseinsarbeit im Sinne eigener Transformation und Freiheit. Es geht mir dabei um Ihre Unterstützung zur inneren Ausrichtung und eine gesunde Ernsthaftigkeit, die nichts mit Religion oder Esoterik zu tun hat.

An traditionellen Ritualen in unserer Gesellschaft, wie Fasching oder Silvester, nehmen Sie sicher auch mit anderer innerer Haltung teil als an den eigenen Hochzeitsvorbereitungen.

Zu Ihrer Orientierung scheint mir letzteres Beispiel als Ausrichtung für die Übungen eher geeignet. Die Energie einer bewussten, neuen, eigenen Entscheidung aktiviert auch innere, unbewusste Kräfte zu einer guten Lösung. Fühlen Sie sich frei, gegebenenfalls eigene Begriffe zu verwenden, die Ihnen helfen, die Übungen für sich zu nutzen.

Alle karmischen Beziehungen im Sinne dieses Ratgebers haben irgendwann im Laufe ihrer Geschichte diese göttliche Freiheit verloren. Nach meiner Erfahrung ist diese göttliche Freiheit nur mit göttlicher Hilfe und einem „Widerruf zur schwarzen Magie" vollständig zurückzugewinnen. Das Licht und die Hilfe der göttlichen Gnade brauchen Sie auch, um allen Opfern Ihrer Experimente mit der dunklen Seite der Macht wieder ihre Freiheit geben zu können, denn Sie werden sich kaum an alle Einzelheiten erinnern. Selbst wenn Sie sich noch des einen oder anderen Fluchs entsinnen, der Ihnen über die Lippen gekommen ist, oder an einen lautstarken Gedanken mit einer Verwünschung – die Auflösung dieser Energiestrukturen stand wahrscheinlich nicht in der „Gebrauchsanleitung".

Solange es aber noch „Opfer" gibt, die in ewig bindenden Energiestrukturen gefangen sind, die Sie irgendwann erschaffen haben, wird Ihr eigenes Leben noch ein Spiegel dieser Unfreiheiten sein. Je eher Sie diese Zusammenhänge in ihrem ganzen Ausmaß wieder erinnern und in Betracht ziehen, desto schneller werden Sie in Ihrem Herzen die bedingungslose Liebe göttlicher Freiheit spüren.

Je mehr Menschen diesen Weg gehen, desto schneller werden alle gemeinsam in einer Gesellschaft leben, wo glückliche Beziehungen in bedingungsloser Liebe und göttlicher Freiheit ihren festen Platz haben. Um dies zu erreichen, gibt es nur eines zu tun: Ärmel hoch! Sind Sie dabei?

Es mag Ihnen vielleicht bisher nicht bewusst gewesen sein, aber Ihr persönliches „Feld“ ist von Ihrer gesamten karmischen Geschichte geprägt – ob Sie sich an diese erinnern oder nicht. Auch Experimente und alte Verträge mit der dunklen Seite der Macht von Mitgliedern Ihres Familiensystems hinterlassen dort ihre Spuren und strahlen in Ihr Umfeld. Ihre neue gedankliche Ausrichtung in diesem Leben – wie lichtvoll auch immer sie sein mag – reicht hier definitiv nicht aus, um diese alten Bindungen und Verstrickungen über das Familiensystem aufzulösen. Es braucht von Ihnen eine neue, klare, eindeutige und ganz bewusste Entscheidung, die die Dinge direkt beim Namen nennt! Ohne Ihren Widerruf zur schwarzen Magie hat die göttliche Ebene nicht die Erlaubnis, die von Ihnen geschaffenen Bindungsstrukturen aufzulösen. Ohne Ihre explizite Bitte um Hilfe der göttlichen Quelle wird das Licht der göttlichen Gnade für Sie nicht aktiv werden, denn nur Sie allein können entscheiden, ob Sie das wirklich wollen. Hier geht es um Ihren freien göttlichen Willen. Wollen Sie weitermachen wie bisher oder ein neues „Experiment“ wagen? Sie allein entscheiden das!

Bei aller Leichtigkeit, mit der ich versuche, Ihnen diese Thematik näherzubringen, ist dies eine sehr ernst zu nehmende Angelegenheit von großer Tragweite. Trotz aller göttlichen Hilfe werden Sie noch zu kämpfen haben, deshalb reichen hier halbseidene Entscheidungen und Lippenbekenntnisse nicht aus! An diesem Wendepunkt gibt es nur Entweder-oder. Es gibt jedoch eine Art „graue Zone“ dazwischen, in der sich alle befinden, die gerade von der einen auf die andere „Seite“ wollen. Vielleicht haben Sie ja das Gefühl, sich schon länger in so einer Art Zone zu befinden, obwohl Sie in diesem Leben immer eine göttliche Ausrichtung gelebt haben. Dann liegt dies daran, dass Sie sich innerlich zwar umentschieden, den „Widerruf zur schwarzen Magie“ aber noch nicht mit äußerlich wirksamer Kraft vollzogen haben.

Ich bin mir bewusst, dass der Begriff „schwarze Magie“ für Sie vielleicht mit Ängsten besetzt ist. Allein diese Tatsache macht den Einfluss dieser jahrhundertelang geprägten Begrifflichkeit deutlich. Für mich gibt es nur Energiestrukturen, die mit unterschiedlichen Absichten geschaffen wurden. Im Sinne dieses Ratgebers nutzen wir eine jahrhundertelang geprägte Bezeichnung für die Lösung aus einer Struktur, die mit Manipulation, Schadenszauber und Abhängigkeiten aller Art arbeitet.

8 hilfreiche Schritte zu Ihrer Orientierung:

1. Ihre innere Umkehr, neue Ausrichtung und Entscheidung.

2. Ihren laut gesprochenen „Widerruf zur schwarzen Magie“ im Angesicht der göttlichen Quelle. Bewusstes Beenden einer magischen und manipulativen Lebensführung. Heraustreten aus einer von magischem Denken geprägten Welt.

3. Ihr neues Bekenntnis zur „göttlichen Quelle“ und „göttlichen Freiheit“ in bedingungsloser Liebe.

4. Ihre Auflösung aller alten, ewig bindenden Energiestrukturen mit göttlicher Hilfe.

5. Ihre Anerkennung und Bereitschaft, die volle Verantwortung für bisher angerichteten Schaden zu übernehmen.

6. Ihre ehrliche Bereitschaft, „Opfer“ Ihrer bisherigen Lebensweise um Vergebung zu bitten. Hier geht es um eine innere Haltung und einen inneren Prozess, der weder äußere Begegnung noch Absolution verlangt oder zum Ziel hat.

7. Ihre Bereitschaft, einen angemessenen Ausgleich für angerichteten Schaden zu leisten. Die göttliche Ebene wird Sie auch dabei weise führen – lösen Sie sich schon jetzt von der Vorstellung, dass dies 1 : 1 geschehen wird oder muss (Link-Tipp zum

Ausgleich am Buchende).

8. Vergeben Sie sich selbst all das, was im Lichte der göttlichen Gnade gesegnet und in eine neue Ordnung geführt wurde.

Dies sind von mir empfohlene Schritte, die sich in der Praxis bewährt haben.

Wiederholen Sie jeden Schritt auf Ihre Weise, bis er sich abgeschlossen anfühlt.

Die Übungen und Texte im jetzt folgenden praktischen Teil sind als Orientierung gedacht. Wenn Sie mit dem Begriff „schwarze Magie“ Schwierigkeiten haben, finden Sie etwas, das jetzt für Sie stimmig ist. Es geht um die Loslösung von ewig bindenden Energiestrukturen, deren Ziel es ist, anderen zu schaden und andere zu manipulieren. Über Jahrhunderte wurde im Massenbewusstsein dafür obiger Begriff geprägt. Diesen Vorteil können Sie mit der Übung zur klaren und eindeutigen Abgrenzung nutzen. Sie schließen damit auch auf sehr effektive Weise die Prägungen und Erfahrungen früherer Leben ein, in denen Sie eventuell selbst in dieser Begrifflichkeit gelebt und gehandelt haben.

Mir geht es hier nicht darum, eine Diskussion über schwarze, weiße oder „rosa“ Magie zu führen. Ich möchte Sie dabei unterstützen, die Qualität der Energiestrukturen, in denen Sie leben, zu verbessern. Ein wichtiger Schritt in persönliche Freiheit und Autonomie ist dabei die Lösung aus manipulativen Energiestrukturen, in die vielleicht auch andere Personen Sie – wie auch immer und wann auch immer – eingebunden haben.

Mir geht es hier auch nicht darum, eine Diskussion über frühere oder künftige Leben zu führen. Dafür gibt es wissenschaftlich gesehen noch keine Beweise. Mir scheint es aber, aus ähnlichen Gründen wie bei der „schwarzen Magie", hilfreich zu sein, auch diese Möglichkeit in die persönliche Aufarbeitung mit einzubeziehen. Wenn wir die Idee mit einbeziehen, können Sie die Möglichkeiten der Transformation, die damit verbunden ist, auch nutzen. Ich folge hier vor allem dem pragmatischen Ansatz und empfehle im Zweifelsfall, auch in „früheren Leben" „aufzuräumen". Schaden kann es in jedem Fall nichts. Entscheiden Sie selbst.

Sie können gerne Ihre eigene Form aus den Transformationstexten entwickeln und am Ergebnis die Wirksamkeit prüfen. Bleiben Sie dabei bitte sehr sehr kritisch!!! Die dunkle Seite ist äußerst trickreich und Meister illusionärer Welten und Gefühle. Im Angesicht der göttlichen Quelle muss sie jedoch sehr schnell Farbe bekennen. Wie dem auch sei. Ich wünsche Ihnen den Mut zur Veränderung und die Kraft, Ihren Weg bis ins Licht der göttlichen Freiheit zu Ende zu gehen. Von dort werden Sie sich viel leichter tun, die „Scherben" hinter sich aufzuräumen. Mit diesem neuen „persönlichen Feld" werden Sie einen Partner/eine Partnerin anziehen, der/die ähnliche Schritte gegangen ist, um sein/ihr Herz in bedingungsloser Liebe spüren zu können. Diese Liebe wird ohne Zweifel und im Lichte der göttlichen Quelle gesegnet sein.

Sind Sie selbst es sich wert, diese Liebe in den Arm zu nehmen? Dann nichts wie los!

Geh heute nicht schlafen, bevor
Du eine Vision gefunden hast,
für die es sich lohnt,
morgen aufzustehen.

10.09.1999

Erste Hilfe bei Trennung von karmischen und anderen Beziehungen

Teil I: 23 Regeln, Informationen und Orientierungshilfen für Verlassene

1. **Nehmen Sie es nicht persönlich** – es geht hier nicht um eine Herabsetzung Ihrer Person, im Gegenteil.

2. **Gehen Sie davon aus, dass dadurch etwas noch Schlimmeres verhindert wurde.**

3. **Werden Sie sich bewusst**, dass Sie es wert sind, in diesem Sinne beschützt zu sein, und danken Sie der Ihnen vielleicht unbekannten (göttlichen) Quelle für ihre Hilfe. Vergessen Sie die äußeren Umstände. Sie schaffen nur den Rahmen, um den anderen aus der karmischen Beziehung rauszuho-

len, bevor die „Zeitbombe“ explodiert. Das karmische Muster, das sie beide noch spazieren tragen, ist der „Sprengsatz“, den es jetzt in Ruhe zu entschärfen gilt. Durch Ihre Trennung wurde der Countdown gestoppt.

4. **Wenn Karma in den Strom der Zeit gestellt** und für Sie als Schicksal erfahrbar wird, sind Sie ganz direkt, persönlich aufgefordert, dieses Ereignis in eine neue göttliche Ordnung zu führen. Dies gelingt am schnellsten ohne Schuldzuweisungen. Aktivieren Sie Ihren Forschergeist mit der Ausrichtung, ursächliche Auslöser aufzuspüren und aufzulösen. Neutralisieren Sie Ihren Anteil am Thema unglückliche Liebe. Hier kann ich Ihnen nur empfehlen, erfahrene Begleiter, Traumaaufstellungen und eventuell auch Rückführungen frühzeitig einzubeziehen, um Klarheit, Abstand und Überblick zu gewinnen.

5. **Jede Form von „Liebesritualen“**, um die Trennung rückgängig zu machen und den Partner/die Partnerin zurückzuholen, ist schwarze Magie und ein eventueller „Erfolg“ in der Regel nur von kurzer Dauer. Allein die Qualität von Manipulation, Missbrauch und Unglück in Ihrer Verbindung wird dadurch verstärkt und wirkt als zusätzlich belastende, ewig bindende Kraft. Sie verschlimmern dadurch nur noch die Situation und beschwören neues Unheil herauf! Lassen Sie bitte die Finger davon, auch wenn es Ihnen schwerfällt. Haben Sie ein solches Ritual schon durchgeführt oder machen lassen, bitten Sie die göttliche Quelle, es

rückgängig zu machen/außer Kraft zu setzen. Nutzen Sie als Hilfe dazu den **„Widerruf zur schwarzen Magie“**.

6. **Schicken Sie allen entstehenden oder entstandenen schlechten Gedanken** und Verwünschungen in Richtung Ihres Partners mindestens zwei gute hinterher und bitten Sie die göttliche Ordnung um energetische Neutralisierung. Dieser Punkt ist sehr wichtig, denn Sie setzen sonst eine neue karmische Bindung in Gang, die eventuell schlimmer ist als die bereits bestehende.

7. **Die Person, die Sie verlassen hat**, wurde in der Regel in einem eigenen karmischen Strudel von Ihnen isoliert und ist mit sich selbst bereits mehr als beschäftigt. Ich weiß, es ist nicht einfach für Sie zu verstehen, aber das Drama des anderen kann die göttliche Quelle ihm erst in Ihrer Abwesenheit vollständig offenbaren.

8. **Dies ist, mit der Trennung selbst,** der erste wichtigste Prüfungsteil für Sie als Verlassene/r. Auch Ihnen kann die göttliche Quelle jetzt die ganze Dimension Ihrer karmischen Verstrickung eröffnen.

9. **Bei genauerer Betrachtung Ihrer persönlichen Situation** und Geschichte werden Sie wichtige Puzzlesteine in Ihren Lebensbeziehungen entdecken, die auf Wirkungskräfte hindeuten, die Sie schon länger begleiten und viel größer sind als Sie oder die andere Person allein. Vielleicht

erinnern Sie sich an das eine oder andere, haben Ähnliches früher erlebt.

Dies könnten zum Beispiel sein:

- impulsartige Trennungsenergien wie ein Gewitter, danach war alles wieder ruhig

- Alpträume, die Sie im Zusammensein mit dem Partner erlebt haben

- Freundschaften, die abrupt, unerklärlich und schockartig beendet wurden durch

- Unfalltod, Lebensflucht, „auf Reisen verschollen" oder andere Umstände

- früherer Verlust eines geliebten Menschen, dem Sie bis heute noch nachtrauern

Suchen Sie nach Wegen und Möglichkeiten, tiefer zu verstehen, was die eigentliche Ursache all dieser Verstrickungen beinhaltet. Nutzen Sie auch die neuen Wege der Traumatherapie. Sorgen Sie dafür, dass Sie diese Thematik nicht noch einmal in weitere Leben mitnehmen. Sie schaffen es.

10. **Gehen Sie sehr achtsam mit sich selbst und der anderen Person um.** Stellen Sie sich der Herausforderung in diesem Leben, in der Gewissheit, dass es eine heilsame göttliche Ordnung gibt, die alle Wesen in bedingungsloser Liebe ehrt. Wenn

Sie diese bedingungslose Liebe und neue göttliche Freiheit noch nicht spüren, haben Sie wesentliche Punkte dieser Prüfung noch nicht erfolgreich abgeschlossen. Glauben Sie immer daran, egal was geschieht – ein Teil von Ihnen kennt die Wahrheit und den Weg in eine neue Freiheit. Die „Schuld des anderen“ liegt oft in seiner „Unschuld“ begründet, mit der er um göttliche Hilfe für Sie beide gebeten hat. Der hohe Rat nennt es auch **„den Auftrag“**. Er ist die Grundlage für eine Ereigniskette, wie sie hier beschrieben wird. Wenn Sie der anderen Person menschlich zutrauen, dass sie einen solchen „Auftrag“ erteilt hat, lesen Sie bitte bei 11. weiter.

11. **Wünschen Sie dem anderen Glück auf seiner Reise**, denn wenn die Forschungsreise scheitern sollte, können wir auch in diesem Leben den karmischen Schlüssel nicht überreichen, der das Tor zur Auflösung Ihres gemeinsamen karmischen Musters öffnet.

12. **Tun Sie selbst alles, was notwendig ist**, um das Drama Ihrer karmischen Beziehung zu beenden. Erteilen Sie im Angesicht des Göttlichen den eigenen „Auftrag“ im Sinne von: **„Bitte holt mich da raus.“** Das „Göttliche“ wird jeden ernst gemeinten Auftrag bearbeiten! „Schnallen Sie sich an und vertrauen Sie dem, was kommt.“

13. **Lassen Sie sich überraschen.** Öffnen Sie sich für eine neue göttliche Ordnung, die sich auch jen-

seits ihrer jetzigen (noch durch das Drama geprägten) Wünsche und Sehnsüchte zeigen darf.

14. **Entscheiden Sie sich ganz bewusst** wieder neu für das Leben und lösen Sie alle bewussten oder unbewussten Gedanken und Energien auf, dieses vorzeitig zu beenden. Nutzen Sie als Hilfe dazu den **„Widerruf aller Bindungen an den Tod, das Sterben und die dunklen Seiten des Lebens“** – siehe nachfolgende Übungen.

15. **Treffen Sie ganz bewusst** eine neue Entscheidung zur prinzipiellen Lebensausrichtung und Gestaltung. Nutzen Sie als Hilfe dazu den **„Widerruf zur schwarzen Magie“**.

16. **Wandeln Sie Schritt für Schritt** die dunklen Schatten Ihrer Geschichte auf göttliche Weise um. Nutzen Sie als Hilfe dazu immer wieder das **„Ritual zur geistigen Reinigung des Herzens und Körpers“** sowie die **„Rituale zur Vergebung“**.

17. **Die Kräfte, die heute zu Ihrer unglücklichen Erfahrung geführt haben**, sind sehr komplex und vielschichtig. Sie sind so lange aktiv, bis Sie in Ihrem Herzen eine tiefe, bedingungslose Liebe spüren, die die andere Person mit einschließt. Erst wenn Sie die andere Person nicht mehr brauchen, um sich gut oder schlecht zu fühlen, haben Sie die Abhängigkeits- und Energiestrukturen aufgelöst, die Ursache jeder unfreien, unglücklichen, karmischen Liebesbeziehung sind.

18. **Machen Sie sich auf, gehen Sie los und erobern Sie die Qualität Ihres göttlichen Ursprungs zurück.** Dann verspreche ich Ihnen, dass Sie die Trennung noch als großes Geschenk entdecken und schätzen werden. Bei jeder Trennung geht es in erster Linie immer nur um Sie selbst und darum, welche Antwort Sie dem Leben diesmal geben! Andere Personen helfen oft nur, den Anreiz für Sie zu erhöhen, um endlich etwas grundlegend zu verändern. Finden Sie die Antworten, die Ihr Wesen tiefgreifend berühren und die Bedeutung anderer Menschen darin erklären. Dieser Weg führt immer über Erkenntnisse in eine neue Form persönlicher Freiheit und Liebe.

19. **Nur zur Vollständigkeit:** Nach einer Trennung haben geistige sexuelle Kontakte und Fantasien mit dem früheren Partner/der früheren Partnerin den Charakter von Vergewaltigung und bedeuten streng genommen sexuellen Missbrauch. Es geht hier nicht um aufkeimende Erinnerungen an schöne sexuelle Begegnungen in der Zeit gemeinsamer Liebesbeziehung, sondern um das bewusste Greifen nach einem anderen Körper, um die eigene Lust zu befriedigen, ohne dass Sie jetzt die Zustimmung der anderen, von Ihnen getrennten Person dazu haben. Seien Sie sich einfach dessen bewusst, dass Sie damit neue Bindungen erzeugen und den Klärungsprozess der Trennung verzögern. Auch die „sexuelle Abhängigkeit" voneinander muss, sofern vorhanden, vollständig aufgelöst werden, da auch sie den Samen der unfreien, unglücklichen Liebe noch in sich trägt.

20. **Wenn Verzweiflung** und Sehnsucht Sie überfluten, erinnern Sie sich immer wieder daran: Ohne all das Positive zu schmälern, ganz tief im Innern waren auch Sie nicht wirklich glücklich. Wenn Sie ganz ehrlich mit sich selbst und dem anderen sind, wissen Sie, dass der/die andere Ihre gemeinsame Illusion einer heilen Welt nicht Ihretwegen verlassen hat. Vielleicht erlauben Sie sich zu ahnen, dass Ihr Partner/Ihre Partnerin sich aufgemacht hat, nach einer verschütteten Glücks- und Liebesfähigkeit zu suchen, die auch Ihnen irgendwann verloren gegangen ist. Lange bevor diese Beziehung ihren Anfang genommen hat.

21. **Alle früheren Trennungsversuche** spiegeln die Unfreiheit, in bedingungsloser Liebe und glücklich zusammenleben zu können, wider. Die Trennung jetzt bietet die Chance, den karmischen Kreislauf endgültig zu durchbrechen. Die Verantwortung für die Auflösung Ihrer karmischen Verstrickung tragen Sie beide gleichermaßen.

22. **Sie sind nicht schuld**
    Hören Sie auf damit, sich selber Vorwürfe zu machen oder mit Fragen darüber, was Sie falsch gemacht haben, das Hirn zu zermartern.
    Es liegt ziemlich sicher weder an Ihrem Alter noch Ihrem Aussehen oder dem Sex mit Ihnen. Im Gegenteil! Gerade auch in Wertschätzung für Sie, wegen Ihrer Besonderheit, ist jetzt vielleicht jemand sogar bereit, die größten und schwie-

rigsten Prüfungen seines Lebens auf sich zu nehmen.

Glauben Sie wirklich, dass dem anderen die Trennung leichtfällt? Dass er/sie das Leben ohne Sie jetzt endlich in vollen Zügen genießen kann, vielleicht in einer neuen Partnerschaft? Wenn das so wäre, handelt es sich nicht um eine karmische Beziehung und unglückliche Liebe im Sinne dieses Ratgebers. Bevor Sie voreilige Schlüsse ziehen, möchte ich Sie einladen, in Ruhe eine Frage in sich zu bewegen: Ist Ihr früherer Partner/Ihre frühere Partnerin wirklich so einfach gestrickt wie die Antwort, mit der Sie sich bis jetzt zufriedengegeben haben?

23. **Wenn Ihnen der frühere Partner**, die frühere Partnerin schon zu anderer Zeit mit Aspekten von Erniedrigung, Verachtung, Gewalt, Missbrauch und Manipulation begegnet ist, offenbart sich mit der Trennung die eigene Überdrüssigkeit an dem falschen Spiel. In einem solchen Fall wurden Sie von Anfang an benutzt. Sie sollten froh sein, dass dies jetzt beendet ist. Verschwenden Sie Ihre Zeit nicht länger mit der anderen Person. Konzentrieren Sie sich auf die Klärung und Lösung der ursprünglichen Verstrickung mit den oben genannten Aspekten.

Gehen Sie in die Verantwortung für offenbar ungeklärte Ereignisse, die Ihnen im Rahmen der Partnerschaft als „Spiegel" begegnet sind. Wo haben Betrug, Gewalt, Erniedrigung, Missachtung, Manipulation oder Missbrauch ihren Ursprung? Das ist die wesentliche Frage zu dieser Trennung.

Jede Tendenz, der anderen Person nachzulaufen, zeigt Ihre Weigerung, sich den eigenen, persönlichen Schatten früherer Zeit jetzt zu stellen. Sie sind frei, über die Richtung Ihres Lebens zu entscheiden!

Wenn Sie eine Form bedingungsloser Liebe anstreben, ist es hilfreich, den „Opfer-Täter-Kreislauf" an seiner karmischen Wurzel aufzulösen. Eine freie, glückliche Liebesbeziehung ist nur möglich, wenn Sie alle Abhängigkeiten zu Täter- und Opferrollen auflösen. Die Verstrickung mit einem „Täter" können Sie erst nachhaltig lösen, wenn Sie zur bedingungslosen Liebe zu sich selbst bereit sind. Bitte lesen Sie zum besseren Verständnis weiter hinten den Abschnitt „Karmische Beziehung zwischen Opfer und Täter".

Teil II: 17 Regeln und Orientierungshilfen für alle, die eine Beziehung beendet haben

1. **Vertrauen Sie weiterhin Ihrem Impuls.**
   Er war richtig. Bleiben Sie aber da nicht stehen, denn Zeit allein kann diese Wunden niemals heilen.

2. **Ich weiß, dass die Folgen der Trennung** auch für Sie selbst eine der bisher größten Prüfungen

im Leben darstellt. Sie werden sich für sehr lange Zeit, vielleicht viele Jahre, nur auf den Teil geistiger Klarheit verlassen können, der Sie auf die Straße des Wandels zur vollkommenen Heilung geführt hat. Eine Zeit, in der Sie sich auf viele Ihrer Gefühle nicht mehr verlassen können, denn sonst würden Sie sofort wieder umkehren.

3. **Am ehesten können Sie dies** mit einem Kapitän in seiner schlimmsten Sturmflut **vergleichen**, der selbst mit flauem Gefühl in höchster Anspannung sein Schiff immer wieder neu auf Kurs bringt, um das retten zu können, was ihm heilig ist. Manche Kräfte treffen uns mit solcher Wucht, dass unser Leben nur noch zu einem sehr schmalen Grad wird, auf dem nur die Flucht nach vorn noch Hoffnung gibt.
4. **Widersprüchliche Gefühle**, Verwirrung, Selbstvorwürfe, Zweifel, Unverständnis und viele Fragen ohne Namen sind hier lange Zeit Ihre engsten Begleiter. Ohne die Fähigkeit, sich selbst bis zur Schmerzgrenze unbequem sein zu können, werden Sie auf diesem Weg leicht verloren gehen.

5. **Die Versuchung, aufzugeben** und umzukehren in die Abhängigkeit und Begrenztheit eines vertrauten, bequemen Scheinglücks, wird Sie begleiten wie einen Süchtigen, der auf Entziehungskur ist. Nur Sie selbst können den Willen und die Disziplin aufbringen, diesen einen Tag heute stark zu sein, durchzuhalten. Breiten Sie geistig, jeden Tag neu, eine Straße der Hoffnung vor sich aus, über die Sie gehen können. Das, was Sie zurückziehen

will, ist die Macht eines Schicksals, das in Unwissenheit und Unglück geboren wurde. Je stärker der Sog Sie zieht, desto größer sind noch Ihre suchtähnlichen Abhängigkeiten. Genau diese karmischen Strukturen gilt es aufzulösen.

6. **Suchen Sie nach Wegen und Möglichkeiten**, tiefer zu verstehen, was die eigentliche Ursache all dieser Verstrickungen beinhaltet. Nutzen Sie auch die neuen Wege der Traumaaufstellung. Sorgen Sie dafür, dass Sie diese Thematik nicht noch einmal in weitere Leben mitnehmen. Sie sind jetzt so nah wie noch nie an einer umfassenden Transformation. Sie schaffen es.

7. **Ehren Sie die Trennung**, die Liebe, den Partner, indem Sie achtsam weitergehen und die Verantwortung in Würde tragen. Ich weiß, das ist leichter gesagt als getan. Fassen Sie all Ihren Mut in der Gewissheit zusammen, dass eine schützende Kraft Sie führt und begleitet, wenn Sie ehrlichen Herzens die trennenden Faktoren suchen, die – wie Sprengsätze – noch ein Minenfeld in Ihrem Leben bilden.

8. **Lesen Sie bitte auch den Teil I, „Regeln, Informationen und Orientierungshilfe für Verlassene“** und betrachten Sie die Inhalte sinngemäß an Ihre Situation angepasst. Es ist wichtig, den Teil in Ihnen anzunehmen, der sich verlassen fühlt, denn es gibt ziemlich sicher eine nicht geheilte Erfahrung als Verlassene/r aus früherer Zeit,

deren Wiederholung sie diesmal vielleicht einfach nur zuvorgekommen sind.

9. **Es ist normal,** dass Sie sich auch in einer neuen Beziehung immer wieder allein fühlen, auf Ihrem einsamen Weg. Bitte achten Sie die Chancen, die diese Partnerschaft auch zur Heilung Ihrer Geschichte mit sich bringt. Zeigen Sie dem neuen Menschen an Ihrer Seite immer wieder ganz bewusst Ihre aufrichtige Wertschätzung. Es ist normal, dass dies oft noch nicht in der emotionalen Tiefe und Spontanität gelingt, die Sie auch von sich kennen.

10. **Nutzen Sie vor allem die Übungen im Anschluss.**

11. **Wenn die Wellen ruhiger werden** und der größte Sturm lebend überstanden ist, brauchen Sie ausgedehnte Pausen und Ruhezeiten. Wenn der Boden unter Ihren Füßen wieder fester wird und der Atem etwas fließender, ist es an der Zeit, Ihren Gefühlen einen neuen Raum zu geben. Vielleicht haben Sie dann das „Glück", dass jemand an Ihrer Seite ist, der Ihnen hilft, das Leben wie eine Sprache neu zu entdecken. Geben Sie sich in jedem Fall Zeit, dass Leben wieder neu zu genießen und Stück für Stück Ihren Gefühlen wieder zu vertrauen.

12. **Als Happy End** wird am Ende des Weges eine freie Beziehung stehen, die in bedingungsloser Liebe neue Ebenen von Partnerschaft erfahrbar

macht. Ihr Mut loszugehen war dabei nur der erste Schritt. Vertrauen Sie darauf, dass Ihr Heilungsprozess auch die Seele des Menschen nährt, den Sie damals verlassen haben. Alles andere legen Sie ohne Erwartung getrost in die Hände der göttlichen Quelle.

13. **Das Leben kann immer nur vorwärts gelebt** und rückwärts verstanden werden. Sie können an dem, wie es war, nichts mehr ändern. Nur jetzt in der Gegenwart können Sie all Ihre Erkenntnisse und Einsichten auf Bestand prüfen und dem, was war, einen würdigen Platz in Ihrem Herzen geben. All das Schöne, das Sie in Ihrer letzten Beziehung erlebt haben, dürfen Sie auch nach vielen Jahren noch mit tiefer Dankbarkeit fühlen. Danken Sie innerlich dem Partner/der Partnerin, wenn solche Gefühle auftauchen, und lassen Sie diese Nachricht an einem geistigen Luftballon ins Ungewisse aufsteigen, wenn Sie möchten. Vermeiden Sie in jedem Fall, neue, direkte, geistige Kontakte zu knüpfen, denn dies steht Ihnen nicht mehr zu. Es verletzt zudem die Würde des anderen. Kommunizieren Sie ausschließlich über die göttliche Ebene und die Liebe in Ihrem Herzen, sonst besteht die Gefahr, dass Sie alte Abhängigkeiten unter dem Deckmantel der Dankbarkeit noch ewig weiterpflegen! Bei persönlichen Kontakten durch gemeinsame Kinder oder anderes bleiben Sie im Einklang mit Ihrem göttlichen Herzen und wahren Sie die menschliche Würde. Lesen Sie bitte ergänzend im Teil I den Schlusspunkt „Nur zur Vollständigkeit“.

14. **Es ist möglich, dass in Ihrer neuen Beziehung** die Herzensliebe jetzt frei und ohne Zweifel ist, aber alle anderen Qualitäten und Freuden des Lebens, die in Ihrer früheren Beziehung frei waren, scheinbar nicht mehr zur Verfügung stehen. Sie spüren Ihre ehrliche, tiefe Liebe mit dem neuen Partner/der neuen Partnerin und fühlen sich trotzdem total unglücklich, verwirrt und in einer Sackgasse von Widersprüchen angekommen. Vielleicht fühlen Sie sich sogar zeitweise völlig abgeschnitten vom Leben und von Ihren Gefühlen. Hier ist vor allem wichtig, sich immer wieder selber daran zu erinnern, dass Ihre Trennung der Anfang einer wichtigen Klärungsphase zu einer karmischen Beziehung ist und nicht bereits das Ende davon. Die gute Nachricht ist: Wenn Sie diese Gefühle kennen, halten Sie einen wichtigen Schlüssel zur Freiheit bereits in Ihren Händen. Sie sind in Kontakt gekommen mit dem Gefühl einer alten Spaltung, die zwischen der Liebe in Ihrem Herzen und dem Leben stattgefunden hat, lange bevor Begriffe wie Beziehung, Partnerschaft oder Liebesbeziehung eine Bedeutung in Ihrem Bewusstsein hatten. Sie leben in Energien von TRAUMATA.

Halten Sie auch in Ihrer tiefen Liebe durch, ohne sich wirklich in der Lage zu fühlen, irgendetwas an Ihrer Lebenssituation zu verändern? Haben Sie eine Vorstellung davon, was hier sichtbar wird? Sie leben wahrscheinlich noch in einem Überlebensmechanismus Ihrer Kindheit, der durch traumatische Erfahrungen geprägt wurde. Ihre Unfähigkeit, heute etwas zu verändern, spiegelt im Ursprung die Hilflosigkeit eines Kindes wider, das nichts ändern konnte und alles in Liebe ertragen musste, um zu überleben. Alle Ereignisse, die das natürliche, kindliche Vertrauen in Bezugspersonen und das Leben zerstören, können von einem Kind nur zu dem Preis seelischer Spaltung überlebt werden.

Warum zeigt sich dies alles aber erst jetzt? Um große Schatten zu tragen und transformieren zu können, braucht es was genau? Richtig! L i e b e – am besten im XXL-Format. Ich könnte auch sagen: Eine Liebe ist immer so groß wie die Schatten, die sie tragen und transformieren kann.

Die unschuldige, kindliche Liebe von damals ist jetzt auch ein heiler Teil Ihrer neuen Beziehung. Mit der Kraft und den Möglichkeiten des Erwachsenen gilt es jetzt für Sie, die alte Spaltung zwischen der Liebe und dem Leben zu verstehen und traumatisch fixierte Lebensmuster aufzulösen. Nutzen Sie dazu die Ausführungen zu TRAUMA im Teil 5. Sprechen Sie offen über diese Thematik in Ihrer Beziehung. Lesen Sie gemeinsam ein paar der empfohlenen Bücher, um Ihren Horizont zu erweitern und noch größeres Verständnis füreinander zu gewinnen. Erwarten Sie hier bitte aber keine Instantlösung.

15. **Eine Kernthematik Ihres neuen Partners**/Ihrer neuen Partnerin wird sich vermutlich auch in Ihrer Lebensgeschichte als traumatische Erfahrung wie-

derfinden. Sie sollten diesen Anhaltspunkt zumindest überprüfen.

Das Leben mit Traumata ist wie ein Kampf mit dunklen Mächten, die keinen Millimeter und kein Geheimnis preisgeben. Mit Traumaaufstellungen in Seminaren und Einzelsitzungen können Sie Stück für Stück die „Geheimnisse" Ihres Lebens entschlüsseln und in eine gute Kraft überführen.

16. **Wenn Verzweiflung** und Sehnsucht Sie überfluten, erinnern Sie sich immer wieder daran: Sie waren nicht glücklich und Ihr früherer Partner/Ihre frühere Partnerin konnte es deshalb auch nicht wirklich sein. Sie haben die Illusion einer heilen Welt verlassen, um die Wahrheit über Ihre eigene verschüttete Glücks- und Liebesfähigkeit herauszufinden. Dies erweckt schon im Ansatz Gefühle seelischer Qualen, deren Ursachen Sie aber nicht in der von Ihnen beendeten Liebesbeziehung finden werden. Egal wie sehr Sie und vielleicht auch Ihr früherer Partner/Ihre frühere Partnerin sich dies auch wünschen würden.

17. **Wenn Verzweiflung** und Sehnsucht Sie überfluten, erinnern Sie sich immer wieder daran: Sie waren nicht mit ganzem Herzen glücklich …

Teil III: Hintergrund zu den Übungen

Als Folge von Traumatasierungen verirren sich viele Menschen auf ihrer „spirituellen" Suche und laufen Gefahr, den Bezug zu sich selbst immer mehr zu verlieren. Da Trauma nur durch Ausblenden, Verdrängen und Abspalten einer real erlebten Erfahrung überlebt werden kann, findet die Suche nach Partnern und Antworten für Lebensfragen in der Regel unter Ausblendung aller Wahrheiten statt, die eigene oder übernommene Traumata berühren. Die eigene Wirklichkeit wird von dem bestimmt, was wahr sein darf oder wahr sein soll.

Wenn das eigene Leben zur Tabuzone wird, erschaffen wir uns zum Überleben als Schutzzone eigene Phantasiewelten. Die Suche und Kreation einer heileren Welt, führt schnell zu neuen Lebenskonzepten und alternativen Heilweisen. Hier wird alles interessant, was uns die Welt, die Schöpfung und unsere Rolle darin auf eine Weise erklärt, die unser Trauma nicht berührt. „Spirituelle Lehrer", „Gurus", „Channel-Medien" und andere, achten dieses Tabu meist unbewußt, weil sie selbst betroffen sind. Als „Rettung" wird in diesen spirituellen, okkulten oder Esoterikkreisen von einigen die „Erleuchtung" als ultimative Lösung angeboten. Diesen gewaltigen Sprung bekommen nur wenige hin. Alle anderen verbringen oft Jahrzehnte im Räucherstäbchen geschwängertem Dunstkreis ihrer Vorbilder, ohne der Wahrheit über ihre eigene Geschichte auch nur einen Millimeter näher zu kommen.

Ich habe selbst erlebt, wie so ein „heiliges" Vorbild an Krebs gestorben ist und alle bis dahin aufgebauten Illusionen mitgenommen hat. Wer näher hinschaut, könnte auf die Idee kommen, dass „Erleuchtung“ nur der letzte Fluchtpunkt ist, den das Bewußtsein unter Ausschluß seiner selbst kreieren kann.

Wie kann aber die eigene Illusion, Verwirrung und Phantasiewelt in gesunder Weise verlassen werden? Wie gelangen wir zu wirklich heilsamen Antworten und Wahrheiten? In jedem Fall mit angemessener Geschwindigkeit und ausreichender Geduld. Jeder Taucher beginnt nach längerer Exkursion mit dem Auftauchen, bevor die Sauerstoffreserven verbraucht sind. Wer längere Zeit in der Unterwasserwelt war, muß in Ruhe die verschiedenen Etappen zur Druckanpassung durchlaufen. Ein direktes „Hochschießen“ an die Wasseroberfläche wäre äußerst gesundheitsschädlich bis lebensbedrohlich.

Dieser Ratgeber ist als Angebot gedacht, verschiedene Schritte zur Klärung von Beziehungen zu durchlaufen. Spirituelle oder okkulte Beziehungen mit anderen und sich selbst, nehmen bei manchen Menschen großen Raum ein. Mit ein paar speziellen Übungen möchte ich auch hier Hilfe zur Selbsthilfe anbieten. Form und Inhalt der Texte beziehen bewußt die Ebene der ungesunden, verstrickten Beziehung mit ein und öffnen die Möglichkeit, sich ganz bewußt einen Schritt davon zu entfernen. Nach meiner Erfahrung hilft die konkrete Benennung, sich leichter aus „magischem Denken“ und diesbezüglichen Ängsten zu lösen. Wenn Sie für therapeutische Hilfe offen sind, empfehle ich Ihnen, auch im Falle spiritueller Verstrickungen, die Hintergründe als persönliche Anliegen mit Traumaaufstellungen zu klären. So bekommen Sie schnell einen klaren Blick für die Funktion und Bedeutung Ihrer persönlichen Spiritualität.

Da ich viele Jahre als spiritueller Lebensberater gearbeitet habe, weiß ich, dass viele Menschen auf ihrer Suche durch Kontakt mit spirituellen Themen, okkulten Gruppen oder Sekten traumatisiert wurden oder sich selbst traumatisiert haben. In diesem Fall können die Übungen Ihnen eventuell bedrohlich erscheinen oder schon beim lesen ungute Gefühle wecken. Achten Sie auf Ihre Gefühle und überspringen Sie im Zweifelsfall bitte diesen Teil. Sie können damit sowieso nur einen ersten Schritt gehen.

Die hier angebotenen Übungen sind als Soforthilfe zu einem Themenkreis gedacht, der auch bei vielen Therapeuten Unsicherheit und Ängste auslöst. Ich möchte hiermit allen eine Hilfe bereit stellen, die für sich noch nicht die Möglichkeit sehen, sich therapeutischer Hilfe anzuvertrauen. Auch wenn ich heute in meiner Praxis nicht mehr mit diesen Übungen arbeite, weiß ich, das sie zur Selbsthilfe für viele Menschen mit „spiritueller Geschichte" durchaus geeignet sind, um neue geistige Klarheit zu gewinnen.

Gerade als Traumatherapeut möchte ich Menschen, die bei mir Orientierung und Hilfe suchen, dort abholen, wo sie gerade sind. Meine jahrzehntelangen Erfahrungen im spirituellen Bereich haben auch therapeutischen Hintergrund. Ich betrachte diesen Erfahrungsschatz als Teil meiner umfassenden Weiterbildung im Bereich Lebenshilfe. Als LeserIn können Sie selbst herausfinden, ob die nachfolgenden Übungen Ihnen ganz persönlich, Anregung, Hilfe oder Orientierung geben können.

Wenn Sie bei einem Therapeuten oder einer Therapeutin das Gefühl haben, das diese Person noch durch ihre eigene Geschichte bezüglich „Esoterik" traumatisiert ist, empfehle ich Ihnen, eine andere

Person zu suchen, die auch diesem Thema wertfrei begegnen kann. Deutlich wird so eine ungeklärte, belastete Geschichte, durch ablehnende, agressive Haltungen und abwertende Bemerkungen in Bezug auf von Ihnen geäußerte, „spirituelle“ Erfahrungen.

Mit Personen, für die Ihre eventuell spirituelle Geschichte ein „rotes Tuch“ darstellt, werden Sie nur Hilfe in den Bereichen erwarten können, die das ungeklärte Trauma der helfenden Person nicht berührt. Trauma-Therapeuten und Therapeutinnen bilden da keine Ausnahme. Analog gilt dies natürlich auch für alle anderen Themen, die Personen, bei denen Sie Hilfe suchen, für sich selbst nicht geklärt haben!
In guter therapeutischer Beratung werden Sie immer einen neuen Bezug und alternative Sichtweisen zu Ihrer persönlichen Lebensgeschichte bekommen, auch und gerade wenn diese spirituelle Erfahrungen enthält.

Würden Sie behaupten, dass die Lavafelder auf Lanzarote einfach so aus dem Boden gewachsen sind? Manchmal sind wir so von Dingen fasziniert, das wir darüber ganz den Blick dafür verlieren, wie sie entstanden sind. Um sich dem Ursprung von Lebensphänomenen und Beziehungsfragen zu nähern, kann es sehr hilfreich sein, innerhalb „spiritueller“ Lebensstrukturen erst mal Ordnung zu schaffen und einen neuen Standpunkt einzunehmen. Mit den folgenden Übungen möchte ich Sie dazu einladen, eigenverantwortlich ein paar neue Entscheidungen zu treffen. Falls Sie nicht wissen, wovon hier die Rede ist, haben Sie andere Überlebensstrukturen entwickelt. Überspringen Sie einfach diesen Abschnitt. Spiritualität ist nur einer von vielen Überlebensmechanismen und eine naheliegende Folge von Tramatisierung.

Teil IV: 6 wichtige Hinweise zur Anwendung der Übungen

1. **Sorgen Sie dafür,** dass Sie bei den Übungen ungestört sind und nicht unterbrochen werden können. Schalten Sie Telefon, Handy, Backofen oder Ähnliches aus.

2. **Bereiten Sie den Raum oder Ort** auf Ihre Weise vor, so dass Sie einen „göttlichen", geschützten Rahmen bereitstellen.

3. **Es geht nicht darum,** die Übungen hinter sich zu bringen, sondern darum, sinngemäß mit dem entsprechenden Thema in Kontakt zu treten. Wenn Sie das Gefühl haben, nichts zu spüren und nicht davon berührt zu werden, ist vielleicht für Sie noch nicht der Zeitpunkt, damit zu arbeiten, oder Sie haben das Thema schon auf andere Weise vollständig gelöst und integriert.

4. **Der Spiegel Ihres Lebens zeigt Ihnen** in jedem Fall die Wahrheit. Im Klartext: Wenn Sie zum Beispiel immer wieder Selbstmordgedanken haben oder Impulse zur Selbstvernichtung spüren, müssen noch eigene oder fremde „Programme" zum frühzeitigen Ende Ihres Lebens bestehen.

5. **Unterschätzen Sie die Wirkung dieser Rituale nicht.** Gehen Sie achtsam mit den Übungen um und spüren Sie für sich hinein, wann Sie mit welcher Übung arbeiten. Lassen Sie dazwischen etwas Raum zur Integration. Vor allem die Wider-

rufs-Übungen bewirkten bei mir in der Praxis in der Regel eine starke Energieanhebung, die zu leichten Schwindelgefühlen führen kann. Dies ist völlig normal und braucht Sie nicht zu beunruhigen. Atmen Sie gegebenenfalls regelmäßig tief ein und aus, bis sich Ihr Energiesystem beruhigt. Konzentrieren Sie sich dabei auf Ihre Füße.

6. **Das reine Lesen der Übungen verändert nichts.** Ohne Ihr aktives, bewusstes Zutun sind die Übungen wie ein „Kochrezept". Sie können etwas daraus machen oder nicht. Das Lesen ist quasi nur informativ. Mit dem lauten Aussprechen der Texte gehen Sie in bewusste Handlung und aktivieren die hinterlegten Schlüssel.

Wenn Sie die Lautsprache nicht nutzen können, verwenden Sie die Gebärdensprache oder malen Sie ein Bild, mit dem Sie auf Ihre Weise die Worte und den Sinn der Übungen in die äußere Welt übertragen. Werden Sie kreativ.

Nutzen Sie die Kanäle, sich auszudrücken, die Ihnen in Ihrer persönlichen Lebenssituation zur Verfügung stehen. Spielen Sie ein Instrument, komponieren Sie ein Lied, erstellen Sie eine Skulptur, ein Gebäude oder ein Theaterstück, das all Ihre Gefühle individuell ausdrückt. Sie sind einzigartig. Die Umsetzung der Übungen kann es auch sein.

Sie werden spüren, wann Ihre „Botschaft" angekommen ist.

Sollten Sie allein unsicher in der Anwendung sein, bitten Sie eine geeignete Person Ihres Vertrauens um Begleitung.

Ich möchte hiermit noch mal darauf hinweisen, dass die folgenden Übungen keine therapeutische Beratung ersetzen. Seit ich 2009 in meiner Praxis mit dem Aufstellen des Anliegens nach Prof. Dr. Franz Ruppert begonnen habe, gab es keinen Anlass mehr, die Übungen einzusetzen.

Eine seriöse Beratung beinnhaltet für mich eine offene Kommunikation bezüglich meiner therapeutischen Entwicklung. Vom esoterischen/spirituellen Lebensberater zum Traumatherapeut war ein langer Weg. Ein paar der Schritte, die mich vor vielen Jahren unterstützt haben in die nächste Ebene eigener Klarheit zu finden, möchte ich Ihnen hier auch als Beleg und Zeugnis zur Verfügung stellen. Vielleicht stehen Sie heute an ähnlicher Stelle wie ich damals und suchen schon länger nach einer Lösung zur Klärung Ihrer „spirituellen" Beziehungen.

Wer seine Vergangenheit
verleugnet,
hat sie
nicht verstanden.

05.04.1997

Ich lege diese Übungen nun vertrauensvoll zum Eigengebrauch in Ihre Hände.

Die Nutzung liegt jedoch vollständig in Ihrer eigenen Verantwortung. Am Ende von Übung 7 können Sie über den Leserservice die Übungen auch ausdrucken.

7 Übungen zur Klärung Ihrer Beziehungen

1) Widerruf aller Bindungen an den Tod, das Sterben und die dunklen Seiten des Lebens

Bitte rufe und verbinde Dich auf Deine Weise mit Deinem Schutzengel, Deinen göttlichen Führern und Helfern sowie dem göttlichen Selbst.

Wende Dich innerlich, wenn Du kannst, auch an den göttlichen Vater und die göttliche Mutter und bitte um deren Hilfe und Beistand.

Sprich dann laut aus Deinem Herzen:
Im Angesicht des Göttlichen, im Angesicht des göttlichen Vaters und der göttlichen Mutter, widerrufe ich jetzt und hier alle jemals ausgesprochenen und unausgesprochenen Bindungen an den Tod, an das frühzeitige Sterben und an die dunklen Seiten des Lebens.

Ich entscheide mich jetzt wieder neu für das Leben!
Ich entscheide mich jetzt wieder neu für das Leben!
Ich entscheide mich jetzt wieder neu für das Leben!

… nachspüren, bewusst ein- und ausatmen, Füße am Boden spüren - eventuelle Energie-Körperreaktionen beobachten und geschehen lassen.

Ich danke der dunklen Gesellschaft, die bisher das Leben mit mir geteilt hat, und verabschiede sie hiermit in Liebe und Frieden.

Ich danke Euch allen für Eure Nähe, Euer Mitgefühl und die gemeinsame Zeit von Trauer und Tod.

Ich wende mich jetzt wieder dem Leben zu

und wünsche Euch in tiefer Wertschätzung Glück und Wohlergehen auf Eurer weiteren Reise. Möget auch Ihr im Göttlichen gesegnet sein, beschützt und begleitet.

Ich wende mich jetzt wieder dem Leben zu und kann Euch darin nicht länger Obdach geben. Bitte verlasst jetzt meine Räume und mein Leben und nehmt alle Eure Sachen und traurigen Geschichten mit. Ihr wart mir bis heute immer willkommen, doch nun beginnt eine neue Zeit für mich. Bitte achtet das.

Ich entscheide mich jetzt wieder neu für das Leben,

die Liebe und die Freude. Ich verspreche, das göttliche Geschenk des Lebens in Ehren zu halten, welche Prüfungen und Herausforderungen auch immer es mir bringen mag.

Ich schließe hier und jetzt einen neuen Bund mit dem Leben

und verspreche, alles zu tun, was notwendig ist, um es in Leichtigkeit und Freude zu genießen. Ich bitte um das Geschenk der göttlichen Gnade, mich wieder im Leben aufzunehmen.

... nachspüren, bis sich alle eventuellen Reaktionen wieder normalisieren.

Ich danke für das Geschenk meines Lebens.

Hilflosigkeit, Ratlosigkeit, Neugier und Verzweiflung führen oft in magisches Denken und Handeln. Die folgenden zwei Übungen können Ihnen helfen, sich aus den dadurch geschaffenen Verstrickungen bewusst zu lösen. Der Schlüssel zur Klärung ist hier vor allem eine bewusste neue Entscheidung und geistige Umorientierung.

2) Widerruf zur schwarzen Magie

Dieser Widerruf ist ein Vorschlag von mir. Er dient der Anregung zum eigenen Umgang mit diesem speziellen Thema und ist als erster Schritt zu verstehen. Sie treffen hiermit eine neue Entscheidung zur prinzipiellen Lebensausrichtung und Gestaltung. Die Aufarbeitung Ihrer karmisch-magischen Geschichte ist ein eigenes Kapitel. Dies hier kann helfen, die erste Seite davon zu gestalten. Ich empfehle dies in einem geschützten Rahmen, idealerweise in einer Einzelsitzung durchzuführen.

Sprechen Sie den Text laut und deutlich:

Ich widerrufe hiermit im Angesicht der göttlichen Quelle – des göttlichen Vaters, der göttlichen Mutter und der dunklen Seite der Macht alle meine Gelübde, Bindungen und Versprechen zur schwarzen Magie.

Kraft meines freien Willens, der von Gott nie widerrufen wurde, widerrufe ich jetzt all meine Gelübde, Bindungen, Vereinbarungen und Verträge mit der dunklen Seite der Macht und der schwarzen Magie. Ich bitte meine Schöpfer, den göttlichen Vater und die göttliche Mutter, von ganzem Herzen um Vergebung für meinen Verrat am Licht und bitte, all meine Gelübde und schwarzmagischen Bindungen rückgängig zu machen – durch Zeit und Raum hinweg – durch alle Inkarnationen – in allen Ebenen und Dimensionen.

Ich bitte um Vergebung für all das, was an Unheil durch meinen Verrat am Licht entstanden ist. Ich spreche alle Seelen hiermit frei, die jemals – wie auch immer – von mir durch schwarze Magie gebunden wurden, und bitte sie um Vergebung für all das Leid und den Kummer, den sie durch mich erfahren haben. Ich übernehme jetzt meinen Teil der Verantwortung dafür und verpflichte mich hiermit, mein Leben in den Dienst der göttlichen Quelle, des Lichtes und der bedingungslosen Liebe zu stellen.

Ich bitte, wieder in die Kraft meiner eigenen Seele eintreten zu dürfen, und verbinde mich jetzt wieder vollständig zu 100 Prozent mit der Seele, die ICH BIN.

ICH BIN ein Kind des Lichtes und diene dem Licht und der Liebe.

Nur die bedingungslose Liebe ist eine freie Liebe. Nur die freie Liebe ist göttlich.

Nur die göttliche Liebe ist rein. Mögen alle Wesen gesegnet sein.

Hinweis:

Ohne die persönliche Bereitschaft zu innerer Berührung und Betroffenheit ist es nicht möglich, von der göttlichen Ebene die Gnade und den Segen von Vergebung zu erhalten.
Wenn Sie den Schmerz und Kummer nicht fühlen können, den andere eventuell durch Sie erfahren haben, gehen Sie über das Gefühl Ihres eigenen Schmerzes und Kummers in Erkenntnis, dass andere durch Sie Ähnliches erfahren mussten.

Ihre eigene Betroffenheit und Erkenntnis ist die wahre Brücke zur Erlösung.

In gleicher Weise ist es angeraten, sich selbst zu vergeben, um den Kreislauf und das Muster von Selbstbestrafung zu durchbrechen. Wenn die göttliche Ebene uns vergeben hat, sollten auch wir nicht mehr länger daran festhalten, denn das hieße, dass wir uns anmaßen, über dem Göttlichen zu stehen.

Mit der inneren Haltung von Achtsamkeit, Demut und dem Mut zu tiefster Ehrlichkeit mit uns selbst gelangen wir auch aus den dunkelsten Teilen unserer Geschichte in göttliches Licht. Der Spiegel unserer Gegenwart ist dabei unser größter Lehrer. Jetzt wissen auch Sie, warum …

Wiederholen Sie das Ritual, wenn notwendig, bis Sie das Gefühl haben, es ist abgeschlossen.

Vielleicht möchten Sie diesen speziellen Text auch ausdrucken und damit arbeiten. Am Ende von Übung 7 gibt es dazu einen Leserservice. Verbrennen Sie dann dieses Blatt an einer geeigneten öffentlichen Feuerstelle außerhalb Ihrer Wohnung!

Sie können auch konkrete Personen einbeziehen und den Widerruf dadurch erweitern. Hier ist jetzt ein guter Zeitpunkt, um Ihre Liste aus Teil 2 zur Hand zu nehmen, wenn Sie eine solche erstellt haben. Die folgende Form in Übung 3) ist dafür gedacht und geeignet, die Personen und konkreten Ereignisse einzubeziehen, die Sie im Schritt 2 (Checkliste zu Teil 2) aufgeschrieben haben. Vielleicht ist ja diese Art für Sie genau richtig.

Nutzen Sie die folgende Übung einfach als Anregung und entwickeln Sie Ihre eigene, für Sie stimmige Form daraus, wenn Sie möchten. Wenn Ihre Worte, Ihr Gefühl und Ihre ehrliche Absicht eine authentische Form finden, die sich für Sie richtig anfühlt, sind Sie in jedem Fall erfolgreich.

Verändern Sie gegebenenfalls Ihre Worte, Ihre innere Haltung und Gefühle, bis Sie eine positive „Resonanz“ auf Ihre in „Achtsamkeit und Demut“ gesprochenen Worte spüren.

Vielleicht ist es auch hilfreich, einen anderen Ort dafür zu wählen.

3) Auflösung von ewigen Bindungen zwischen Personen

Ich rufe den göttlichen Vater, die göttliche Mutter und die göttliche Quelle.

Ich bitte um das Licht der göttlichen Gnade zur Auflösung aller, zwischen mir und (Vorname/-Nachname/inneres Bild)
noch bestehenden ewigen Bindungen.

Mögliche Erweiterung:

Ich bitte, auch folgende Personen mit einzubeziehen:

.... (Vorname/Nachname/inneres Bild)

.... (Vorname/Nachname/inneres Bild)

Ich widerrufe hiermit im Angesicht der göttlichen Quelle all meine Gelübde, Bindungen und Versprechen, mit denen i c h m i c h – wann auch immer – an Dich/Euch gebunden habe.

Ich widerrufe hiermit im Angesicht der göttlichen Quelle all meine Gelübde, Bindungen und Versprechen, mit denen i c h D i c h/Euch – wann auch immer – an mich gebunden habe.

Ich bitte hiermit das Licht der göttlichen Gnade für uns, alle noch zwischen uns bestehenden Formen

von ewigen und schwarzmagischen Bindungen jetzt und für immer in Liebe aufzulösen.

Ich widerrufe hiermit im Angesicht der göttlichen Quelle – des göttlichen Vaters, der göttlichen Mutter und der dunklen Seite der Macht – alle meine Gelübde, Bindungen und Versprechen zur schwarzen Magie.

Kraft meines freien Willens, der von Gott nie widerrufen wurde, widerrufe ich jetzt all meine Gelübde, Bindungen, Vereinbarungen und Verträge mit der dunklen Seite der Macht und der schwarzen Magie. Ich bitte meine Schöpfer, den göttlichen Vater und die göttliche Mutter, von ganzem Herzen um Vergebung für meinen Verrat am Licht und bitte, all meine Gelübde und schwarzmagischen Bindungen rückgängig zu machen – durch Zeit und Raum hinweg – durch alle Inkarnationen – in allen Ebenen und Dimensionen.

Ich bitte um Vergebung für all das, was an Unheil durch meinen Verrat am Licht entstanden ist. Ich spreche alle Seelen hiermit frei, die jemals – wie auch immer – von mir durch schwarze Magie gebunden wurden, und bitte sie um Vergebung für all das Leid und den Kummer, den sie durch mich erfahren haben.

Ich übernehme jetzt meinen Teil der Verantwortung dafür und verpflichte mich hiermit, mein Leben in den Dienst der göttlichen Quelle, des Lichtes und der bedingungslosen Liebe zu stellen.

Ich bitte, wieder in die Kraft meiner eigenen Seele eintreten zu dürfen, und verbinde mich jetzt wieder vollständig zu 100 Prozent mit der Seele, die ICH BIN.
Ich danke, auch im Namen der anderen Personen, für jede Form göttlicher Hilfe.

4) Die Erlösung von Deinen Schatten auf göttliche Weise
Ein Ritual zur geistigen Reinigung des Herzens und Körpers:

Sitze bequem und entspannt mit geschlossenen Augen an einem stillen und sicheren Ort.

Stell Dir nun vor, wie Du Deinem Schutzengel oder einem göttlichen Repräsentanten Deines Vertrauens gegenübertrittst.

Halte Deine geistigen Hände vor Dein Herz wie eine Schale und lass nun alle dunklen Schatten deines Herzens in Deine göttlichen Hände fließen.

Übergib dann all die dunklen Schatten Deines bisherigen Lebens dem göttlichen Wesen vor Dir und bitte darum, sie auf göttliche Weise in Liebe, Glaube und Hoffnung umzuwandeln.

Wiederhole den Vorgang so oft wie notwendig, bis
Du das strahlende Wesen Deines Herzens wieder spürst.

Halte dann Deine geistigen Hände in Höhe der Brust vor Deinen Körper wie eine Schale und lass all die dunklen Schatten und Energiestrukturen aus Deinem Körper zusammenströmen. Stell Dir vor, wie sich all diese Energien zu einer Art Energiekugel in Dir verdichten.

Greife nun mit Deinen geistigen Händen in Deinen Körper hinein und hebe diese dunkle Energiekugel aus Deinem Körper heraus.
Lege auch diesen Teil deiner bisherigen Geschichte in die Hände des göttlichen Wesens vor Dir und bitte es, diese Energie so zu entsorgen und umzuwandeln, dass sie keinen Schaden mehr anrichten kann.

Bedanke Dich auf Deine Weise für diese besondere Form göttlicher Hilfe.

- 04.03.2007 -

Ein Kennzeichen karmischer Beziehungen ist das „Unvermeidbare".

Sicher kennen auch Sie Situationen und Abläufe von Ereignisketten, an deren Ende ein Scherbenhaufen steht und Sie mittendrin.

Ich meine jetzt nicht die Situationen, in denen Sie aus impulsiven Gefühlen heraus vielleicht einen Teller an die Wand werfen. Wovon ich hier sprechen möchte, sind Momente in unserem Leben, die an uns quasi vorbeilaufen, ähnlich wie bei einem Film, in dem wir eine Rolle innehaben, die uns gar nicht vollständig bewusst ist.

Ich spreche von Ereignissen, über die wir noch Jahre später nachdenken und die uns immer wieder zu der Frage führen – warum? Warum musste das so passieren? Warum konnten wir „ES“ nicht verhindern? Warum waren wir nicht wirklich in der Lage, den Ablauf der Ereignisse zu einem besseren Ende zu wenden? Wie kann es sein, dass wir zum „Täter“ wurden und uns gleichzeitig als Opfer fühlen?

In diesem Ratgeber haben Sie dazu bereits viele Hintergründe und Zusammenhänge erfahren, die selbst den meisten erfahrenen Beratern, Therapeuten und Medien völlig unbekannt sind.
Da uns all das Wissen allein erfahrungsgemäß nicht hilft, die Gefühle zu verändern, folgen jetzt zwei bewährte Übungen, mit denen Sie ganz gezielt Ihre Gefühle und Beziehungen klären können, ohne mit bestimmten Personen Kontakt aufnehmen zu müssen. Da die Übungen die universelle göttliche Ebene einbeziehen, ist auch die Klärung von Gefühlen zu bereits Verstorbenen möglich.

Ihre persönliche Freiheit und Autonomie ist nicht abhängig von der Reaktion anderer, sondern allein von Ihrer individuellen Bereitschaft zur universellen Klärung belastender Ereignisse, Beziehungen und Gefühle. Nach den Übungen gehe ich im Abschnitt „Vergebung der Eltern und anderen Täter“ noch näher darauf ein.

Ich nenne die folgenden Transformationstexte „Please“, „Ritual der Vergebung zur Klärung der Vergangenheit und Zukunft“ und „Die absolute Vergebung“.

Das Gedicht und die erste Übung helfen, sich dem Thema anzunähern. Sie wirken wie eine Art Einstimmung. Die zweite Übung ist ein besonderes Geschenk, dessen individuelle Wirkung Sie tief berühren kann.

Auch diese Texte entfalten die größte Wirkung, wenn sie von Herzen und laut ausgesprochen werden.

5) Please

Just take this
little piece
of darkness
from my shoulders
to a place
where nobody
ever
has to fall
in tears
about it –
please
take it away
I'll really stay
with you
to the end
of time.

Please
keep the hearts free

from the shadows
I have ever born
in space of human beings
and others.

Please
spend them holy freedom
for ever.
I am ready
to take all
which belongs to me.
Please keep them free,
God.

05.08.2006

6) Ritual der VERGEBUNG zur Klärung der Vergangenheit und Zukunft

Ich verbinde mich bewusst mit meinem göttlichen Wesen, und als dieses verbinde ich mich jetzt mit der göttlichen Quelle.

Ich bitte um Unterstützung und Hilfe für den Prozess der Klärung. Ich danke allen Menschen, die mir auf meinem Weg zu lernen je begegnet sind.

Als das göttliche Wesen, das Ich Bin, verbinde ich mich jetzt mit der göttlichen Essenz all dieser Menschen.

Mit jeder Faser meines Seins bitte ich Euch alle aufrichtig und von Herzen um Vergebung für all den Kummer und den Schmerz, der vielleicht durch mich auf die eine oder andere Weise bei Euch entstanden ist.

Bitte vergebt mir.

Für all das, womit ich Euch bewusst oder unbewusst in Eurer Göttlichkeit verletzt und erniedrigt habe, bitte ich Euch hiermit aufrichtig um Vergebung. Möge überall dort nun die göttliche Essenz der Heilung und Klarheit hineinströmen.

Im Angesicht der göttlichen Quelle bitte ich hiermit den göttlichen Vater und die göttliche Mutter für Euch um die Gnade der Erlösung und Befreiung von all den dunklen Schatten, die meine Seele – in dieser oder anderer Zeit – auf Euch geworfen hat.

Ich bin jetzt bereit, die Verantwortung für all das zu tragen. Auf meinem Weg zu lernen konnte ich damals nicht anders. Bitte vergebt mir.

Mit allem Respekt und in tiefer Wertschätzung wünsche ich Euch allen Glück und Wohlergehen auf Eurem weiteren Weg. Möge sich mit Freude und Leichtigkeit alles wandeln, was war, in Klarheit und Liebe – für Euch alle auf göttliche Weise – zum Besten.

Auch für mich bitte ich um die göttliche Gnade der Befreiung von all den dunklen Schatten und Themen, die sich mit meinem göttlichen Wesen vermischt haben, weil ich sie irgendwann auf meiner Reise angenommen habe. Mögen sich diese dunklen Schatten nun erheben dürfen wie Nebel, der verfliegt, und für immer umgewandelt werden in bedingungslose Liebe und göttliche Freiheit.

Ich bin jetzt bereit, in der Kraft und Reinheit meiner göttlichen Essenz mit all dem, was war, Frieden zu schließen. Ich bin jetzt bereit, die Verantwortung für meine göttliche Essenz in Würde zu tragen und auszufüllen.

Mögen wir alle als göttliche Wesen gesegnet sein und uns ab sofort auf göttliche Weise begegnen dürfen.

30.03.2007

7) Die absolute Vergebung

Ich rufe all die Menschen und Seelen in diesen Raum, die bis heute mit mir auf irgendeine Weise verbunden sind.

Ich bitte die göttlichen Kräfte des Himmels und der Erde, hier mit uns zu sein.

Ich bitte diese göttlichen Kräfte, göttliches, heilendes Licht überall dort hineinströmen zu lassen, wo meine dunklen Schatten in Eurem Sein ihre Spuren hinterlassen haben.

Mögen all die belastenden Energieverbindungen, die dadurch entstanden sind, mit göttlicher Hilfe für immer zwischen uns aufgelöst sein.

Ich bitte Euch alle, im Angesicht des Göttlichen, von ganzem Herzen um Vergebung für all das, womit ich Euch verletzt habe, wo Ihr durch mich enttäuscht wurdet, erniedrigt, missachtet oder missbraucht.

Ich bin tief betroffen, all dies heute zu spüren und um die Not zu wissen, in der ich Euch allein gelassen habe.

Ich weiß, ich bin mit Euch oft nicht in der Würde geblieben, die wir alle verdient haben.

Ich weiß um Euren Zorn, Eure Wut und auch den Hass.

Es tut mir leid, dass wir all die dunklen Früchte miteinander geteilt haben – ich glaube, niemand von uns ist je daran satt geworden.

Ich bitte Euch deshalb alle, heute, hier, mit mir Frieden zu schließen und einen neuen Anfang zu wagen.

Ich bitte Euch mit all dem, was ICH BIN, mit all dem Schmerz, den auch ich erfahren habe, um Vergebung für all die Traurigkeit und Lieblosigkeit, die meine Handschrift in Eurer Geschichte trägt.

Ich bin wie Ihr damit nicht glücklich geworden und möchte Euch alle bitten, mir all das zu vergeben.

Es tut mir leid, dass ich Euch so tief enttäuscht habe, verlassen und oft alleingelassen. Ich bin heute bestürzt, wie ich jemals so weit von mir weggehen konnte.Das göttliche Wesenin mir, ist tief erschüttert über all das, was an Kummer durch mich in Eure Welt getragen wurde, und wie weit wir uns dadurch zum Teil voneinander entfernt haben.

Ich glaube, es ist an der Zeit, umzukehren und mit guten Gedankenkräften unsere Seelen zu nähren, in all der Achtsamkeit und mit all der Wertschätzung, die wir auf unserem Weg entwickelt haben.

Bevor die Dunkelheit der traurigen Ereignisse zwischen uns neue Schatten wirft, möchte ich Euch erinnern an die strahlende Göttlichkeit, die unser aller Ursprung ist.

Ich für meinen Teil spreche Euch hiermit heute frei von jeder Schuld und Verantwortung bezüglich meiner Person und bitte für uns alle um das Licht der göttlichen Gnade und um die Auflösung aller Schatten in unserer karmischen Geschichte.

Ich glaube an die Liebe und die heilende Kraft der Erkenntnis, die sicher auch in Eurem Herzen schon einen leuchtenden Platz gefunden hat.

Ich bin bereit, alles zu tun, um so wie heute, hier, auf göttliche Weise, meinen Teil der Verantwortung zu tragen und in eine gute Kraft zu wandeln.

Ich danke jedem von Euch, der mich darin unterstützt, mit liebendem Herzen gesegnet zu sein.

Ich freue mich, Euch in neuer göttlicher Freiheit zu begegnen, wann immer Ihr dazu bereit seid.

Ich wünsche jedem Einzelnen von Euch von ganzem Herzen Glück und Wohlergehen auf Eurem weiteren Weg, Euren göttlichen Ursprung wieder in Besitz zu nehmen.

Danke
16.01.2000

PS:
Wenn Sie spüren, dass all dies eine Last von Ihren Schultern nimmt; wenn das Sprechen dieser Worte der Vergebung dunkle Schatten von Ihrer Seele nimmt

und einer neuen Leichtigkeit Raum gibt; dann und nur dann bitte auch ich Sie um Vergebung.

Denn erst wenn wir diese Kraft spüren und verstehen, ist es wirklich möglich, über Zeit und Raum hinweg einen neuen Anfang zu wagen und einen neuen Weg zu gehen, auf dem wir unserer Göttlichkeit in Demut, Liebe und Würde alle Ehre machen. Ihnen in dieser Würde eines Tages vielleicht wieder zu begegnen, wird meine größte Freude sein.

In eigener Sache sei mir hier erlaubt, die Menschen direkter anzusprechen die mich persönlich näher kennen gelernt haben.

Wenn Du spürst, dass all dies eine Last von Deinen Schultern nimmt; wenn das Sprechen dieser Worte der Vergebung dunkle Schatten von Deiner Seele nimmt und einer neuen Leichtigkeit Raum gibt; dann und nur dann bitte auch ich Dich um Vergebung.

Denn erst wenn wir diese Kraft spüren und verstehen, ist es wirklich möglich, über Zeit und Raum hinweg einen neuen Anfang zu wagen und einen neuen Weg zu gehen, auf dem wir unserer Göttlichkeit in Demut, Liebe und Würde alle Ehre machen. Dir in dieser Würde eines Tages vielleicht wieder zu begegnen, wird meine größte Freude sein.

Leserservice:
Wenn Sie mit den Übungen arbeiten und diese dazu gerne auf Papier ausdrucken möchten, benötigen Sie 2 Dinge.

1) Den Link zu einem PDF, das ich extra dafür vorbereitet habe .

Gehen Sie bitte auf die folgende Webseite
http://www.karmischebeziehung.de/links

- dort finden Sie ganz unten im Bereich „zu Kapitel 7" den Link zu den Übungen.

2) Das Password zum öffnen: copyrightbesuca

Als weiteren Schritt in persönliche Freiheit und Autonomie möchte ich Ihnen in jedem Fall empfehlen, die Hintergründe und Bedeutung der eigenen „Spiritualität" in wertfreier Begleitung, unter Einbeziehung möglicher Traumata, zu überprüfen. Vielleicht stellen Sie Ihre letzte Frage beim Satsang einmal als Anliegen auf und vergleichen die Informationen die Sie erhalten. Welche Bedeutung haben Reiki, Diksha, Yoga, etc. wirklich in Ihrem Leben? Die Antworten könnten Ihr Leben verändern. Auch wenn es für mich eine „gesunde" Form von „Spiritualität" gibt, zeigt die Praxis, daß sehr viele spirituelle Menschen traumatisiert sind und ihre Spiritualität als Überlebensmechanismus entwickelt haben. Als Reiki-Meister, Channel-Medium und Reinkarnationstherapeut habe ich lange gebraucht diese Zusammenhänge zu entdecken. Als Traumatherapeut freue ich mich deshalb, wenn Ihre „Spirituelle Reise" sie auch einmal in unsere Praxis führt. Sie müssen Ihre Tarot-Karten und spirituellen Geschichten auch nicht am Eingang abgeben. Versprochen.

Vergebung der Eltern und anderen Täter – karmische Beziehung zwischen Opfer und Täter

Es liegt nicht wirklich in Ihrer Macht, den Eltern oder anderen Personen Missbrauch, Misshandlungen und seelische Grausamkeiten, die Sie durch diese erlitten haben, zu vergeben. Machen Sie sich deshalb keine Sorgen, wenn dies nicht vollständig gelingt, obwohl Sie dies aus Ihrer Lebensanschauung heraus wünschen. Darum geht es in diesem Buch nicht! Im Gegenteil. Ich möchte Sie ermutigen, endlich mit falsch verstandenen Vergebungsversuchen aufzuhören. Die therapeutische Praxis zeigt, dass die Gefahr an dieser Stelle viel zu groß ist, dass Sie sich erneut selbst zum Opfer Ihres Glaubens oder Ihrer persönlichen Weltanschauung machen. „Vergewaltigen" Sie sich nicht aus Ideologie und Wunschdenken zu etwas, das Ihnen persönlich mehr schadet als hilft.

Auch noch die „rechte Wange" hinzuhalten gehört zu den Ideologien von Täterkreisen und religiöse Verpackung von Vergebung dient in erster Linie den Tätern.

Wenn Sie aus falsch verstandenen Glaubensgründen versuchen, den Tätern zu vergeben, vergrößern Sie nämlich die Trennung von Ihren, durch deren Handlung abgespaltenen Persönlichkeitsanteilen. Ihre „misshandelten" Kinderanteile fühlen sich durch Ihre Vergebung der Täter schlicht und einfach verraten und ziehen sich noch weiter zurück. Sie zementieren damit also in erster Linie das vorhandene Lügengebäude und versperren sich selbst den Weg zu Ihrer eigenen Wahrheit. Auf einen Täter, dem man vergeben hat, darf man ja nicht mehr wütend sein. Ich möchte Ihre religiösen Gefühle hier einladen, in erster Linie den Menschen, nämlich sich selbst zu schützen. Machen Sie sich bitte nicht erneut zum Opfer. Für Vergebung haben Sie noch später Zeit, wenn Sie Ihren „Heilungsprozess" abgeschlossen haben. Dann **kann** es auch ein authentisches Gefühl sein.

Auch wenn Ihnen das an dieser Stelle übertrieben erscheint, möchte ich zur Klarheit betonen: Sie sind nicht dafür zuständig, Menschen zu vergeben, die an Ihnen zum Täter geworden sind! Jede Rechtfertigung von Tätern kommt einem Verrat Ihrer eigenen Gefühle und Opfererfahrung gleich. Verabschieden Sie sich von der Idee, Tätern Absolution erteilen zu können. Hier geht es um die Chance von Erkenntniswegen und Transformation auf beiden Seiten, die völlig unabhängig voneinander verlaufen.

Solange Sie sich in der Machtposition fühlen, jemand anderem „Absolution" erteilen zu können, leben Sie aus der Position eines Richters/einer Richterin. Dies ist eine klassische Vermeidungshaltung und Fehleinschätzung. Verrat an der Menschlichkeit und an ungeschütztem Leben kann ernsthaft geläuterten Menschen nur von der göttlichen Quelle vollständig vergeben werden. In einer „Pseudo-Machtposition" leben Sie in einer Fixierung auf den oder die Täter und vermeiden dadurch, in echten Kontakt mit den Hintergründen Ihrer eigenen Opfererfahrung zu treten. Verfallen Sie nicht der Illusion, andere Menschen an Ihrer gnadenvollen „Absolutions-Angel“ zappeln lassen zu können. Damit würden Sie selber in eine Täterhaltung gehen und kommen persönlich nicht weiter. Im Gegenteil. Sie binden sich an dieses verführerische Machtspiel und halten mit der „Angel“ permanenten Täterkontakt. Den Punkt, wo echte Vergebung aus Erkenntnis, Mitgefühl und eigener „Erlösung“ vielleicht tatsächlich möglich wird, werden Sie auf diesem Wege nie erreichen.

Lassen Sie deshalb gegebenenfalls all die Verantwortung für das, was Sie erlebt haben, bei den betreffenden Personen und tun Sie das so wertfrei wie möglich. Bleiben Sie selbst bei sich, in Ihrer Verantwortung für Ihre Wahrheit und Ihre Gefühle. Vergeben Sie sich lieber erst einmal selber dafür, dass Sie die heilsame Kraft Ihrer gesunden Wut gegen den verschleiernden Mantel einer „heilen Welt“ verteidigen, die Sie in Wahrheit nie erlebt haben. Achten Sie darauf, dass Sie sich an dieser Stelle nicht selbst zum Opfer Ihres Glaubens oder Ihrer persönlichen Weltanschauung machen. Ich hoffe, dies ist deutlich genug.

Täter sollten von ihren Opfern keine Absolution für an ihnen begangene Verbrechen verlangen, denn sie verspielen damit die Chance, sichtbar gewordene Verantwortung in Würde zu tragen.
Für Sie als Täter ist es wichtig, vollständig die Verantwortung für all Ihre Handlungen zu übernehmen. Dies ist der erste Schritt zur Klärung Ihrer persönlichen Geschichte – aus der Ihre Täterschaft entstehen konnte.

Wenn Sie diesen Weg gehen, werden Sie irgendwann an den Punkt kommen, wo Sie wirklich begreifen und fühlen, was Sie getan haben und wie es dazu kommen konnte. Dann wird Ihr von Herzen gesprochenes „Es tut mir leid“ und „Ich bitte um Vergebung für all das“ eine Resonanz in der göttlichen Quelle finden, die Sie als Licht der göttlichen Gnade spüren werden. Diesem Weg sollten Sie in Demut und Würde weiter folgen, bis die dunklen Schatten Ihrer Geschichte mit dem Lichte der göttlichen Gnade reingewaschen sind. Dafür müssen Sie Ihre Opfer nicht direkt kontaktieren und weiter belasten. Wenn ein Opfer den Kontakt sucht, nutzen Sie die Chance in Ihrer ganzen Ehrlichkeit und Betroffenheit. Fragen Sie nach Möglichkeiten des Ausgleichs, ohne die Würde des Opfers infrage zu stellen. Bleiben Sie dabei auch in Ihrer Würde und lassen Sie sich nicht erpressen. Hier geht es um die Anerkennung einer Verantwortung und um menschliche Würde auf beiden Seiten. Dies sollte in größtmöglichem Respekt füreinander und in aller Achtsamkeit miteinander geschehen können.

Als Täter tragen Sie noch die Last einer Verstrickung mit sehr dunklen, verdrängten Ereignissen und Emotionen einer Familiengeschichte, die Sie immer wieder in unkontrollierbarer Weise überflutet. Mit dem Wissen dieses Ratgebers können Sie beginnen, dies zu verändern. Suchen Sie zusätzlich Hilfe von Menschen, die Sie dabei in Achtung Ihrer Menschenwürde begleiten.

Für Sie als Opfer ist es wichtig, sich nicht erneut vom Täter überfordern zu lassen.

Mit den Übungen können Sie sich auf Ihre Weise, in Ihrer Geschwindigkeit, mit dem Thema Vergebung beschäftigen und eventuell Täter in Ihrem Leben so in die Vergebungsarbeit einbeziehen, wie es für Sie stimmig ist. Für Sie ist es in erster Linie wichtig, sich selbst als Anwalt Ihrer Verletzungen treu zu bleiben. Ihnen steht eine gesunde Wut zu auf alle Versuche von anderen, Ihre erlittenen Traumatisierungen zu verharmlosen. Verbeißen Sie sich aber nicht in der Wut und bleiben Sie da auch nicht stehen. Öffnen Sie sich für eine gesunde und hilfreiche Form, Ihre persönliche „Opfergeschichte" aufzuarbeiten.

Wenn Sie diesen Weg gehen, werden Sie irgendwann an den Punkt kommen, wo Sie wirklich begreifen und fühlen, was Ihnen – vielleicht in der Kindheit – angetan wurde. Mit dieser schmerzlichen Wahrheit kehrt Stück für Stück ein Gefühl neuer „Ganzheit" zu Ihnen zurück, das die Kraft zu neuer Lebensfreude mit sich bringt. Aus diesem neuen Lebensgefühl heraus wird es Ihnen vielleicht eines Tages ein ungewohntes Bedürfnis sein, mit den Tätern in Ihrem Leben auf neue Weise Frieden zu schließen. Dann wird Ihr von Herzen gesprochenes „Ich spreche Dich jetzt frei von jeder Schuld und Verantwortung für meine Person" ein Licht besonderer Gnade in Ihrem und dem Herzen des „Täters/der Täterin" entzünden. Dann spüren Sie in noch tieferer Einsicht als bisher die Bedeutung und Kraft wahrer Vergebung.

Vor allem die Verstrickung durch KARMA in karmischen Beziehungen wird Ihnen in größerer Vielschichtigkeit neu bewusst. Die Qualität einer Täterschaft kann sich positiv verändern und zur Reifung Ihrer Persönlichkeit beitragen, wenn Sie die Herausforderung annehmen, die tieferen Hintergründe Ihrer karmischen Beziehung mit dem „Täter“ zu erforschen. Dazu gehört auch, die Dynamik und „Selbstsabotage“ durch täterloyale Anteile in Ihnen zu verstehen. Untersuchen Sie so all Ihre Beziehungen, die noch von einer Opfer-Täter-Dynamik geprägt sind, und verändern Sie diese Schritt für Schritt.

Suchen Sie sich für die Auflösung und Umwandlung symbiotischer Verstrickungen mit Tätern in Ihrem Leben professionelle Hilfe. Dies ist, ähnlich wie die Entfernung eines Tumors, Teamarbeit. Die einzelnen Schritte führen zur Erweiterung Ihres Bewusstseins und Veränderung Ihrer innerpsychischen Strukturen.
Als positiven Nebeneffekt werden Sie auf der Ebene der Liebesbeziehung einen Partner/eine Partnerin anziehen, der/die Ihnen nicht mehr als Täter/in begegnen muss, sondern mit Ihnen gemeinsam die Liebe im Herzen in einer neuen Dimension lebt. Diese Liebe wird von einer neuen Freiheit, Unabhängigkeit und Autonomie getragen sein, die Ihnen jetzt vielleicht noch völlig unrealistisch erscheint.

Anklage, Liebesfähigkeit und Traumpartner/in

Solange es noch „Täter“ in Ihrem Leben gibt, mit denen Sie stark belastende Gefühle verbinden, die Sie noch nicht in Erkenntnis und Kraft umwandeln konnten, lebt ein Teil von Ihnen noch in einer Opferrolle. Dieser Teil lebt in einer ungeklärten karmischen Beziehung meist in Vorwurfshaltung und wartet auf einen „Schuld-Ausgleich", an den Sie sich selbst auf unbestimmte Zeit gebunden haben. Diese „Anklage" projizieren Sie vielleicht zusätzlich – wenn auch unbewusst – auf „alle Männer" oder „alle Frauen". Dies sollte Ihnen einfach nur bewusst werden, damit Sie diese Energien gegebenenfalls von Ihrer Wunschpartnerschaft trennen können. Denn Ihr/e Traumpartner/in mit Feingefühl wird Ihre ungeklärte Wut und Ihren in Ihnen brodelnden Hass in jedem Fall auf dem „Radar" registrieren und wahrscheinlich von größerer Nähe zu Ihnen erst einmal Abstand nehmen, wenn er/sie nicht sicher sein kann, dass er/sie nicht auch gemeint ist. Geben Sie deshalb Ihrer Liebesfähigkeit immer den größten Raum in Ihrem Herzen.

Meine Empfehlung:
Tragen Sie Ihre berechtigte Wut und Ihren Hass – wo er aufkeimt – wie eine Weste, die Sie auch ablegen können. Benutzen Sie solche Emotionen aber nicht als Bodylotion, wenn Sie einem Partner/einer Partnerin begegnen möchten, der/die zärtliche Streicheleinheiten mit Wohlfühlcharakter zu schenken vermag.

Ich empfehle Ihnen, selber herauszufinden und zu prüfen, was der eigenen Genesung und Ganzwerdung wirklich dient. Sie können dies zum Beispiel auch mit dem Aufstellen eines Anliegens überprüfen. So vermeiden Sie am leichtesten, sich selbst etwas einzureden, was nicht der Realität entspricht.

Jede Art von Vergebungsarbeit, die als Ziel hat, den Tätern/dem Täter zu vergeben, birgt immer die Gefahr, die Täterschaft und eigene Opfererfahrung zu verleugnen und zu verharmlosen. Wenn Sie dem Partner, der Sie geschlagen hat, vergeben, können Sie leichter bei ihm bleiben oder wieder zu ihm zurückkehren. Diese Form zementiert Ihre Opferhaltung und zeigt, dass in Ihnen etwas wirkt, in dessen Folge Sie sich Tätern als Opfer zur Verfügung stellen. Hier würden Sie Vergebungsarbeit missbrauchen, um Ihre Opferrolle nicht infrage stellen zu müssen. Gleichzeitig werden Sie dadurch zum Täter an sich selbst.

Vergebungsarbeit ist in dem Zusammenhang sinnvoll, wo wir in Kontakt und Anerkennung mit der eigenen Täterschaft oder Opfererfahrung treten. Täterkontakt ist für betroffene Opfer meistens kontraproduktiv, da jeder Täterkontakt erneut ins Trauma führt.

Die Anerkennung von Täterschaft und Opfererfahrung führt aus der illusionären Sehnsucht nach einer heilen Welt in die Wahrheit und Realität der eigenen Lebensgeschichte.

Vielleicht hilft ein Bild:
Hat es wirklich Sinn, im Löwenkäfig zu bleiben oder immer wieder in ihn zurückzukehren, um dem Löwen zu vergeben, dass er Ihnen einen Arm abgebissen hat?

Geht es Ihnen wirklich gut damit, wenn Sie Ihren Vater/Ihre Mutter pflegen, der/die Sie als Kind sexuell missbraucht, körperlich oder seelisch misshandelt und gedemütigt hat?

Aus meiner Erfahrung sind solche fürsorglichen Handlungen und Situationen, wo Opfer ihre Täter pflegen, immer auch begleitet von illusionärem Wunschdenken und Handeln. Dies geschieht aus Kinderanteilen heraus, die sich verzweifelt an die Hoffnung klammern, doch noch eines Tages von Mama oder Papa ein gutes Wort zu hören, ein Lob oder kleines Zeichen von möglicherweise Liebe. Diese Illusion hört mit dem Tod der Eltern nicht auf.

Falls Ihre Gedanken um Rache und Vergeltung kreisen, begehen Sie bitte nicht den Fehler und Irrtum, sich an Partnern oder unschuldigen Kindern von Tätern rächen zu wollen, um den Täter/die Täterin zu schädigen. Es kann sein, dass diese Person es nicht mal bemerkt. Täter sind gespaltenen Persönlichkeiten, die nicht mit ihren Gefühlen in Kontakt sind. Andere Menschen spielen nur sehr untergeordnete Rollen und werden ggf. Zweckoptimiert ersetzt. Sie würden mit so einer Racheaktion einen ganz eigenen Täterkreislauf eröffnen, in dem nur Sie TäterIn sind. Wollen Sie das?

Rache verstrickt in Endlosspiralen. Vergeltungsaktionen gehören wie Vergebungsrituale zu Überlebensmechanismen die von der Klärung des eigenen Opferseins ablenken. Mit Selbstjustiz wird die eigene Traumatisierung nicht aufgelöst, sie fügt noch neue hinzu. Eine nachhaltige Veränderung von Tätern erreichen Sie damit nicht. Ich hoffe, Sie brauchen kein Leben hinter Gittern um darüber nachzudenken. Ihr Leben ist zu kostbar um im Sog von Täterstrukturen verloren zu gehen. Klären Sie mit all Ihrem Mut lieber die Ursachen für solch eine Dynamik in Ihrem Leben. Holen Sie sich ggf. geeignete Hilfe um da auszusteigen.

Orientierungspunkt:

Vergebung oder Vergeltung erlöst und klärt das Trauma nicht. Es verhindert eher die Anerkennung und Aufarbeitung von Beziehungen zu Personen, die Sie traumatisiert haben.

Vergebung ist meistens von illusionärem Wunschdenken geprägt und wird oft als Überlebensstrategie mit Verharmlosungscharakter eingesetzt.

Nach meiner Erfahrung ist echte Vergebung jenseits von Religion und Spiritualität erst nach der Aufarbeitung der eigenen Opfererfahrung und psychischen Spaltung möglich. Die Vergebung von Tätern ist für den eigenen Heilungsprozess eines traumatisierten Menschen nicht notwendig. Gefühle von Wut, Hass, Rache binden Sie jedoch emotional an Täter und Täter-Opfer-Strukturen!

Orientierungspunkt:
Vor der eigenen „Heilung“ führen falsch verstandene Vergebungsversuche von den eigenen Gefühlen und abgespaltenen Persönlichkeitsanteilen weg!
Auch wenn dies Ihr Weltbild vielleicht auf den Kopf stellt: Opfer sind nicht für die Vergebung, Absolution und Pflege von Tätern zuständig. Weder in der Familie noch in Partnerschaften.

Achten Sie bitte darauf, dass Sie nicht durch falsch verstandenes Verantwortungsgefühl zum Täter an sich selbst werden. Wenn Sie durch Verträge, Vollmachten oder ähnliches noch an Täter gebunden sind, organisieren und delegieren Sie wenn notwendig die Versorgung oder Pflege dieser Person(en) und halten Sie so gut es geht Abstand. Diese Empfehlung bezieht ausdrücklich alle Personen mit ein, die an Ihnen direkt (Gewalt, Missbrauch, Erniedrigung...) oder indirekt (schweigen, unterlassene Hilfeleistung...) zum Täter geworden sind.

Schlusswort – das dicke Ende Hilfe – Hotline – Partnerschaft

Um ein Trauma zu überleben und sich vor weiteren Traumata schützen zu können, werden die Wachsamkeit und die Wahrnehmung der eigenen Sinne immer weiter, bis ins „Unendliche" ausgedehnt. Dieser als Alarm- und Frühwarnsystem entwickelte „Radar" fördert „übersinnliche" – „hellseherisch" wirkende Fähigkeiten, die oft als „spirituelle" Gaben verstanden werden. Die Wahrheit ist aber, dass die Fähigkeiten vieler Medien ihren Ursprung in einer frühkindlichen Traumatisierung haben. Weil man so weit weg von sich selber ist, spürt man alles von allen anderen; man hat Bilder, Träume, Gefühle von anderen und kaum mehr Bezug zu sich selbst.

Solche Medien leben in einer eigenen Traumablindheit und sehen auch deshalb entsprechende Zusammenhänge bei Klienten nicht. Eigene Schwierigkeiten in Beziehungen werden oft ausgeblendet oder als gegeben hingenommen – ohne die eigene „Berufung", andere in diesen Dingen zu beraten, infrage zu stellen.

So kommt es sehr häufig zu schwammigen, irreführenden Antworten, die wahre Zusammenhänge von Lebensblockaden nicht aufdecken können. Jahrelang habe ich dies nicht verstanden, aber immer wenn ich

Medien, Hellseher, Kartenleger oder andere bezüglich eigener Fragen konsultierte, habe ich dieses Phänomen beobachtet und aus heutiger Betrachtung ausschließlich enttäuschende Ergebnisse erhalten. Ich habe – auch auf Empfehlung – in den letzten 25 Jahren einige Berater getestet und erhielt im Prinzip immer das gleiche Ergebnis:

Niemand konnte mir klar und deutlich sagen, was bei mir wirklich los war. „Eigentlich müsste bei Ihnen alles (privat, geschäftlich, finanziell) laufen ...", war die klassische Wand, an die ich mich genagelt fühlte. Doch darüber hinaus ging es keinen Millimeter weiter. Nicht mal ein einziger kleiner Hinweis, dass in meiner Kindheit irgendetwas nicht stimmte oder passiert sein musste. Wenn Sie dieses „eigentlich" auch schon oft gehört haben, dann wissen Sie jetzt: Das ist ein massiver Hinweis auf TRAUMA.

Auch Schmerzen, deren Ursache niemand findet, gehören dazu. Investieren Sie bis auf Weiteres deshalb lieber Ihr Geld in Traumaaufstellungen als in Hotlines von unwissenden Beratern. Wenn Sie als Medium selber in der Branche tätig sind, empfehle ich Ihnen dringend, sich mit der Thematik von TRAUMA zu beschäftigen (s. „Karmische Beziehungen und TRAUMA") und die eigene Traumablindheit aufzulösen. Dann werden Sie in Zukunft noch vielen Menschen helfen können, dieses Phänomen zu entdecken und die Aufarbeitung sinnvoll anzugehen. Dadurch werden neue Wege frei, schwierige Situationen in einer Partnerschaft zu verstehen und vielleicht, mit Ihrer Hilfe, auch ohne Trennung zu meistern.

In diesem Sinne hoffe ich, dass meine Dokumentation über karmische Beziehungen so manchen Schleier für Sie lüften konnte und Ihnen neuen Mut macht, für Ihr persönliches Lebens- und Liebesglück die Ärmel hochzukrempeln. Es lohnt sich!

Denken Sie immer daran:

Solange eine Person/Seele noch im TRAUMA gefangen ist, kann sie nicht vollständig in ihre Göttlichkeit aufsteigen. Jede Trennung von Teilen der eigenen Persönlichkeit wird sich in einer unglücklichen, unvollständigen Liebesbeziehung widerspiegeln. In diesem Sinne ist Ihr Partner/Ihre Partnerin auch niemals das Problem, sondern immer nur ein Zustandsbericht Ihres eigenen Seelenspiegels. Vergeuden Sie deshalb keine Zeit damit, Ihren Partner zu erziehen und den eigenen Bedürfnissen anzupassen.

Da arbeiten Sie definitiv auf der falschen Baustelle!

Wenn jetzt noch immer Fragen offen sind, freue ich mich über Ihre Anfrage zu einer persönlichen Beratung oder Teilnahme an einem Seminartag.

Für alles andere möchte ich Sie ermutigen, eine sehr effektive und bewährte Methode anzuwenden. Mit diesem Leitsatz habe ich vor vielen Jahren meine Reise angetreten. Dieser Ratgeber kann deshalb für mich kein würdigeres Ende finden.

Was könnten Sie für Ihre Beziehungen aus diesem Teil lernen?

Aus diesem 7. Teil wünsche ich mir, dass Sie mindestens eines mitnehmen:

Wenn Dir niemand helfen kann
mit Deinem Problem,
werde zu jemandem,
der anderen helfen kann
mit dem gleichen Thema.

15.05.1999

PS:
Wenn Ihnen das eine oder andere Licht beim Lesen aufgegangen ist, freue ich mich, wenn Sie dieses auf Ihre Weise in die Welt hinausstrahlen lassen. Wer weiß. Vielleicht erhellt es einmal auch meinen Weg in dunkler Nacht.

Check-OUT

Ich hoffe, Sie hatten eine erkenntnisreiche Reise durch Ihr Beziehungsleben und haben wieder festen Boden unter den Füßen. Erinnern Sie sich noch an die Gepäckkontrolle vor Antritt dieses Abenteuers? Wie viele Tierchen haben Sie jetzt noch im Gepäck? Haben Sie immer noch „10 Spinnen, 1 Ratte und 1 Stinktier“ als Begleitung? Vielleicht schreiben Sie mir einfach mal einen kleinen Erfahrungsbericht.

Im weiteren Leben wird sich Ihnen vielleicht immer wieder mal die Frage stellen: Was soll ich jetzt tun? Für solche Situationen möchte ich Ihnen eine universelle 4-Schritte-Regel mit auf den Weg geben. Diese Formel hilft Ihnen, jede Lebensfrage leichter zu beantworten.

4-Schritte-Regel zur Klärung von Lebensfragen

Erkenne – die rote Ampel – die Situation wahrnehmen
Verstehe – die Bedeutung – Ursache, Hintergründe, warum erlebe ich das?
Löse – den Fuß vom Gas – 1. Reaktion, Sofortmaßnahme, was ist zu tun?
Entscheide – wo du wirklich hinwillst! – dem Leben antworten, Kurskorrektur

Den Grad persönlicher Freiheit können Sie leicht ermessen, wenn Sie den Handlungsspielraum betrachten, den Sie in Situationen und Lebensbereichen haben, die Ihnen wichtig sind. Zur Analyse und Optimierung Ihrer Handlungsspielräume helfen Ihnen vielleicht ein paar Stichpunkte zu den 4 universellen Schritten.

Erkennen

- Wo stehe ich?
- Was beschäftigt mich?
- Was überfordert mich?
- Was verstehe ich nicht?
- Was würde ich gerne ändern?

Leitsätze:

Der Wille zur Veränderung ist die erste Tür zur Erkenntnis.

Was bewusst ist, kann auch bewusst verändert werden.

Verstehen

- Warum hat sich mein Leben so entwickelt und nicht anders?

- Welche Erfahrung der Vergangenheit bestimmt noch heute mein Handeln?

- Welchen Teil meines Lebens habe ich vergessen oder nicht verstanden und warum?

- Welche Gefühle gehören wirklich zu mir und welche Fremdgefühle wirken gerade?

- Was habe ich vorher gemacht? Welcher Impuls hat mich in die Situation gebracht?

Leitsätze:

Solange ich in fremden Gefühlen lebe und mit fremden Geschichten verstrickt bin, kann und muss ich die eigenen Gefühle und die eigene Geschichte nicht wahrnehmen.

Wenn ich das Trauma bearbeite, kann ich Schritt für Schritt meinen Traum leben.

Lösen

- Was sollte und kann ich in jedem Fall sofort tun?
- Wie kann ich meinen Handlungsspielraum vergrößern?
- Von welchen Fremdgefühlen oder fremden Einflüssen möchte ich mich lösen?
- Welches Verhaltensmuster kann ich gerade an mir erkennen? Möchte ich es ändern?
- Bin ich in eine Opfer- oder Täterhaltung gerutscht, die ich verlassen kann?

Leitsätze:

Die Freiheit, mein Leben zu verändern, wächst mit meiner Bereitschaft und Fähigkeit, bisher lebensbestimmende Strukturen zu erkennen und zu verstehen.

Abhängigkeit und Fremdbestimmung sind unter anderem die Folge von Illusionen, Unwissenheit, Verdrängung der Wahrheit und mangelnder Bereitschaft, Verantwortung zu übernehmen.

Entscheiden

- Wie würde die Person entscheiden, die Sie gerne wären?
- Wie würde Ihr Vorbild entscheiden?
- Wie würden Sie entscheiden, wenn Sie garantiert nicht scheitern?
- Handeln oder behandelt werden?
- Wünsch-dir-was-Knopfdruck-Therapie oder lebensbegleitende Persönlichkeitsentwicklung mit Tiefgang?
- Welche Antwort und Entscheidung führt mich zu mindestens einem meiner drei wichtigsten Jahres- oder Lebensziele?

Leitsätze:

Veränderung ist in meinem Leben, in meinem Sinne möglich, wenn ich zu 100 Prozent die Verantwortung dafür übernehme.

Je klarer meine Lebensziele sind, desto leichter fallen mir klare, zielführende Entscheidungen.

Was ich bisher über Beziehung, Ehe, Liebe und Sexualität gedacht habe, ist nicht notwendigerweise wahr. Ich entscheide mich jetzt für ein Denken und Handeln, das mich darin unterstützt, glückliche Beziehungen zu leben.

**Wer versteht
was ihn trennt,
muss sich nicht von dem trennen,
was er nicht versteht.**

Engel weinen nicht

Du sahst mich nicht,
als Du
ins Freie getreten bist,
und so fiel mir
Dein Ausdruck auf
im Gesicht,
den ich nur
von Menschen kenne,
die ihr Schicksal
in fremde Hände
gelegt haben
und damit
in Frieden sind.

Für einen Moment
vergaß ich darüber
die Bedeutung der Kirche
im Hintergrund
und ließ mich berühren
von Deinem Schicksal,
das ich zuvor
noch nie
aus dieser Sicht
berührt hatte.

Plötzlich sahst Du mich
und blicktest zu mir
wie zu einem Geist,
den zu erblicken

Dir nicht ungewöhnlich schien.
Du hattest mich bis heute
also nicht vergessen
all die Jahre –
tief in mir
begann etwas zu verstehen.

So gingst Du
an dem Geist
in Deiner Welt
vorbei
und bei mir
brach ein Damm
von Tränen
einfach so
aus mir heraus.

Im tiefen Schluchzen
berührte etwas sanft
meine Hand vor Augen –
ich fiel in Deine Arme
wie ein Kind.

Ganz leise
hörte ich Dich sagen:
Engel weinen nicht.

15.12.2007

Weiterführende Informationen

Wichtiger Hinweis!!!

Als Leserservice habe ich für Sie eine eigene Internetseite eingerichtet. Zu den meisten Empfehlungen ist dort eine Bezugsquelle verlinkt.

http://www.karmischebeziehung.de/links

Bücher von Alice Miller
Dein gerettetes Leben
Die Revolte des Körpers
Wege des Lebens u.v.a.

Bücher von Franz Ruppert
Verwirrte Seelen
Seelische Spaltung und innere Heilung
Symbiose und Autonomie, 2010

Essenz und neuester Forschungsstand!***
Trauma, Angst und Liebe, Kösel Verlag, 2012
Frühes Trauma, Klett-Cotta, 2014

Weitere Buchempfehlungen

Christiane Sautter, *Wenn die Seele verletzt ist* ***
Alfred R. und Bettina Austermann, *Das Drama im Mutterleib*
Michaela Huber, Der Feind im Innern***

Romane von Betroffenen/Erfahrungen

... hilfreich, um sich z. B. gezielt über „Triggerpunkte" an ähnliche eigene Gefühle zu erinnern; dosieren Sie die Leseeinheiten aber in Achtsamkeit mit sich selbst!

Diese Bücher sind alles andere als „Fast Food":
Truddi Chase, *Aufschrei*
Ulla Fröhling, *Vater unser in der Hölle*
Terry M. Balthasar, *Im Schutz des Rudels*

Hörbuchempfehlung

Arno Gruen, *Verratene Liebe – Falsche Götter*,
T. Harv Eker, *So denken Millionäre*

FILMTIPPS

Ich bin die Andere, mit Katja Riemann u. a., Regie: Margarethe von Trotta

Shutter Island, mit Leonardo DiCaprio u. a., Regie: Martin Scorsese

Internet-Kontaktadressen Stand 2014

Alice Miller www.alice-miller.com

Franz Ruppert www.franz-ruppert.de - International

Das Aufstellen des Anliegens - in Seminaren und Einzelsitzungen nach Prof. Dr. Franz Ruppert:

Deutschland
Aurora Wolf & Bernd Casel
www.0711-31577708.de - Praxis & Studio Aichwald
D-73773 Aichwald, Tel: 0049 – (0)711 – 315 777 08

www.igtv.de - Birgit Assel
D-31032 Betheln, Tel: 05182 – 908 555

www.kerstin-kirschniok.de - Kerstin Kirschniok
D-31141 Hildesheim, Tel: 05064 – 268 40 28

systemische-beratungen-specht.de - Manuela Specht
D-83646 Bad Tölz, Tel: 08041 – 7953781

www.lebenssinn-wandlung.de - Dagmar Strauß
D-84072 Au-Hallertau, Tel: 08752 – 869074

England – Vivian Broughton
www.vivianbroughton.co.uk

Holland – Margriet Wentink und Wim Wassink –
www.interaktiel.nl

Italien – Patrizia Manukian –
www.ritrovaresestessi.com

Norwegen - Marta Thorsheim
www.konstellasjoner.no

Zum Thema Ausgleich, Helfen, Spenden:
http://www.amma.de
Für mich ist Ammas karitatives Werk über jeden Zweifel erhaben. Es bietet Raum für jede Größe und Form Ihres gewünschten Engagements. Vertrauen Sie Ihrem Gefühl. Was hier fließt, ist in besonderer Weise und Liebe gesegnet.

Schlüssel

Wer das
nicht kennt,
was ihn
noch trennt
von Liebe, Glück
und Leichtigkeit,
bleibt,
wo er ist
entzweit –
wenn er nicht sucht,
was löst.

Kontakt zum Autor

Stand 2013

Bernd Casel
Schanbacher Straße 2/1
D-73773 Aichwald

Internet: http://www.besuca.com
E-Mail: besuca@besuca.com
Anfragen bitte in deutscher Sprache oder mit Übersetzer.

Ihre Lesermeinung gerne über
http://www.karmischebeziehung.de/feedback

Praxis und Studio Aichwald
Praxis für integrative therapeutische Verfahren
Internet: http://www.0711-31577708.de
E-Mail: kontakt@0711-31577708.de
Tel.: 0049 - **(**0)711 – 315 777 08

Jeder Mensch
hat sein eigenes Schicksal
und wenn es uns gelingt,
dies in Würde, Achtsamkeit
und Liebe zu meistern,
wird eines Tages
etwas Großes daraus.

Rechtliche Hinweise

Urheberrecht

Informationen ausserhalb dieses Werkes sind ein kostenloser Service auf den kein Rechtsanspruch besteht. Für die Verfügbarkeit wird keine Garantie übernommen. Dieser Service und Inhalte stehen nicht in allen Sprachen zur Verfügung.

Haftungsausschluss

Dieser Ratgeber stellt keinen Ersatz für psychiatrische oder medizinische Behandlung dar. Die Nutzung, Umsetzung und Anwendung aller darin vermittelten Informationen und Übungen liegt allein in Ihrer persönlichen Verantwortung. In diesem Werk verwendete Begrifflichkeiten dienen lediglich als gesellschaftlich bekannte Orientierungspunkte für bestimmte Qualitäten von Erfahrungen.

Die Inhalte des vorliegenden Titels wurden von dem Verfasser mit größter Sorgfalt zusammengestellt. Fehler können dennoch nicht vollkommen ausgeschlossen werden. Der Verfasser übernimmt keine juristische Verantwortung und keinerlei Haftung für Schäden, die aus der Nutzung oder Nichtnutzung dieses Ratgebers oder Teilen daraus entstehen.

Ferner übernimmt der Verfasser keine Gewähr für die Richtigkeit, sowie Vollständigkeit und Aktualität der dargestellten Inhalte. Jegliche Haftung ist somit ausgeschlossen.

Links

Der vorliegende Ratgeber enthält Links zu externen Webseiten Dritter, auf deren Inhalte der Verfasser keinen Einfluss hat. Deshalb übernimmt der Verfasser für diese fremden Inhalte keine Gewähr. Für die Inhalte der verlinkten Seiten ist stets der jeweilige Anbieter oder Betreiber der Seiten verantwortlich. Die verlinkten Seiten wurden zum Zeitpunkt der Verlinkung auf mögliche Rechtsverstöße überprüft. Rechtswidrige Inhalte waren zum Zeitpunkt der Verlinkung nicht erkennbar. Eine permanente inhaltliche Kontrolle der verlinkten Seiten ist jedoch, ohne konkrete Anhaltspunkte einer Rechtsverletzung, nicht zumutbar. Bei Bekanntwerden von Rechtsverletzungen werden derartige Links umgehend aus dem vorliegenden Werk entfernt.

Datenschutzerklärung:

Datenschutz

Die Nutzung meiner Webseiten ist in der Regel ohne Angabe personenbezogener Daten möglich. Soweit auf Seiten personenbezogene Daten (beispielsweise Name, Anschrift oder eMail-Adressen) erhoben werden, erfolgt dies, soweit möglich, stets auf freiwilliger Basis. Diese Daten werden ohne Ihre ausdrückliche Zustimmung nicht an Dritte weitergegeben.

Die Datenübertragung im Internet (z.B. bei der Kommunikation per E-Mail) kann Sicherheitslücken aufweisen. Ein lückenloser Schutz der Daten vor dem Zugriff durch Dritte ist nicht möglich.

Der Nutzung von im Rahmen der Impressumspflicht veröffentlichten Kontaktdaten durch Dritte zur Übersendung von nicht ausdrücklich angeforderter Werbung und Informationsmaterialien wird hiermit ausdrücklich widersprochen. Die Betreiber der Seiten behalten sich ausdrücklich rechtliche Schritte im Falle der unverlangten Zusendung von Werbeinformationen, etwa durch Spam-Mails, vor.

Teilnahme an Partnerprogrammen

Bernd Casel ist Teilnehmer des Partnerprogramms von Amazon Europe S.à.r.l. und Partner des Werbeprogramms, das zur Bereitstellung eines Mediums für Websites konzipiert wurde, mittels dessen durch die Platzierung von Werbeanzeigen und Links zu amazon.de Werbekostenerstattung verdient werden können.

Einladung

Was wäre, wenn wir Menschen uns weltweit die Hand reichen und gegenseitig helfen, aus alten Verstrickungen heraus zu kommen?

Was wäre, wenn in jedem Land 1000, 10.000, 100.000 Menschen einen neuen Anfang wagen?

Was wäre, wenn Sie an diesem Anfang aktiv teilhaben?

Aus den Einnahmen dieses Ratgebers werden Übersetzungen in andere Sprachen finanziert, die dieser Vision folgen. Ich bin deshalb in besonderer Wertschätzung für jede Ihrer Empfehlungen und Unterstützung in anderer Weise.

Wenn der Geist dieses Buches Sie berühren konnte und Sie Freude daran haben, eine persönliche Rezension zu diesem Ratgeber zu schreiben, danke ich Ihnen hiermit schon vorab, auch im Namen der Menschen, die dadurch den Impuls verspüren, wie Sie, diese Informationen für sich zu nutzen. Wer weiß, vielleicht entstehen gerade so die neuen, inspirierenden Beziehungen, die plötzlich auch Ihr Leben bereichern.

Ich freue mich in jedem Fall über jede ehrliche Lesermeinung und danke Ihnen von ganzem Herzen für Ihr Interesse und Ihre Offenheit diesem Werk gegenüber.

Ich danke Ihnen von ganzem Herzen für jeden positiven Impuls, den Sie aus diesem Werk in Ihr Leben und in Ihre Beziehungen tragen.

Epilog

Laut einer Umfrage unter etwa 34 Millionen Weltbürgern und Mitgliedern der Avaaz-Gemeinschaft Anfang 2014, bezeichneten sich fast 39% der Teilnehmer als spirituell, aber nicht religiös. Ich weiß nicht, wie es Ihnen geht und welche Beschreibung Ihre Lebensart am ehesten als zutreffend darstellen würde. Ich war einer der Personen, die angesprochen wurden an der Umfrage teilzunehmen und wenn ich zurück blicke, trifft die Beschreibung „spirituell aber nicht religiös" schon auf mich zu, seit ich etwa 15 Jahre alt war. Die Zeit davor erinnere ich nur lückenhaft, „nicht religiös" war ich seit ich denken kann. In der Zeit um mein fünfzehntes Lebensjahr, las ich viel und war besonders von einem Buch über Parapsychologie fasziniert, das ich von meinem Taschengeld erstanden hatte. Die Beziehung zwischen mir und der Welt versuchte ich mir damals bis etwa 20 vor allem mit Lesen, Yoga und Mediation zu erschließen. Das Thema Psychologie und Beziehungen hat bis heute für mich an Faszination nicht verloren. Im Gegenteil. Immer wieder haben mir wichtige Erkenntnisse auf diesem Weg das Leben gerettet und sind Bestandteil meines Berufes geworden.

Eine Erkenntnis, die noch keine 10 Jahre zurück liegt, hat so tiefe Bedeutung, wie das Gefühl von Freiheit, das mich erfasste, als ich in meiner Kindheit endlich lesen und schreiben konnte. Es hat mit meiner persönlichen Art der Spiritualität zu tun. Sie entpuppte sich zum großen Teil als ein Überlebensmechanismus meiner frühen Kindheit. Meine Spiritualität war also eine „Folge von etwas" und nicht die entscheidende Ursache, mit der ich als Jugendlicher glaubte, mir die Welt erschließen zu können wie sie war. Die unbequeme Wahrheit, die ich Ihnen in diesem Ratgeber nicht vorenthalte, bedeutet bei solchen Überlebensmechanismen das Verdrängen, Vergessen und Verleugnen der Welt wie sie wirklich ist und wie man sie erlebt hat. Auch darum geht es in diesem Ratgeber. Dieses „Vergessen“ mag an sich nicht weiter schlimm sein, wenn „dieser Mann“ oder „jene Frau“ allein auf einer Insel lebt. In zwischenmenschlichen Beziehungen führen die Umstände, das wir Ursachen und Wirkungen nicht als solche erkennen oder sogar verwechseln, regelmäßig zu größeren Irritationen und privaten wie geschäftlichen Konflikten. Da wir bewußt oder unbewußt einen Teil der Welt wie sie wirklich war oder ist ausschließen, wenn nicht sogar auf den Kopf stellen, geraten wir mit zunehmendem Alter in immer größere Schwierigkeiten. Nicht immer können und wollen wir uns dies eingestehen.

Manchmal fehlt auch geeignete Hilfe. Ich habe fast 30 Jahre meines Lebens danach gesucht. Um die Geheimnisse in meinem Leben und meinen „karmischen“ Beziehungen zu entschlüsseln, mußte ich immer wieder alles auf eine Karte setzen. Ohne Netz und doppelten Boden. Ohne Leben oder Geld zurück Garantie. Raum für Urlaub, Freizeit und Vergnügungen gab es praktisch nicht. Ich wollte die ganze Wahrheit wissen und die gab es nur ohne Hintertüren.

Wahrheiten sind nicht immer einfach. Besonders schwer sind Lebensphasen und ihre Folgen zu verstehen, in denen wir nur überleben können, indem wir uns der gegenwärtigen Wahrheit vollkommen verschließen. Manche Erfahrungen sind mit so tiefen Verletzungen und Ängsten verbunden, daß wir unsere psychische Einheit aufgeben müssen um zu überleben. Den Anteil unserer Persönlichkeit, den wir abspalten mußten, suchen wir unbewußt in unseren Beziehungen und wundern uns über deren Unvollständigkeit. Vielleicht sind Ihnen auch schon

Menschen begegnet, die so viel von der Welt ausgeblendet haben, das sie ihre eigenen Schwierigkeiten nicht wahrnehmen. Wahrnehmen bedeutet, die Wahrheit zu nehmen wie sie ist. Die Bereitschaft dazu läßt sich üben.

Vielleicht ist es auch Zeit, darüber Klarheit zu gewinnen, daß eine biologische Elternschaft nicht automatisch bedeutet, das Eltern die würdevolle Aufgabe angetreten haben, Vater und Mutter zu sein. Wenn ich das Thema Schwangerschaft aus meiner Erfahrungswelt heraus, ganz nüchtern betrachte, ist sie in vielen Fällen ein unerwünschtes „Nebenprodukt" und ereignet sich selbst bei Menschen, die sich Kinder wünschen, oft zu einem „gefühlt" ungünstigen Zeitpunkt. Wichtiger als die Frage der Rahmenbedingungen ist die Frage, mit welcher Qualität von Bindung, Emotionalität und Liebe, die Eltern das Kind erwarten und nach der Geburt begleiten. Ein Wunschkind hochtraumatisierter Eltern zu sein, ist von Anfang an für ein Kind traumatisierend. Die Vorfreude des männlichen Elternteils auf ein Kind, ist für das Kind schon im Mutterleib traumatisierend, wenn dieser Mann sadistische Neigungen hat oder pädophil ist.

Selbst ein „echtes" Wunschkind, das zum „falschen Zeitpunkt" kommt, löst eine Kette von Fragen und Herausforderungen bei den Elltern aus. Lehre, Ausbildung, Studium, die Beziehung und die Schwangerschaft selbst werden in Frage gestellt. Fällt die Entscheidung für das Kind positiv aus, lösen die ungeklärten Fragen je nach sozialem Umfeld und aktueller Lebenssituation, ein Spannungsfeld aus, das die Eltern-Kind-Beziehung von Anfang an begleitet und belastet. Die Liebe geht da leicht verloren.

Aus Sicht eines Kindes, hat eine Frau, die ein Kind zur Welt bringt und nicht die Verantwortung übernimmt, die Würde und Unversehrtheit des Kindes zu schützen, nie begonnen Mutter zu sein.

Aus Sicht eines Kindes, hat ein Mann, der ein Kind gezeugt hat und nicht die Verantwortung übernimmt, die Würde und Unversehrtheit des Kindes zu schützen, nie begonnen Vater zu sein.

Es ist deshalb kein Wunder, das so viele Kinder und Erwachsene in der Vorstellung leben, in Wahrheit einen anderen Vater oder eine andere Mutter zu haben.

Gesunde Beziehungen in der Kindheit sind Voraussetzung für die Entwicklung einer gesunden kindlichen Psyche. Erwachsene, die sich in ungesunden, unglücklichen Beziehungen wahrnehmen, sind in der Regel bei Menschen aufgewachsen, in deren Umfeld die Entwicklung gesunder Beziehungen schwierig bis unmöglich war. In solch einem Klima werden oft eigene, kindliche Anteile abgespaltet, um sie vor der äußeren Gewalt, Lieblosigkeit, Unlebendigkeit oder Manipulation zu schützen. Als Erwachsener haben wir häufig Schwierigkeiten mit der Wahrheit unserer Kindheit und eigenen, abgespaltenen Anteilen in Kontakt zu kommen. Ideal ist hier natürlich eine therapeutische Begleitung. In dieser erweiterten Buchauflage habe ich für Sie ein paar Gedanken entwickelt, die verschiedene Themen berühren. Nutzen Sie die Leitsätze, die Sie beim Lesen ansprechen, um sich einem Thema in Ihrer Weise zu nähern. Probieren Sie, diese Sätze einige Tage zu lesen und einfach auf sich wirken zu lassen. Ein guter Zeitpunkt ist morgens, vor den Aktivitäten des Tages und abends vor dem schlafen gehen. Sie können die Wirkung unterstützen, indem Sie Sätze, die sie ansprechen, beim Lesen leise aussprechen.

8) Leitsätze zur Kontemplation

Jedes Kind hat das Recht, nicht die Pflicht, seine Eltern zu lieben, egal was diese ihm angetan haben.

Jedes Kind hat schon vor der Geburt das Recht auf persönliche Freiheit und Unversehrtheit an Körper und Psyche.

Jedes Kind, dessen Recht auf Unversehrtheit von anderen mißachtet wird, muß sich spalten.

Jeder Erwachsene, der die Liebe und Beziehung zu den eigenen Eltern, Geschwistern oder anderen Personen, über sein Recht auf eigene Unversehrtheit und Freiheit stellt, wird zum Täter an sich selbst und muß sich immer wieder neu spalten.

Jedes Kind, das von den Eltern traumatisiert wurde, überlebt durch die Flucht in die Vorstellung einer illusionären, rettenden, heilenden Liebe, die alles wieder gut werden läßt.

So traurig wie nur ein Kind sein kann, ist später der Erwachsene, der nie wirklich Kind sein durfte, so lange er noch in den Spaltungen seiner Kindheit lebt.

Jeder Erwachsene kann sich die eigene Freiheit und Autonomie zurück erobern.

Eltern, die nicht die Würde hatten, das Recht Ihres Kindes auf persönliche Freiheit und Unversehrtheit zu schützen, haben für das Kind nie begonnen, Vater und Mutter zu sein.

9) Leitsätze zur Kontemplation II

Diese Bausteine berühren spezielle Traumatisierungen und deren Folgen. Sie sind noch in der Entwicklungsphase. Ich möchte sie Ihnen hier als Anregung zur Verfügung stellen.

Als Kind, das in mir die Wahrheit kennt, darf ich erkennen, daß der Erwachsene, der aus diesem Kind geworden ist, mit seinem Erfolg jetzt für unsere Sicherheit sorgen kann.

Ein Teil von uns ist jetzt erwachsen geworden und der bin ich.

Jetzt bin ich selbst ein Erwachsener geworden, deren Erfolg, mir zu schaden, ich als Kind verhindern mußte.

Als der Erwachsene, der ich heute bin, kann ich das Kind in mir heute vor Schaden schützen, indem ich jetzt selbst erfolgreich bin.

Als der Erwachsene, der ich heute bin, kann ich erkennen, daß ich als Kind den Erfolg von Erwachsenen, mir zu schaden, verhindern mußte, um zu überleben.

Als der Erwachsene, der ich heute bin, kann ich erkennen, daß ich als Kind den Erfolg von Erwachsenen, mich zu töten, verhindern mußte, um zu überleben. Mit meinem eigenen Erfolg kann ich mich heute leichter vor Erwachsenen schützen, die mir schaden wollen.

Als das Kind, das in mir die Wahrheit kennt, darf ich erkennen, daß der Erwachsene, der aus diesem Kind geworden ist, mit seinem finanziellen Erfolg jetzt für unsere Freiheit sorgen kann.

Immer wieder taucht die Frage nach Methoden und Techniken auf, die zur Therapie oder Selbsthilfe geeignet sind. Deshalb möchte ich hier eine kleine Ergänzung zu Teil 6 – „Beratung unter der Lupe" - anfügen.

Kontroll- und Überlebens-Techniken zu Stress, Trauma, Übergewicht u.a.

Sicher kennen auch Sie „angespannte Situationen" und können sich Situationen oder Ereignisse vorstellen, in denen eine Anspannung unerträgliche Formen annimmt. Wenn unsere Schutzprogramme zur Stressbewältigung am Anschlag sind und die für uns überwältigende, bedrohliche Situation nicht aufhört, müssen wir das erlebte Ereignis verdrängen und abspalten. Mit dem Ereignis wird auch die körperliche Anspannung „eingefroren". Je länger so eine Anspannung im Körper „parkt", desto größer wird oft der gefühlte Druck. Dies kann zu verschiedenen Symptomatiken und Schmerzen führen. Kopfschmerz, Migräne, Bluthochdruck, steifer Nacken und ähnliches sind bekannte Folgen. Ein Ansatz zur Selbsthilfe ist es, den Druck und die Anspannungen im Körper zu „entladen" um den Schmerzpegel, bzw. die Symptomatik zu verändern. Verschiedene Verfahren bieten hier Linderung. Die Entspannungseffekte die hier eventuell erzielt werden, sollten aber nicht mit der Bearbeitung des Traumas verwechselt werden. Solche Methoden versuchen, die Folgen von etwas in einem kontrollierbaren Rahmen zu halten. Übergewicht ist auch etwas, das sich als „Folge von" auf körperlicher Ebene sichtbar zeigt. Das regelmäßige Abnehmen durch Fastenkuren oder Mentaltechniken klärt und löst die Ursache von Übergewicht nicht auf.

Egal, ob Sie angestaute Wut, Stress oder Traumata mit Sport, Entspannungstechniken oder „abzittern“ entladen, die Ursache ist damit nicht geklärt. Auch wenn Sie als Wirkung Ihrer Maßnahme kurzzeitige Entpannung erleben.

Wenn Sie ein Bewußtsein für Traumata entwickelt haben, wenn die Ereignisse erarbeitet sind, die Sie traumatisiert haben, wenn die Ereignisse und Täter benannt und von Ihnen als solche anerkannt sind, beginnt die Phase, in der die Auflösung von psychischen Spaltungen durch Traumata möglich ist. So erlangen Sie Ihre psychische Einheit Schritt für Schritt zurück. Überlebensstrukturen und Traumafolgen wie Magersucht, Übergewicht, Wut, Stress, Kopfschmerz etc. können sich erst verändern, wenn das darunter liegende Traumata vollständig bearbeitet ist.

Körper-Entladungs- und Entspannungstechniken tragen im Ansatz nicht die Qualität, Traumata differenziert zu bearbeiten. Sie stellen in der Regel nur die „Entladung“ in den zwangsläufig immer wieder kehrenden Mittelpunkt. Als begleitende Maßnahme zur laufenden Traumatherapie, kann dies vielleicht hilfreich sein. Jede Technik die hilft, die Einnahmen von Medikamenten zu reduzieren unterstützt in jedem Fall den Körper. Bleiben Sie kritisch, wenn Ihnen solch eine Methode ausschließlich und als Traumatherapie angeboten wird. Bei Symbiosetraumen laufen Sie sonst Gefahr, ein Leben lang fremde Traumata zu bearbeiten, statt sich von Ihnen zu lösen. Wenn ich ein Loch im Dach habe, kann ich natürlich jahrelang mit dem Eimer das angesammelte Wasser immer wieder hinaus tragen, ohne mich jemals der eigentlichen Ursache zu widmen.

Mein Schlußtipp lautet deshalb:
Egal mit welcher Form und mit wem Sie persönliche Lebensthemen bearbeiten, achten Sie darauf, das Ihnen nicht nur der „Eimer" verkauft wird.

Wer die Folgen „pflegt"
muß sich nie um die Ursachen kümmern!

Ich freue mich wenn die Impulse und Informationen dieses Ratgebers Sie inspirieren und ermutigen, Ihre Beziehungen in größere Freiheit und Autonomie zu führen.

Was wäre, wenn Erleuchtung nur der letzte Fluchtpunkt ist, den das Bewußtsein, unter Ausschluß seiner selbst, kreieren kann?

5408363R00261

Printed in Germany
by Amazon Distribution
GmbH, Leipzig